JN099877

# 「別表四と五」完全攻略本

高下淳子［著］

第2版

中央経済社

# はじめに

この本は、「法人税申告書」のしくみとポイントを理解したうえで、申告書作成のステップ、別表の書き方、決算書と申告書のつながり、別表どうしのつながりをマスターしていただくための１冊です。

申告書のうち、特に重要な別表四、別表五(一)、別表五(二)を中心に、税務用語の意味、記載ルールについて取り上げています。

別表は「これが唯一の正しい書き方」という記載方法ばかりではなく、個性のある書き方、いくつかの選択肢、別表調整の方法があります。

なかでも法人税等の納付と還付は、会計処理に応じて別表の記載方法も変わりますので、取引パターンごとに整理しています。

申告書別表は税法そのものです。各調整項目が、①税務の「損金」になるか、②税務の「益金」になるか、③税務の「純資産」に含まれるか、３つの基本を問いかけながら、別表の記載方法を考えていきましょう。

申告書の作成実務を学ぶことで、２つの目的を達成できるはずです。

１．税務の「所得」を正しく計算する

２．税務の「純資産」を正しく計算して、翌期に引き継いでいく

余分な納税をしないために所得を正しく計算すること、当期末の純資産を正しく計算して翌期に引き継ぐこと、いずれも大切なことです。

法人税申告書は、会社のために作成する書類なのです。

さぁ、ご一緒に、法人税申告書の「難しいな…」というイメージを「なるほど、わかる！」に変えていきましょう。　Let's Get Started ！

今回の書籍の発刊にあたり、中央経済社の秋山宗一さま、編集・製作の皆さまに大変お世話になりました。この場を借りて御礼を申し上げます。

2020年５月

# 第２版の発行につきまして

第１版発行より大変ご好評をいただきました当書籍に、最近の改正事項を反映して第２版を発行することとなりました。

令和５(2023)年10月１日以後の支払分より、完全子法人株式等および配当等の基準日において発行済株式等の３分の１超を保有する株式等にかかる配当については所得税の源泉徴収を行わないこととなりました。これに伴い、第７章の「５．受取配当金から源泉徴収された所得税を取り戻す」および演習問題である「Let's Try ！」、「６．控除しきれない「所得税」の還付を受ける」、について別表記載の事例を変更しました。

また、令和４(2022)年４月１日以後に開始する事業年度からグループ通算制度を適用した申告書の作成が開始しております。これに伴い別表四、別表五(一)、別表五(二) に記載する新たな税務調整項目が追加されるとともに、各別表の記載項目（区分名）および区分番号等が変更されました。

なお本書は、第１版から引き続き単体法人の課税制度を前提にした別表の記載および解説を記述しており、グループ通算制度は対象としていません。そのため今回の別表様式の改正は、本文中の解説に影響はなかったのですが、この機会に、第１版で記載していた別表五(一)の区分番号を消去することで、より見やすい別表フォームの図版に変更しました。

読者の皆さまが「別表四と五」の本質をつかみ、法人税申告書を作成するための実践的な知識を身に付けてくださることを、心より期待しております。

第２版の発行に際しても、中央経済社の秋山宗一さま、編集・製作の皆さまに大変お世話になりました。この場を借りて御礼を申し上げます。

2023年１月

高下　淳子

本書は2024年11月１日現在の法令等に基づいています。

# 「別表四と五」完全攻略本
## ～つながりと記載方法を徹底マスター～

## Contents

### 第１章　別表四で税務の「所得」を計算する！

## 第２章 別表五(一)で税務の「純資産」を引き継ぐ！

## 第３章　別表五(二)は税金勘定の元帳



## 第４章　別表四と別表五(一)の重要ポイント

## 第5章 「法人税等」の税率と税額計算

## 第6章 「法人税等」の納付と別表四、五(一)、五(二)

## 第7章 「法人税等」の還付と別表四、五(一)、五(二)

# 第1章

## 別表四で
## 税務の「所得」を計算する！

～会計の利益がスタート！
税務の所得と会計の利益の違いをマスター～

# 1 法人税は「所得」に課税される

## (1) 「所得」と「利益」は一致しない

法人税（地方法人税を含む）は、会計の儲け（＝「利益」）ではなく、税務の儲け（＝「所得」）に対して課税されます。

会計の利益は「収益－費用及び損失」により計算しますが、税務の所得は「益金」から「損金」を差し引いた金額と定義されています。

「収益」と「益金」は似ていますが同額ではなく、「費用及び損失」と「損金」も似ていますが同額ではありません。

結果として、会計の利益と税務の所得は一致しません。

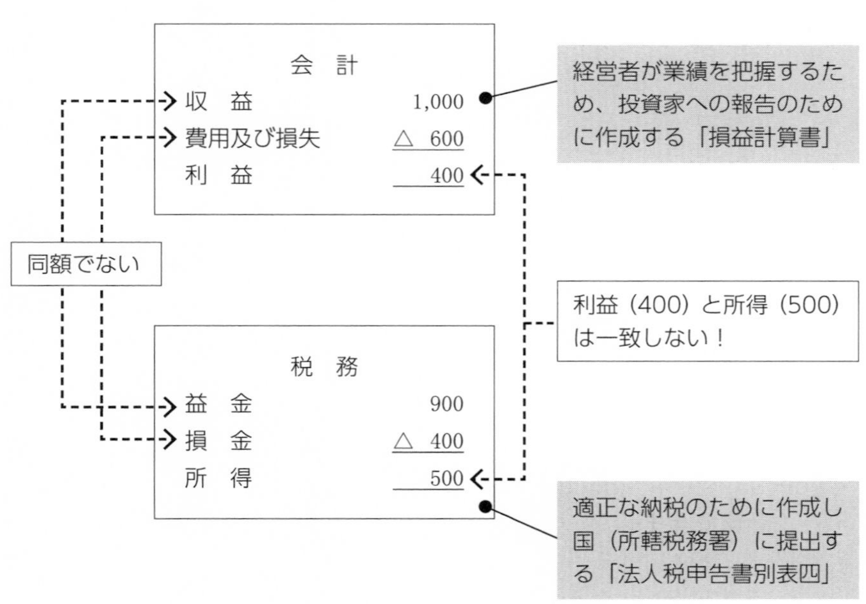

## (2)　実際の計算は…

利益と所得が異なるとはいえ、会計の利益計算とまったく別の作業で税務の所得を計算するわけではありません。税務の所得は、確定した決算での利益に、税務調整を「加算」または「減算」することで計算します。

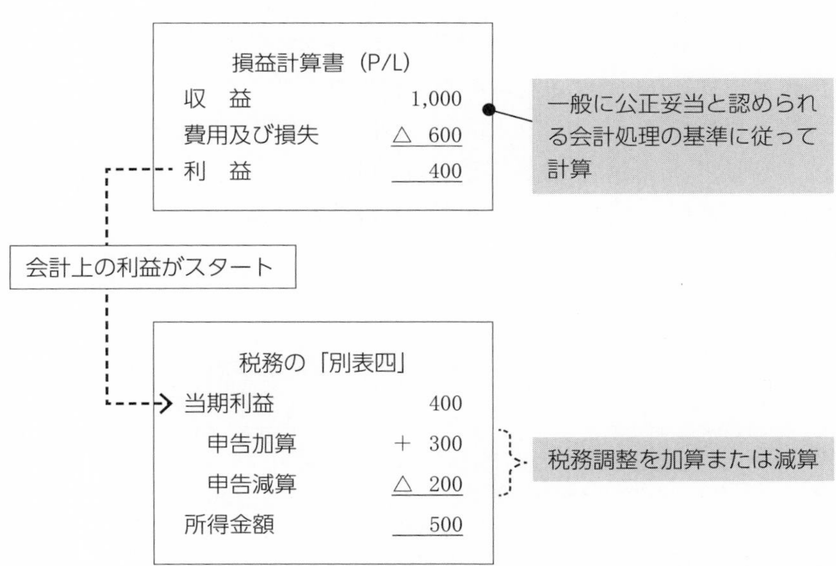


税務の所得を正しく計算するためには、まず会計の利益計算が「適正である」こと、つまり、「一般に公正妥当と認められる会計処理の基準」に従って利益が適正に計算されていることが前提となります。

それに加えて、会計の利益に対して適正な「税務調整」を行わなければ所得を正しく計算できません。税務調整は法人税申告書に記載するため、申告調整とも呼ばれます。

会計の利益に税務の調整を加減算して所得を計算する

# 2 損益計算書と「別表四」

## (1) 所得は「別表四」で計算される

損益計算書と別表四は、いずれも「儲け」を計算するための書類です。

会計の儲けは「利益」、税務の儲けは「所得」と呼ばれます。

利益と所得が一致するならば、税務調整計算をする必要はないのですが、利益と所得は一致しないため、両者の歩み寄りが必要です。

そこで法人税法では、会計（P/L）の利益に税務調整を加算または減算することで、「利益」から誘導的に「所得」を計算することとしています。

会計の利益を税務の所得に置き換えていく計算過程は、すべて別表四に記載されます。

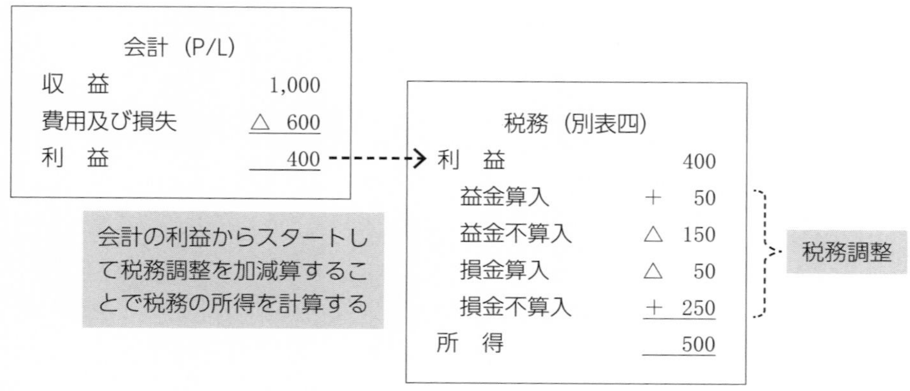


別表四のフォームは、「確定した決算での利益」をスタートとして「税務調整を加減算」することで所得を計算する税法そのものです。

別表四の様式と記載ルールを知ることは、法人税の所得計算の基本を理解するための第１歩といえます。

## （2） 加減算する税務調整は４種類

利益に加減算する税務調整は次の４種類があります。

| | | |
|---|---|---|
| 加算 | (+) 益金算入 | 会計で収益計上していないが、法人税法では益金となる項目 |
| 減算 | (△) 益金不算入 | 会計で収益計上しているが、法人税法では益金とならない項目 |
| 減算 | (△) 損金算入 | 会計で費用及び損失に計上していないが、法人税法では損金となる項目 |
| 加算 | (+) 損金不算入 | 会計で費用及び損失に計上しているが、法人税法では損金とならない項目 |

法人税の益金に算入されることを「益金算入」、法人税の益金に算入されないことを「益金不算入」といいます。益金算入とは、会計の収益でなくても益金に算入される、つまり、課税対象になることを意味します。

一方、益金不算入は、税務の益金に算入しないでよい、つまり、お金を受け取っていても非課税扱いになるということです。

法人税の損金に算入されることを「損金算入」、法人税の損金に算入されないことを「損金不算入」といいます。会計の費用及び損失に計上していないが損金に算入される項目が損金算入であり、反対に、会計の費用及び損失に計上しても税務の損金と認められない項目が損金不算入です。

利益に加算される調整（益金算入と損金不算入）は所得が増えて納税額が増える調整で、利益から減算される調整（益金不算入と損金算入）は、所得を減少させて納税額が軽減される調整といえます。

別表四は税務の儲け（＝所得）を計算する明細書

# 3 法人税法での「益金」とは

## (1) 会計の「収益」と税務の「益金」

会計では会社の稼ぎを「収益」といいますが、税務では課税対象となる稼ぎを「益金」といいます。

会計での「収益」は、⑴営業収益、⑵営業外収益、⑶特別利益の３つに区分されます。

税務での益金は、基本的には、「一般に公正妥当な会計処理の基準」に従って計算された会計上の収益の額を基としています。

具体的には、「益金」とは、⑴資産の販売による収益、⑵有償または無償による資産の譲渡による収益、⑶有償または無償による役務（サービス）の提供による収益、⑷無償による資産の譲受けによる収益をいいます。

ただし、税法が特別に定める項目（「別段の定め」という）と「資本等取引」は益金の範囲から除かれます。

資本等取引とは、「資本金等の額の増加または減少を生む取引」および「利益または剰余金の分配、残余財産の分配または引渡し」をいいます。

資本金等の額とは、株主等から出資を受けた金額です。

たとえば増資では、資本金の増加とともに会社にお金が流入しますが、益金ではありません。税法においても、会計と同じく損益取引と資本取引を明確に区分するという考え方をとっています。

## （2）　税務の取引は「時価」が原則（100％グループ法人間の取引は除く）

「有償」とは対価（お金）を得て行う取引をいい、「無償」とは対価を得ない取引です。法人税法では、無償つまり「タダ」で資産を譲渡したり、役務の提供を行うことも、益金に含まれることに注意が必要です。

なお、ここでの無償取引には、第三者間において取引される時価よりも低い金額による取引も含みます。

また、無償による資産の譲受け（資産をタダまたは安い金額で受け取ること）についても、当然ながら、その経済的利益を益金として認識します。

法人税法が規定する「益金」を理解するポイントは、「**別段の定め**」と「**無償（低額譲渡を含む）**」取引です。

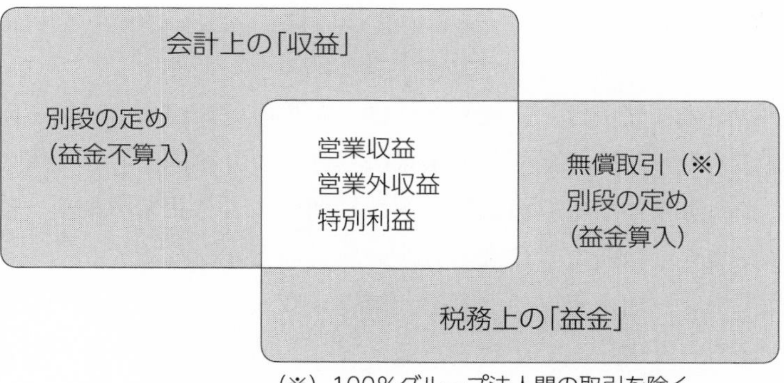


（※）100％グループ法人間の取引を除く

**益金については「別段の定め」と「無償取引」に注意！**

# 4 益金に関する「別段の定め」

## (1)「益金算入」されるもの

法人税法での益金に関する「別段の定め」のうち、「益金算入」とされる項目には、「特別償却準備金の取崩額」や「圧縮記帳積立金の取崩額」などがあります。特別償却および圧縮記帳は、いずれも課税の減免制度ではなく、**課税の繰延べ**としての特例です。

「特別償却準備金」とは、法人税の減価償却制度の特例である即時償却および初年度特別償却などについて、償却費として損金経理する方法に代えて、剰余金の処分により積み立てる金額をいいます。

「**損金経理**」とは、確定した決算つまり「株主総会の承認を受ける決算書において費用または損失として経理すること」をいいます。

また圧縮記帳積立金は、法人税の特例である圧縮記帳について、取得価額を直接減額する方法に代えて、剰余金の処分により積み立てる金額です。

圧縮記帳の対象となる取引には、国庫補助金による資産の取得、交換、特定資産の買換え、保険金等による資産の取得などがあります。

圧縮記帳では、固定資産の譲渡益、補助金収入や保険金等の受取額を取得価額から減額（**圧縮**）して**記帳**することで、譲渡益等に対する課税が繰り延べられます。

これらの準備金および積立金は、積み立てた初年度の税額は軽減されますが、その後の事業年度において、準備金取崩額および積立金取崩額が益金算入されることを通して課税が取り戻されます。

## （２）「益金不算入」とされるもの

益金不算入とは、税務の益金に算入しないでよい、つまり非課税扱いとされるものです。たとえば、受取配当金の益金不算入があります。

配当金は、支払元の会社で法人税等が課税された後の所得の分配として支払われるものです。支払側で課税済の所得に対して、受取側でも課税すると二重課税になってしまうため、法人税法の別段の定めにより、その一部または全部が益金不算入とされます。

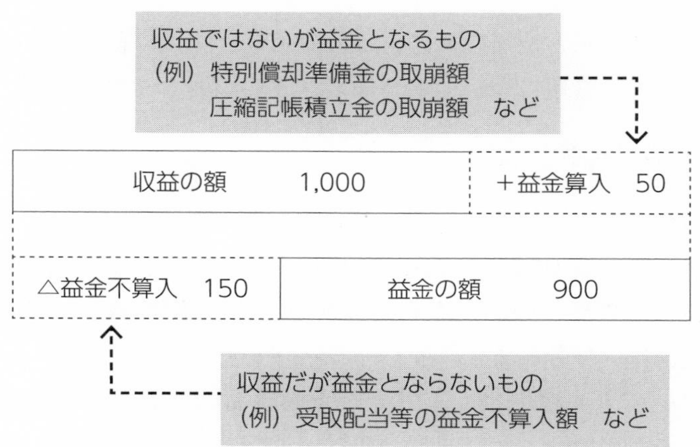


結果として、「益金（900）＝会計での収益（1,000）＋益金算入（50）－益金不算入（150）」により計算されます。

**益金と収益の違いは「益金算入」と「益金不算入」の２つ**

# 5 法人税法での「損金」とは

## (1) 会計の「費用及び損失」とは？

会計の「費用及び損失」は、⑴売上原価、⑵販売費及び一般管理費、⑶営業外費用、⑷特別損失、⑸法人税、住民税及び事業税（「法人税等」と総称）の５つです。

これらの費用及び損失は、会計的な事実の発生に基づき、収益と対応させることにより認識します。

会計における収益と費用の対応には、売上高と売上原価に関する「個別対応」と、その他の費用についての「期間対応」があります。

## (2) 税務の「損金」とは？

税務の損金は、法人税法が特別に定めるもの（別段の定め）および資本等取引（減資や剰余金の配当など株主との取引）を除き、⑴売上原価および完成工事原価などの原価の額、⑵販売費及び一般管理費の額、⑶営業外費用、⑷損失の額、に区分されます。

税務においても当期中に売上計上した商製品の原価が売上原価に計上され、その他の費用については当期の収益と期間対応することで、損失は発生した事業年度に、それぞれ損金に算入されます。

結果として、税務の損金は、「別段の定め」と資本等取引を除き、「一般に公正妥当な会計処理の基準」に従って計算された会計の費用及び損失と大きな違いはありません。

## （3）「損金算入」するための３要件

法人税法では、別段の定めと資本等取引に関する規定に加えて、損金算入の要件として「償却費以外の費用で債務の確定しないものを除く」と明記しています。債務の確定した費用に限り、損金算入を認めることを「**債務確定基準**」といいます。

債務の確定とは期末日までに⑴債務が成立している、⑵具体的な給付原因となる事実が発生している、⑶金額を合理的に算定できる、という３つの条件を満たすことをいいます。

たとえば、期末までに機械の修理が終了しており、修理代金を合理的に算定できるならば、未払であっても損金算入できます。

反対に、債務の確定しない費用を未払計上しても損金算入されません。

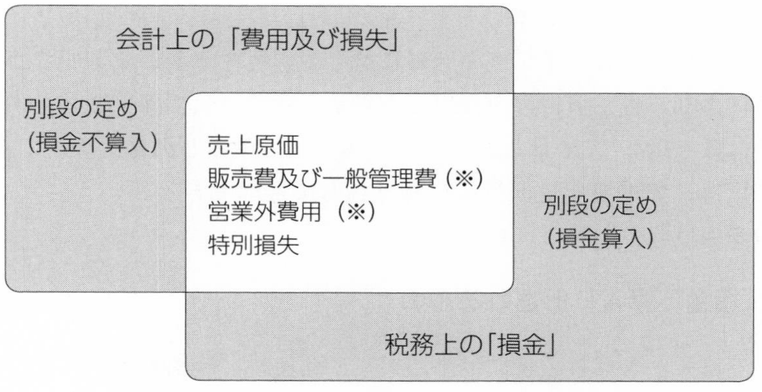


（※）債務の確定していない費用を除く

損金については「別段の定め」と「債務確定基準」に注意！

# 損金に関する「別段の定め」

## (1) 「損金算入」されるもの

法人税法における損金に関する「別段の定め」のうち、「損金算入」とされる項目には、未払法人税等を取り崩して納付した前期確定分の事業税、欠損金の繰越控除などがあります。

たとえば、前期確定分の事業税は、確定申告書を提出する日（支払日）の属する当期において損金算入されます。前期末の決算整理仕訳において事業税を未払法人税等に負債計上したときは損金算入されず、当期に確定申告書を提出して実際に納税するときに現金主義で損金算入されるのです。

そこで、当期の申告書において当期純利益から減算（損金算入）の税務調整を行うことで所得を計算します。

また法人税は、各事業年度の所得に対して課税するのが原則ですが、別段の定めにより、青色申告書を提出した事業年度の「欠損金」は、その後の事業年度に繰り越して、翌期以後の所得（黒字）との差し引き計算ができます。この制度は、**欠損金**を翌期以後に**繰り越**して**控除**できるという特例で、「欠損金の繰越控除」と呼ばれています。

## (2) 「損金不算入」とされるもの

損金不算入とされる項目には、法人税、住民税、延滞税の納付額、交際費の損金不算入額、減価償却費の限度超過額などがあります。

たとえば、法人税と住民税の中間納付額、当期確定分の法人税等の未払計上額について、会計では法人税等（法人税、住民税及び事業税）で費用処理した場合にも、税務では損金に算入されません。

また、法人税の納付が遅れたことに対する延滞税、修正申告に伴う過少申告加算税、脱税に対する重加算税なども損金に算入されません。

このほか、減価償却費や引当金繰入額、交際費、寄附金などは、税務上の損金算入限度額の定めがあります。課税の公平を保つために、税務が定める限度額を超過する金額については損金に算入されません。

費用及び損失に計上していないが損金に算入されるもの

〈例〉未払法人税等を取り崩して納付した前期確定分の事業税、青色欠損金の繰越控除　など

費用及び損失に計上したが損金に算入されないもの

〈例〉法人税と住民税の中間納付額、未払法人税等の引当額、延滞税、過少申告加算税、重加算税、過怠税の納付額、減価償却費の限度超過額、引当金の繰入限度超過額、交際費の限度超過額、寄附金の限度超過額　など

結果として、「損金（400）＝会計での費用及び損失（600）＋損金算入（50）－損金不算入（250）」により計算されます。

**損金と費用及び損失との違いは「損金算入」と「損金不算入」の２つ**

# 「所得」を計算してみよう

## ■「所得」を計算する算式

これまで見たとおり、益金は会計の収益に税務調整を加減算することにより、「益金＝収益＋益金算入－益金不算入」で計算されます。

損金は会計の費用及び損失に税務調整を加減算することで「損金＝費用及び損失＋損金算入－損金不算入」にて計算されます。

① 益金（900）＝収益（1,000）＋益金算入（50）－益金不算入（150）
② 損金（400）＝費用及び損失（600）＋損金算入（50）－損金不算入（250）

上記算式の①から②を差し引くと、左辺は「①益金－②損金＝所得」、右辺は「利益（収益－費用及び損失）＋益金算入－益金不算入－損金算入＋損金不算入」であり、所得を計算する算式となります。

「所得（①益金－②損金）＝利益（収益－費用及び損失）＋益金算入－益金不算入－損金算入＋損金不算入」

税務の所得は、会計の「利益」に税務調整（益金算入、益金不算入、損金算入、損金不算入）を加減算することにより計算されます。

具体的には、「所得（500）＝利益（400）＋益金算入（50）－益金不算入（150）－損金算入（50）＋損金不算入（250）」の計算式です。

会計の利益からスタートして課税所得を計算するための税務調整は、すべて「法人税申告書別表四」に記載されます。

税務の所得は会計の利益に税務調整を加減算して計算する

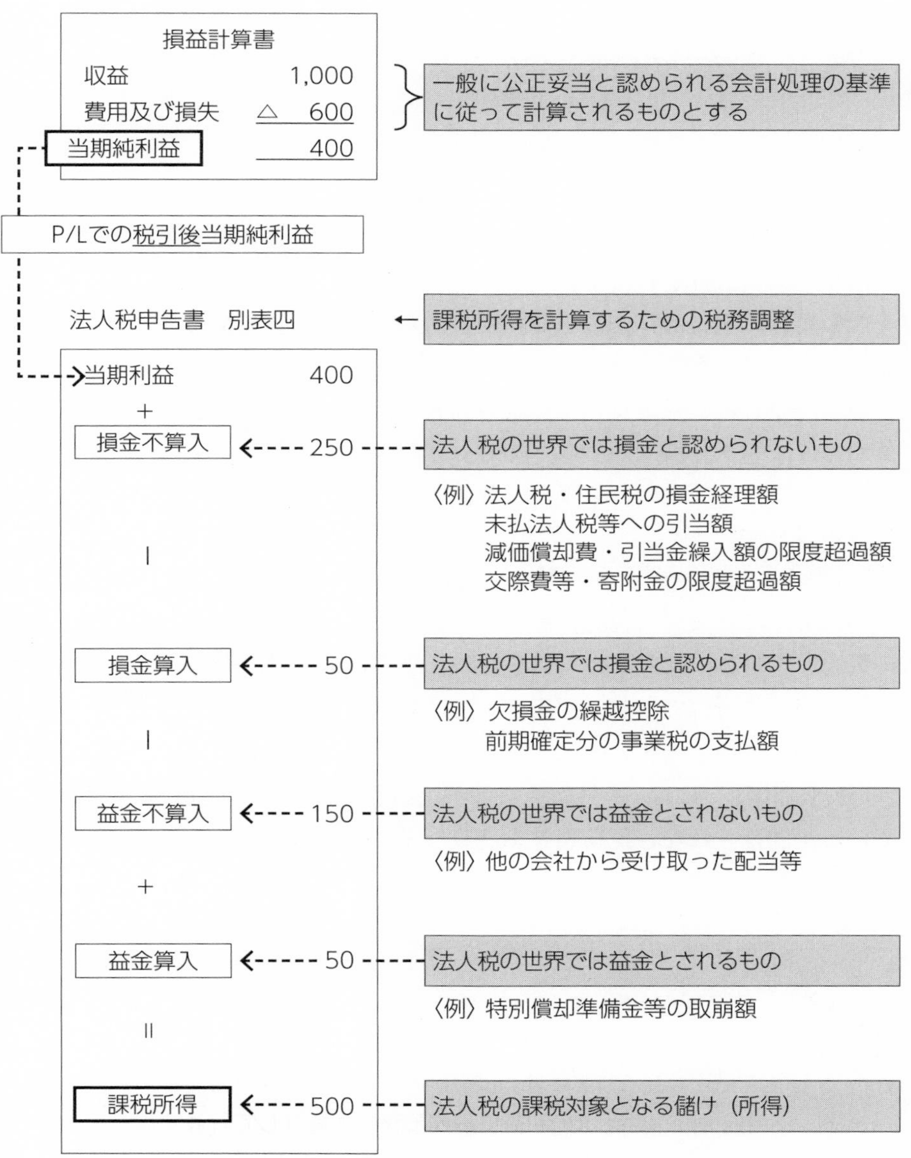


〈注〉損金経理 … 確定した決算において費用または損失として経理すること

# 8 別表四の様式を見てみよう

## ■「総額」と「留保」と「社外流出」

別表四は、「総額①」にすべての金額が記載され、さらに「留保②」と「社外流出③」に区分されます。

総額①は、損益計算書の当期純利益からスタートして税務調整を加減算することで課税所得を計算する列です。

税務調整には、益金算入、益金不算入、損金算入、損金不算入という４種類がありますが、別表四では「加算」または「減算」のいずれかの区分により記載します。仮計よりも下の記載箇所で「△」が付けられていないものは加算項目です。

「留保②」には、剰余金の配当を支払った後の内部留保した当期利益、税務の純資産に含まれる税務調整項目、法人税等と納税充当金（未払法人税等の税務での呼称）に関する項目を記載します。留保欄の合計額は、社内に留保した当期の所得であり、別表三(一)「特定同族会社の留保金課税」の計算につながっていきます。

「社外流出③」には、社外に金銭等が流出した税務調整、金銭等は受け取っているが課税されない税務調整を記載します。

「別表四」の３つの記載欄の内容

| 総額① | 課税所得金額を計算するためにすべての金額を記載する |
|---|---|
| 留保② | 純資産に含まれる留保された所得<br>法人税等に関する税務調整、納税充当金に関する税務調整 |
| 社　外<br>流出③ | 所得計算において社外に金銭等が流出した税務調整<br>金銭等を受け取っているが課税対象から除外する税務調整 |

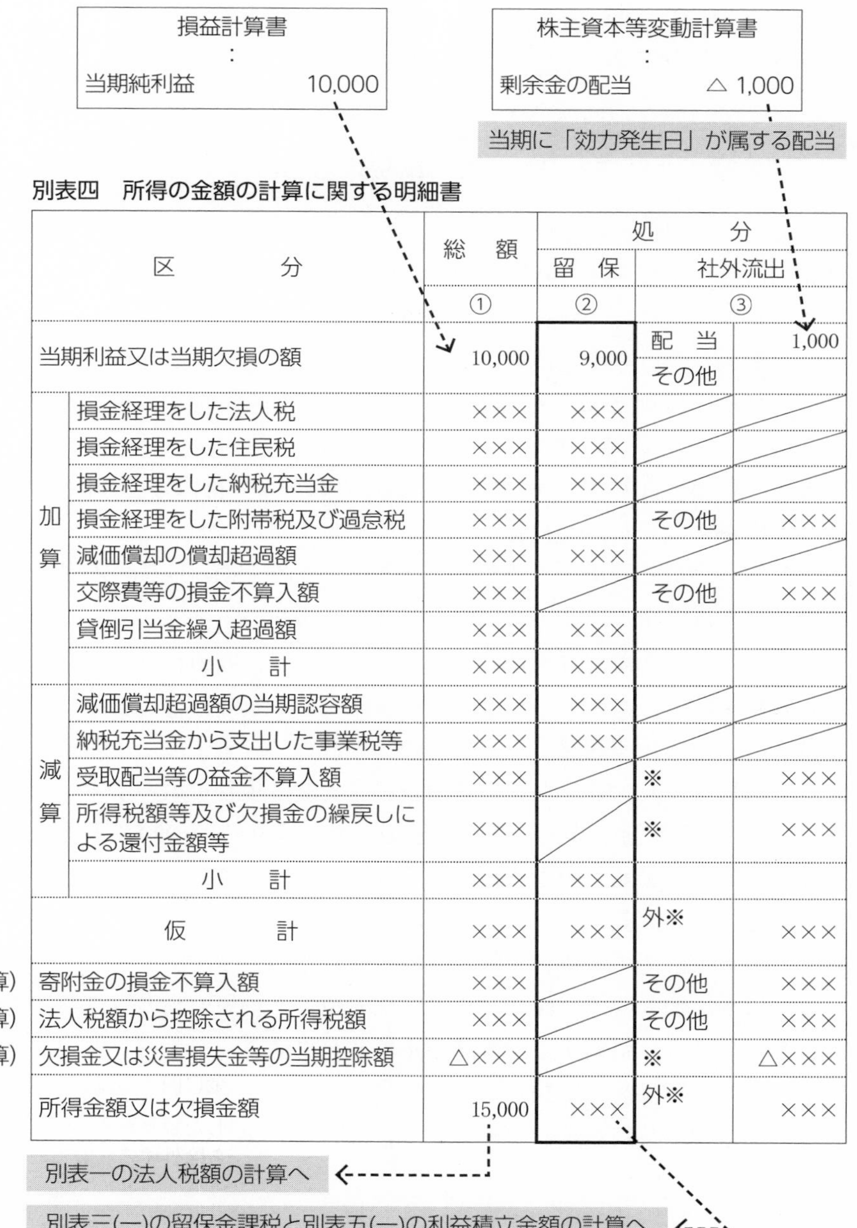

損益計算書
：
当期純利益　10,000

株主資本等変動計算書
：
剰余金の配当　△ 1,000

当期に「効力発生日」が属する配当

別表四　所得の金額の計算に関する明細書

| 区分 | | 総額 ① | 処分 留保 ② | 処分 社外流出 ③ | |
|---|---|---|---|---|---|
| 当期利益又は当期欠損の額 | | 10,000 | 9,000 | 配当 | 1,000 |
| | | | | その他 | |
| 加算 | 損金経理をした法人税 | ××× | ××× | | |
| 加算 | 損金経理をした住民税 | ××× | ××× | | |
| 加算 | 損金経理をした納税充当金 | ××× | ××× | | |
| 加算 | 損金経理をした附帯税及び過怠税 | ××× | | その他 | ××× |
| 加算 | 減価償却の償却超過額 | ××× | ××× | | |
| 加算 | 交際費等の損金不算入額 | ××× | | その他 | ××× |
| 加算 | 貸倒引当金繰入超過額 | ××× | ××× | | |
| 加算 | 小計 | ××× | ××× | | |
| 減算 | 減価償却超過額の当期認容額 | ××× | ××× | | |
| 減算 | 納税充当金から支出した事業税等 | ××× | ××× | | |
| 減算 | 受取配当等の益金不算入額 | ××× | | ※ | ××× |
| 減算 | 所得税額等及び欠損金の繰戻しによる還付金額等 | ××× | | ※ | ××× |
| 減算 | 小計 | ××× | ××× | | |
| 仮計 | | ××× | ××× | 外※ | ××× |
| (加算) 寄附金の損金不算入額 | | ××× | | その他 | ××× |
| (加算) 法人税額から控除される所得税額 | | ××× | | その他 | ××× |
| (減算) 欠損金又は災害損失金等の当期控除額 | | △××× | | ※ | △××× |
| 所得金額又は欠損金額 | | 15,000 | ××× | 外※ | ××× |

別表一の法人税額の計算へ

別表三(一)の留保金課税と別表五(一)の利益積立金額の計算へ

# 9 別表四の「留保」に記載する項目

## ■「純資産」と「法人税等」と「納税充当金」

別表四の「留保②」では、内部留保した当期純利益に、次の３つの税務調整を加減算することにより留保所得金額を計算します。

(1) 税務と会計の「純資産」の差異
(2) 法人税等に関する税務調整
(3) 納税充当金（未払法人税等の税務での呼称）に関する税務調整

まず、「留保②」の１行目は当期純利益から剰余金の配当等を控除した金額、つまり内部留保した当期利益からスタートします。

そして、会計と税務の「純資産（＝資産と負債の差額）」の差異である税務調整を加減算することで留保所得を計算します。

純資産に関する会計と税務の差異とは、翌期以後の所得計算に影響を与える税務調整です。

基本的に、会計の利益計算を税務の所得計算に調整するときの税務上の修正仕訳の借方または貸方が貸借対照表科目である項目をいいます。

たとえば、「減価償却費の償却超過額」や「未払費用の損金不算入」、「貸倒引当金繰入超過額」のように、当期は否認（加算調整）されても、翌期以後に認容（減算調整）も起こりえる項目です。将来において、税務と会計の差異がいずれ解消する税務調整（一時差異）といえます。

このほか、別表四「留保②」には、法人税等と納税充当金（未払法人税等の税務での呼称）に関する税務調整を記載します。

別表四の「留保②」に記載された項目は別表五(一)へ転記され、税務の純資産である「利益積立金額」の計算に含められます。

## ◆　別表四「留保」に記載する税務調整　◆

| 当期利益の金額から剰余金の配当等による社外流出項目を控除した金額 | |
|---|---|
| 加算調整項目 | 損金経理をした法人税（及び地方法人税）<br>損金経理をした道府県民税及び市町村民税<br>損金経理をした納税充当金<br>減価償却の償却超過額<br>引当金繰入限度超過額<br>その他当期の否認項目で社外流出以外の項目 |
| 減算調整項目 | 減価償却超過額の当期認容額<br>納税充当金から支出した事業税等の金額<br>法人税等の中間納付額及び過誤納に係る還付金額<br>その他当期の認容項目で社外流出以外の項目 |

別表四の「留保②」に記載する３つの税務調整

(1)　税務と会計の「純資産」の差異
(2)　法人税等に関する税務調整
(3)　納税充当金に関する税務調整

# 10 別表四の「社外流出」に記載する項目

## ■ 「配当」と「永久差異」と「課税外収入」

別表四の「社外流出③」には、原則として、会社外に現金等が流出することにより、純資産を減少させる項目を記載します。

まず、１行目の社外流出の配当欄は、当期に「効力発生日」が属する、つまり当期中に実際に支払った配当の額を記載します。株主資本等変動計算書の「剰余金の配当」と同じ金額です。

続いて、「社外流出③」で加減算される税務調整は、翌期以後の所得計算に影響を与えない項目、**当期だけで課税関係が終了**する項目です。

たとえば「交際費等の損金不算入額」や「役員給与の損金不算入額」のように、会計と税務の差異が永久に解消しない税務調整（永久差異）です。当期に、加算調整により法人税等が課税されて終了し、翌期以後に取戻し（減算による認容）などは起こりえない項目です。

また別表四で減算され、かつ、社外流出に記載する税務調整は、すべて「※」印が付されています。これらの税務調整は「**課税外収入**」と呼ばれており、実際に純資産を減少させるわけではないものの、当期だけで課税関係が終了する税務調整項目なので「留保②」に記載することはできず、「社外流出③」に記載されます。

たとえば受取配当等は、法人税法の別段の定めにより、全部または一部が非課税（益金不算入）とされます。しかし会社は、配当金に相当する現預金を受け取っています。つまり課税外収入とは、「収入は受け取っているが、または実際に純資産を減少させる項目ではないが、課税対象外とします」という意味の税務調整です。

## ◆　別表四「社外流出」に記載する税務調整　◆

| 当期利益の金額のうち、剰余金の配当として支出した金額 | |
|---|---|
| 加算調整項目 | 損金経理をした附帯税等、加算税、延滞金及び過怠税<br>交際費等の損金不算入額<br>寄附金の損金不算入額<br>役員給与の損金不算入額<br>法人税額から控除される所得税額 |
| 減算調整項目 | 受取配当等の益金不算入額（※）<br>所得税額等の還付金額（※）<br>欠損金の繰戻しによる還付金額（※）<br>欠損金又は災害損失金等の当期控除額（※） |

別表四「社外流出③」に記載する３つの項目

(1)　当期中に支払った配当金
(2)　当期だけで課税関係が終了する税務調整（永久差異）
(3)　金銭等は受け取っているが課税対象外となる「課税外収入」

## Column 法人税申告書を作成する２つの目的
～「所得」と「純資産」を計算する～

そもそも、法人税申告書は何のために作成するのでしょうか？

すべての会社は申告書作成と納税義務を負っています。この申告納税義務を遂行するために法人税申告書を作成、提出します。

ただ、納税者の立場から考えると、納税義務を果たすためだけでなく、法人税申告書を作成することには、次の２つの目的があります。

１．税務の「所得」を計算する

２．税務の「純資産」を計算して、翌期へ引き継ぐ

税務での「所得」を正しく計算することは、余分な納税をしないためにとても大切です。所得とは税務の儲けを意味します。

それに加えて、税務の「純資産」を把握することも大切です。

純資産とは、会社を設立してから当期末までの課税済所得の蓄積額です。

この２つの大きな目的を達成する書類が、別表四と別表五(一)です。

税務の「所得」を計算する書類が別表四であり、税務の「純資産」を計算して翌期に引き継ぐ書類が別表五(一)です。

別表四と別表五(一)をマスターすることが法人税申告書を理解するためのスタートであり、申告書作成のゴールでもあります！

# 第2章

# 別表五(一)で
# 税務の「純資産」を引き継ぐ！

～会計の純資産がスタート！
税務と会計の純資産の違いをマスター～

# 1 貸借対照表と別表五(一)

## ■ 「別表五(一)」への記載内容

貸借対照表と別表五(一)は、ともに「純資産」を報告する書類です。

税務と会計の純資産が一致するならば、税務の純資産の計算をする必要はないのですが、同額ではない場合があり両者の歩み寄りが必要です。

そこで法人税法では、会計の純資産に税務調整を加算または減算することで、税務の純資産を誘導的に計算することとしています。

会計の純資産に加減算されるすべての税務調整を別表五(一)に記載し、当期末の税務の純資産を翌期首に引き継ぎます。

つまり別表五(一)は、「確定した決算での純資産」をスタートとして、「税務調整を加減算」することで税務の純資産を計算する書類です。

別表五(一)で正数（プラス）で記載する項目は税務のプラスの純資産であり、負数（△、マイナス）で記載する項目は税務の純資産の控除項目であることを意味します。

別表五(一)には、貸借対照表の純資産が記載されることに加えて、次の3つの税務調整が記載されます。

(1) 別表四「留保②」に記載した税務調整（加算留保または減算留保）
(2) 当期中の納税充当金（未払法人税等の税務での呼称）の動き
(3) 当期中の未納法人税等の動き

別表五(一)を見れば、会計の純資産と税務の純資産の差異を読み取ることができます。

貸借対照表（B/S）

| 資　産 | 負　債 | |
|---|---|---|
| | 未払法人税等 | 30 |
| | 純資産 | |
| | 資本金 | 100 |
| | 利益剰余金 | |
| | 利益準備金 | 25 |
| | 繰越利益剰余金 | 875 |
| | 純資産合計 | 1,000 |

会計の純資産からスタートして税務調整を加減算することで税務の純資産を計算

別表五(一)

| | | |
|---|---|---|
| 会計の純資産 | | 1,000 |
| 加算「留保」 | ＋ | 300 |
| 減算「留保」 | △ | 200 |
| 納税充当金 | ＋ | 30 |
| 未納法人税 | △ | 17 |
| 未納道府県民税 | △ | 2 |
| 未納市町村民税 | △ | 1 |
| 税務の純資産 | | 1,110 |

税務での調整項目

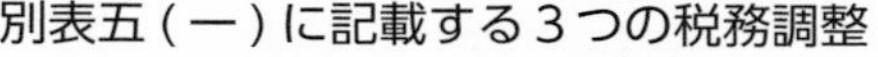

**別表五(一)に記載する３つの税務調整**

(1)　別表四の加算留保と減算留保の税務調整
(2)　納税充当金の動き
(3)　未納法人税等の動き

# 2　会計と税務の純資産は一致しない

## ■　資産と負債の差額は純資産に集約

法人は、永遠の命を持って事業活動を継続することを前提としており、当期末の資産と負債の差額である「純資産」を翌期に引き継いでいきます。

会計の純資産は貸借対照表（Balance Sheet、B/S）で引き継がれていき、税務の純資産は別表五(一)で引き継いでいくこととなります。

会計の純資産は、基本的に、「資本金」「資本剰余金」「利益剰余金」の３つであり、税務の純資産は「資本金等の額」と「利益積立金額」の２つです。会計と税務の純資産は、それぞれ使われる用語も、その内容もよく似ているのですが、金額が一致しないことがあります。

会計と税務の純資産に差額が生じるのは、次の３つのケースです。

⑴　会計と税務の資産に差異があるとき

⑵　会計と税務の負債に差異があるとき

⑶　会計処理と異なる税務処理の定めがあるとき（組織再編税制など）

財産表であるバランスシートの貸借は、常に一致（バランス）します。

そのため、会計と税務の資産に生じた差額、会計と税務の負債に生じた差額は、すべて純資産の差額として集約されることとなります。

会計と税務の資産の差異、会計と税務の負債の差異は、すべて会計と税務の純資産の差異として法人税申告書別表五(一)に記載されるのです。

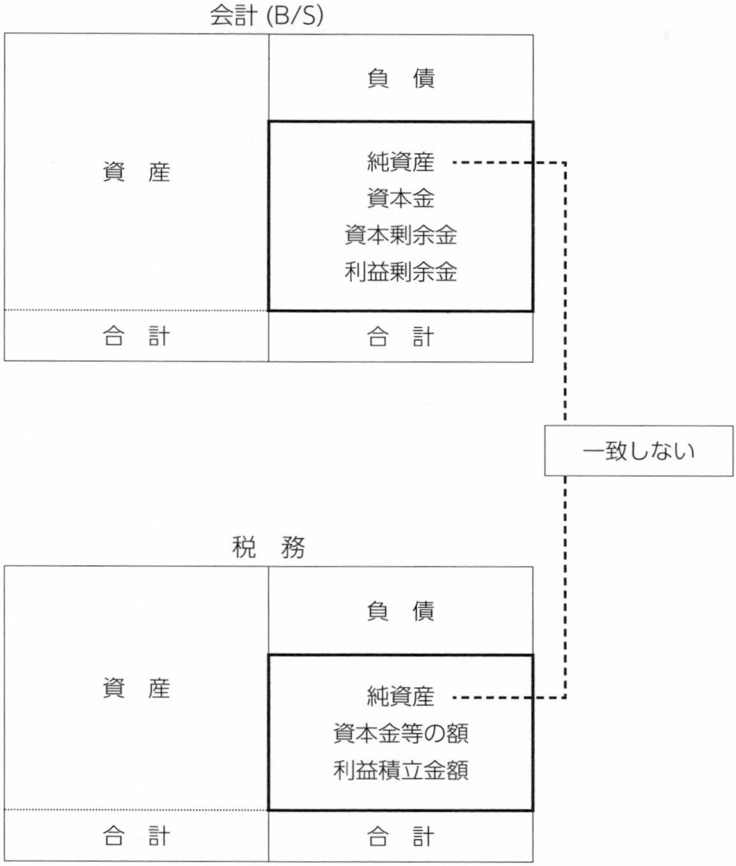

会計(B/S)

| 資　産 | 負　債<br>純資産<br>資本金<br>資本剰余金<br>利益剰余金 |
|---|---|
| 合　計 | 合　計 |

一致しない

税　務

| 資　産 | 負　債<br>純資産<br>資本金等の額<br>利益積立金額 |
|---|---|
| 合　計 | 合　計 |

**会計と税務の純資産に差額が生じるケース**

(1)　会計と税務の資産に差異があるとき
(2)　会計と税務の負債に差異があるとき
(3)　会計処理と異なる税務処理の定めがあるとき
(組織再編税制、グループ法人税制など)

# 3 会計と税務の資産に差異が生じる理由

## ■ 資産の差異は、純資産の差異

会計と税務の資産が同額でない場合は、会計と税務の純資産にも差額が生じます。資産の差額は、結果的に純資産の差額の原因となります。

たとえば、次のような会計処理を行うことにより、会計と税務の資産には差額が生じます。

### (1) 税務の限度額を超える減価償却費を計上する

減価償却費は資産の減算項目なので、税務の償却限度額を超えて減価償却費を計上した場合には、会計の資産は、税務のあるべき資産よりも減価償却超過額だけ少ないこととなります。

### (2) 税務の限度額を超える貸倒引当金を繰り入れる

貸倒引当金は資産の控除項目なので、税務の繰入限度額を超えて引当金を繰り入れた場合には、会計の資産は、税務のあるべき資産よりも繰入限度超過額だけ少ないこととなります。

このように、税務の限度額を超えて減価償却費を計上することや、引当金を繰り入れることを、「有税」での償却または繰入れといいます。

右ページのように会計の資産（1,650）と、税務の資産（1,800）が同額でない場合は、会計と税務の純資産にも差額（150）が生じます。

会計と税務の資産に差異が生じると純資産も異なる！

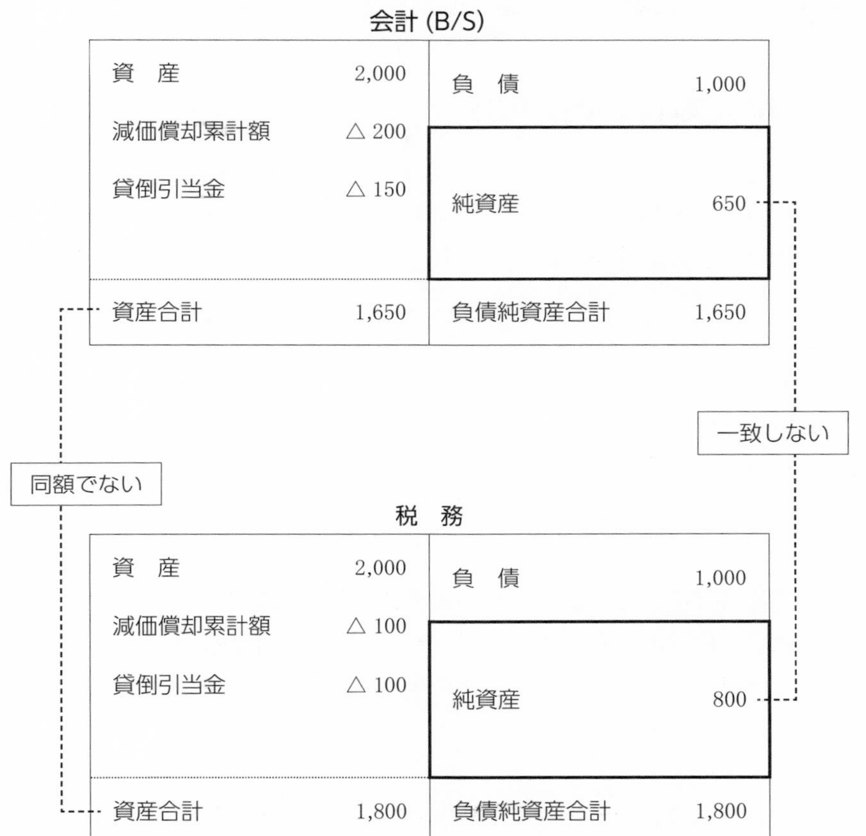


## ◆　会計と税務の純資産の検証　◆

| | |
|---|---|
| 会計の純資産 | 650 |
| 　減価償却超過額 | ＋　100 |
| 　貸倒引当金繰入超過額 | ＋　50 |
| 税務の純資産 | 800 |

# 4　会計と税務の負債に差異が生じる理由

## ■ 負債の差異は、純資産の差異

会計と税務の負債が同額でない場合は、会計と税務の純資産にも差額が生じます。負債の差額は、結果的に純資産の差額の原因となります。

たとえば、次のような会計処理を行うことにより、会計と税務の負債には差額が生じます。

### （1） 賞与引当金を繰り入れる

法人税法では賞与引当金は廃止されており、繰入限度額はゼロです。この場合は、会計の負債は税務のあるべき負債より賞与引当金繰入額だけ過大に計上されます。

### （2） 債務の確定（注）していない未払費用を計上する

法人税法は債務の確定していない費用は損金算入されないため、同時に未払費用も負債として認めません。この場合は、会計の負債は税務のあるべき負債より未払費用の額だけ過大に計上されます。

右ページのように、会計の負債（1,200）と、税務の負債（1,000）が同額でない場合は、会計と税務の純資産にも差額（200）が生じます。

（注） 債務の確定とは、①期末日までに債務が成立している、②具体的な給付原因事実が発生している、③金額を合理的に算定できる、という3条件を満たすことをいいます。

**会計と税務の負債に差異が生じると純資産も異なる！**

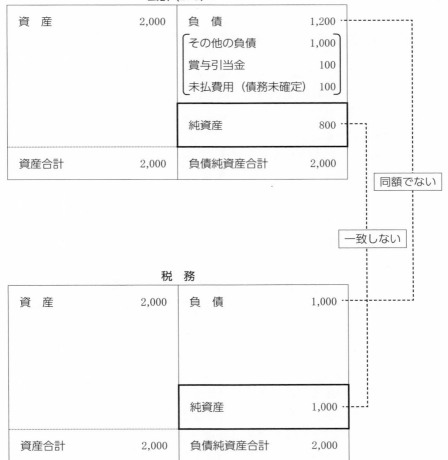

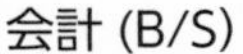


| 資　産 | 2,000 | 負　債 | 1,200 |
|---|---|---|---|
| | | その他の負債 | 1,000 |
| | | 賞与引当金 | 100 |
| | | 未払費用（債務未確定） | 100 |
| | | 純資産 | 800 |
| 資産合計 | 2,000 | 負債純資産合計 | 2,000 |

同額でない（負債 1,200 と 1,000）

一致しない（純資産 800 と 1,000）

税　務

| 資　産 | 2,000 | 負　債 | 1,000 |
|---|---|---|---|
| | | 純資産 | 1,000 |
| 資産合計 | 2,000 | 負債純資産合計 | 2,000 |

## ◆　会計と税務の純資産の検証　◆

| | |
|---|---|
| 会計の純資産 | 800 |
| 賞与引当金 | ＋　100 |
| 未払費用（債務未確定） | ＋　100 |
| 税務の純資産 | 1,000 |

# 5 別表五(一)「当期の増減」の記載ルール

## ■ 税務は「洗替え」による総額表示が原則

別表五(一)は、「期首①－減②＋増③＝期末④」の順序で記載し、期首の純資産に「当期の増減」を加味した期末の純資産を翌期に繰り越します。

当期の増減は、先に「減②」を記載し、次に「増③」を記載します。

税務は洗替え（総額）表示を基本としており、別表五(一)も、「期首→減少→増加→期末」の順序で記載します。

「減②」で「△印」を付けて表示する項目は純資産にプラス、「増③」で「△印」を付けて表示される項目は純資産からマイナスされます。

別表五(一)の「減②」には、次の項目を記載します。

(1) 別表四での減算留保による税務調整
(2) 繰越損益金（繰越利益剰余金の税務での呼称）期首残高の取消し
(3) 納税充当金（未払法人税等の税務での呼称）の取崩し
(4) 前期確定分の法人税と住民税の納付による未納法人税等の取崩し
(5) 中間分の法人税と住民税の納付による未納法人税等の取崩し

一方、「増③」には、次の項目を記載します。

(1) 別表四での加算留保による税務調整
(2) 当期末の繰越損益金（繰越利益剰余金の税務での呼称）の金額
(3) 納税充当金（未払法人税等の税務での呼称）の繰入れ
(4) 中間分の法人税と住民税の未納法人税等の発生
(5) 当期確定分の法人税と住民税の未納法人税等の発生
(6) 剰余金の処分による準備金等の積立て

別表五(一)　利益積立金額及び資本金等の額の計算に関する明細書

Ⅰ　利益積立金額の計算に関する明細書

<table>
<tr><th colspan="2" rowspan="2">区　　分</th><th rowspan="2">期首現在<br>利益積立金額</th><th colspan="3">当期の増減</th><th rowspan="2">差引翌期首現在<br>利益積立金額</th></tr>
<tr><th>減</th><th colspan="2">増</th></tr>
<tr><th colspan="2"></th><th>①</th><th>②</th><th colspan="2">③</th><th>④</th></tr>
<tr><td colspan="2">利益準備金</td><td>10,000</td><td></td><td colspan="2"></td><td>10,000</td></tr>
<tr><td colspan="2">減価償却超過額</td><td></td><td></td><td colspan="2">500</td><td>500</td></tr>
<tr><td colspan="2">賞与引当金</td><td></td><td></td><td colspan="2">100</td><td>100</td></tr>
<tr><td colspan="2">繰越損益金（損は赤）</td><td>109,300</td><td>109,300</td><td colspan="2">120,000</td><td>120,000</td></tr>
<tr><td colspan="2">納税充当金</td><td>2,000</td><td>2,000</td><td colspan="2">2,500</td><td>2,500</td></tr>
<tr><td rowspan="6">未納法人税等</td><td rowspan="2">未納法人税<br>(附帯税を除く)</td><td rowspan="2">△　1,350</td><td>△　1,350</td><td>中間</td><td>△　1,250</td><td rowspan="2">△　1,550</td></tr>
<tr><td>△　1,250</td><td>確定</td><td>△　1,550</td></tr>
<tr><td rowspan="2">未納道府県民税<br>(均等割額を含む)</td><td rowspan="2">△　200</td><td>△　200</td><td>中間</td><td>△　100</td><td rowspan="2">△　210</td></tr>
<tr><td>△　100</td><td>確定</td><td>△　210</td></tr>
<tr><td rowspan="2">未納市町村民税<br>(均等割額を含む)</td><td rowspan="2">△　50</td><td>△　50</td><td>中間</td><td>△　30</td><td rowspan="2">△　40</td></tr>
<tr><td>△　30</td><td>確定</td><td>△　40</td></tr>
<tr><td colspan="2">差引合計額</td><td>119,700</td><td>108,320</td><td colspan="2">119,920</td><td>131,300</td></tr>
</table>

Ⅱ　資本金等の額の計算に関する明細書

<table>
<tr><th rowspan="2">区　　分</th><th rowspan="2">期首現在<br>資本金等の額</th><th colspan="2">当期の増減</th><th rowspan="2">差引翌期首現在<br>資本金等の額</th></tr>
<tr><th>減</th><th>増</th></tr>
<tr><th></th><th>①</th><th>②</th><th>③</th><th>④</th></tr>
<tr><td>資本金又は出資金</td><td>40,000</td><td></td><td></td><td>40,000</td></tr>
<tr><td>資本準備金</td><td></td><td></td><td></td><td></td></tr>
<tr><td>差引合計額</td><td>40,000</td><td></td><td></td><td>40,000</td></tr>
</table>

注意　実際の別表五(一)未納法人税等「減②」は、合計して１行で記載します。

別表五(一)は、「期首→減少→増加→期末」の順序で総額（洗替え）により表示する

# 6 「利益剰余金」と「利益積立金額」

## ■ 税引後「利益」と課税済「所得」の蓄積額

貸借対照表の純資産の部は、⑴株主資本、⑵評価・換算差額等、⑶株式引受権、⑷新株予約権に区分して表示します。これらの貸借対照表の純資産の部の各項目は、基本的に、別表五(一)に転記されます。

⑴株主資本の区分に、株主が出資した金額である資本金および資本剰余金と利益剰余金が計上されます。このうち「利益剰余金」とは、過去からの**税引後「利益」**のうち、社外流出されず内部留保された蓄積額を意味します。

一方、別表五(一)の「利益積立金額」とは、当期までの**課税済「所得」**のうち留保した金額の蓄積額です。

いずれも過去からの内部留保した儲けの蓄積額を意味しますが、利益と所得が一致しないため、利益剰余金と利益積立金額も違いを持ちながら、翌期に引き継がれます。

会計（B/S）

| 資産の部 | | 負債の部 | |
|---|---|---|---|
| | | ： | ： |
| | | 未払法人税等 | 2,500 |
| | | ： | ： |
| | | 負債合計 | 130,000 |
| | | 純資産の部 | |
| | | (株主資本) | (170,000) |
| | | 資本金 | 40,000 |
| | | 利益剰余金 | 130,000 |
| | | 　利益準備金 | 10,000 |
| | | 　繰越利益剰余金 | 120,000 |
| | | 純資産合計 | 170,000 |
| 資産合計 | 300,000 | 負債純資産合計 | 300,000 |

会計も税務も税引後の“儲け”の蓄積額を引き継いでいく

具体的には、会計の利益剰余金に、別表四の「留保」による税務調整、納税充当金（未払法人税等の税務での呼称）の期末残高、未納法人税等の期末残高の（△）調整を行った結果が「利益積立金額」となります。

別表五(一)　利益積立金額の計算に関する明細書

| Ⅰ　利益積立金額の計算に関する明細書 | | | | |
|---|---|---|---|---|
| 区分 | 期首現在利益積立金額 | 当期の増減 減 | 当期の増減 増 | 差引翌期首現在利益積立金額 |
| | ① | ② | ③ | ④ |
| 利益準備金 | 10,000 | | | 10,000 |
| 減価償却超過額 | | | 500 | 500 |
| 賞与引当金 | | | 100 | 100 |
| 繰越損益金（損は赤） | 109,300 | 109,300 | 120,000 | 120,000 |
| 納税充当金 | 2,000 | 2,000 | 2,500 | 2,500 |
| 未納法人税等 未納法人税（附帯税を除く） | △ 1,350 | △ 1,350<br>△ 1,250 | 中間 △ 1,250<br>確定 △ 1,550 | △ 1,550 |
| 未納法人税等 未納道府県民税（均等割額を含む） | △ 200 | △ 200<br>△ 100 | 中間 △ 100<br>確定 △ 210 | △ 210 |
| 未納法人税等 未納市町村民税（均等割額を含む） | △ 50 | △ 50<br>△ 30 | 中間 △ 30<br>確定 △ 40 | △ 40 |
| 差引合計額 | 119,700 | 108,320 | 119,920 | 131,300 |

注意　実際の別表五(一)未納法人税等「減②」は、合計して１行で記載します。

## ◆　利益剰余金と利益積立金額の差異　◆

| | |
|---|---|
| 会計の利益剰余金 | 130,000 |
| 　減価償却超過額 | ＋ 500 |
| 　賞与引当金 | ＋ 100 |
| 　納税充当金 | ＋ 2,500 |
| 　未納法人税等 | △ 1,800 |
| 税務の利益積立金額 | 131,300 |

# 7 「繰越利益剰余金」と「繰越損益金」(別表五(一))

## ■ 「繰越損益金」は「繰越利益剰余金」のこと

「繰越損益金」とは、会計の繰越利益剰余金の税務での呼称であり、繰越損益金と繰越利益剰余金は意味も金額も同じです。

そのため、別表五(一)「繰越損益金」には、当期中の「繰越利益剰余金」の動きを記載します。

別表五(一)は、原則として、繰越利益剰余金の増減を洗い替える形で「総額」表示により記載します。期首の繰越利益剰余金を「減②」で取り消すとともに、「増③」に当期末の繰越利益剰余金を記載します。

結果として、「繰越損益金」欄の「増③」と「減②」の差額である純増加額は、「当期純利益－剰余金の配当などの利益処分の額」を表します。

別表五(一)の記載は、純資産の計算明細書である「株主資本等変動計算書」で報告される繰越利益剰余金の期中の動きと一致します。

会計(B/S)

| 資産の部 | | 負債の部 | |
|---|---|---|---|
| | | 負債合計 | 130,000 |
| | | 純資産の部 | |
| | | (株主資本) | (170,000) |
| | | 資本金 | 40,000 |
| | | 利益剰余金 | 130,000 |
| | | 利益準備金 | 10,000 |
| | | 繰越利益剰余金 | 120,000 |
| | | 純資産合計 | 170,000 |
| 資産合計 | 300,000 | 負債純資産合計 | 300,000 |

会計の繰越利益剰余金を、税務では繰越損益金と呼称する

別表五(一)　利益積立金額の計算に関する明細書

| 区分 | | 期首現在利益積立金額 | 当期の増減 減 | 当期の増減 増 | | 差引翌期首現在利益積立金額 |
|---|---|---|---|---|---|---|
| | | ① | ② | ③ | | ④ |
| 利益準備金 | | 10,000 | | | | 10,000 |
| 減価償却超過額 | | | | | 500 | 500 |
| 賞与引当金 | | | | | 100 | 100 |
| B/S 繰越損益金（損は赤） | | 109,300 | 109,300 | | 120,000 | 120,000 |
| 納税充当金 | | 2,000 | 2,000 | | 2,500 | 2,500 |
| 未納法人税等 | 未納法人税（附帯税を除く） | △ 1,350 | △ 1,350<br>△ 1,250 | 中間<br>確定 | △ 1,250<br>△ 1,550 | △ 1,550 |
| | 未納道府県民税（均等割額を含む） | △ 200 | △ 200<br>△ 100 | 中間<br>確定 | △ 100<br>△ 210 | △ 210 |
| | 未納市町村民税（均等割額を含む） | △ 50 | △ 50<br>△ 30 | 中間<br>確定 | △ 30<br>△ 40 | △ 40 |
| 差引合計額 | | 119,700 | 108,320 | | 119,920 | 131,300 |

同じ金額

株主資本等変動計算書

| | 株主資本 資本金 | 利益剰余金 利益準備金 | 利益剰余金 繰越利益剰余金 | 利益剰余金 利益剰余金合計 | 株主資本合計 | 純資産合計 |
|---|---|---|---|---|---|---|
| 当期首残高 | 40,000 | 10,000 | 109,300 | 119,300 | 159,300 | 159,300 |
| 当期変動額 | | | | | | |
| 剰余金の配当 | | | △ 800 | △ 800 | △ 800 | △ 800 |
| 当期純利益 | | | 11,500 | 11,500 | 11,500 | 11,500 |
| 当期変動額合計 | | | 10,700 | 10,700 | 10,700 | 10,700 |
| 当期末残高 | 40,000 | 10,000 | 120,000 | 130,000 | 170,000 | 170,000 |

注意　実際の別表五(一)未納法人税等「減②」は、合計して１行で記載します。

# 8 「未払法人税等」と「納税充当金」(別表五(一))

## ■ 「納税充当金」は「未払法人税等」のこと

「納税充当金」とは、会計の「未払法人税等」の税務での呼称であり、納税充当金と未払法人税等は意味も金額も同じです。

そのため、別表五(一)「納税充当金」には、当期中の会計の未払法人税等の取崩しと繰入れを会計処理にあわせて記載します。

「期首①」には前期末の貸借対照表の未払法人税等の金額が記載され、「期末④」には当期末の未払法人税等の金額が記載されます。

ただし、未払法人税等は会計上の負債ですが、税務では、納税充当金（未払法人税等）を負債とは認めず、いったん**純資産**に含めます。

たとえば、申告により**実際**に納付すべき確定税**額**（**実額**）は2,500なのに、会計では概算額や端数を切り上げた金額で未払法人税等3,000を計上することがあります。このように概算額で引き当てることもある未払法人税等は税務の負債としては認めませんよ、というわけです。

会計（B/S）

| 資産の部 | | 負債の部 | |
|---|---|---|---|
| | | ： | ： |
| | | 未払法人税等 | 2,500 |
| | | ： | ： |
| | | 負債合計 | 130,000 |
| | | 純資産の部 | |
| | | (株主資本) | (170,000) |
| | | 資本金 | 40,000 |
| | | 利益剰余金 | 130,000 |
| | | 利益準備金 | 10,000 |
| | | 繰越利益剰余金 | 120,000 |
| | | 純資産合計 | 170,000 |
| 資産合計 | 300,000 | 負債純資産合計 | 300,000 |

もちろん、申告書作成により計算した確定税額を未払法人税等に引き当てた場合も、税務では負債ではなく、いったん純資産として扱います。

そのため、税務の純資産の計算明細書である別表五(一)のなかで、納税充当金はプラスで記載して純資産に含めます。

納税充当金を純資産にプラスしたうえで、次項9の「未納法人税等」を税務の純資産からマイナスする項目として「△印」を付けて表示します。

**別表五(一)　利益積立金額の計算に関する明細書**

| Ⅰ　利益積立金額の計算に関する明細書 | | | | | | |
|---|---|---|---|---|---|---|
| 区　分 | | 期首現在利益積立金額 | 当期の増減 減 | 当期の増減 増 | | 差引翌期首現在利益積立金額 |
| | | ① | ② | ③ | | ④ |
| 利益準備金 | | 10,000 | | | | 10,000 |
| 減価償却超過額 | | | | | 500 | 500 |
| 賞与引当金 | | | | | 100 | 100 |
| 繰越損益金（損は赤） | | 109,300 | 109,300 | | 120,000 | 120,000 |
| B/S 納税充当金 | | 2,000 | 2,000 | | 2,500 | 2,500 |
| 未納法人税等 | 未納法人税（附帯税を除く） | △ 1,350 | △ 1,350 | 中間 | △ 1,250 | △ 1,550 |
| | | | △ 1,250 | 確定 | △ 1,550 | |
| | 未納道府県民税（均等割額を含む） | △ 200 | △ 200 | 中間 | △ 100 | △ 210 |
| | | | △ 100 | 確定 | △ 210 | |
| | 未納市町村民税（均等割額を含む） | △ 50 | △ 50 | 中間 | △ 30 | △ 40 |
| | | | △ 30 | 確定 | △ 40 | |
| 差引合計額 | | 119,700 | 108,320 | | 119,920 | 131,300 |

注意　実際の別表五(一)未納法人税等「減②」は、合計して1行で記載します。

会計の未払法人税等を税務では納税充当金と呼称し、納税充当金を税務の負債とは認めず純資産に含める

# 9 「未納法人税等」（別表五(一)）

## 「未納法人税等」は税務の純資産の控除項目

「未納法人税等」とは、申告書作成により計算された実際に納付すべき確定税額（**実額**）の未払法人税および未払住民税の税務用語です。

別表五(一)の未納法人税等の欄には、あらかじめ「△印」が付いており、純資産のマイナス項目であることを意味します。

税務では、会計で引き当てた未払法人税等を納税充当金と呼称し、純資産に含める一方で、未納法人税等を純資産からマイナスするのです。

なお税務では、事業税は支払日において現金主義で損金算入されるため、未納事業税は計上しません。そのため、別表五(一)の未納法人税等には、未納法人税、未納道府県民税、未納市町村民税の記入欄のみで、未納事業税の記入欄はありません。

別表五(一)では、法人税と住民税の発生と納付について、未納法人税等の増減を通して「総額」表示により記載します。

前期確定分の納付による未納法人税等の減少は、「減②」に記載します。

中間分の法人税と住民税は、発生を未納法人税等の増加として「増③」に記載するとともに、納付を未納法人税等の減少として「減②」に、両建てで記載します。

当期確定分は、申告により納付すべき確定税額を未納法人税等の増加として「増③」に記載して、翌期に引き継ぎます。

未納法人税等の増加は税務の純資産のマイナス項目が増加する、つまり、純資産の減少を意味し、未納法人税等の減少は税務の純資産のマイナス項目の減少を意味します。

## 別表五(一)　利益積立金額の計算に関する明細書

Ｉ　利益積立金額の計算に関する明細書

| 区分 | | 期首現在利益積立金額 | 当期の増減 | | | 差引翌期首現在利益積立金額 |
|---|---|---|---|---|---|---|
| | | | 減 | 増 | | |
| | | ① | ② | ③ | | ④ |
| 利益準備金 | | 10,000 | | | | 10,000 |
| 減価償却超過額 | | | | | 500 | 500 |
| 賞与引当金 | | | | | 100 | 100 |
| 繰越損益金（損は赤） | | 109,300 | 109,300 | | 120,000 | 120,000 |
| 納税充当金 | | 2,000 | 2,000 | | 2,500 | 2,500 |
| 税務 未納法人税等 | 未納法人税（附帯税を除く） | △　1,350 | △　1,350 | 中間 | △　1,250 | △　1,550 |
| | | | △　1,250 | 確定 | △　1,550 | |
| | 未納道府県民税（均等割額を含む） | △　200 | △　200 | 中間 | △　100 | △　210 |
| | | | △　100 | 確定 | △　210 | |
| | 未納市町村民税（均等割額を含む） | △　50 | △　50 | 中間 | △　30 | △　40 |
| | | | △　30 | 確定 | △　40 | |
| 差引合計額 | | 119,700 | 108,320 | | 119,920 | 131,300 |

注意　実際の別表五(一)の未納法人税等「減②」は合計して１行で記載します。
(注) 未納法人税には、未納地方法人税を含みます。

未納法人税等は申告により納付すべき法人税と住民税で、税務の純資産からマイナス（△）する項目

# 10 「資本金および資本剰余金」と「資本金等の額」

## ■ 「資本」は株主との取引の金額

会計では、株主から出資を受けた金額を「資本金」に計上します。ただ、会社法の規定で、株主が払い込んだ金額のうち２分の１を超えない金額を資本金に組み入れず「資本準備金」としてよいこととなっています。資本準備金のほかに、株主との取引での剰余金である合併差益などの「その他の資本剰余金」を「資本剰余金」として表示します。

一方、別表五(一)の「資本金等の額」は株主等から出資を受けた金額として税法が定めるものをいいます。資本金等の額は、「資本金」に株式払込剰余金、合併や株式交換などによる資本金の増加または減少を伴う取引額を加減算した金額であり、新株発行、企業組織再編、資本の払戻し、自己株式の取得などで増減します。この資本金等の額に加減算する取引は、法人税法施行令第８条第１項第１号から22号に定められており、会計処理に関係なく税務の資本金等の額を税務計算に基づき増減させますので、会計の資本剰余金とは一致しないことがあります。

「資本」とは株主等から拠出を受けた金額であり、会計と税務のいずれも概念は似ているのですが、会計仕訳と異なる税務処理をすべき取引が起こったときは、別表五(一)に差異を記載して翌期に引き継いでいきます。

なお、自社が所有する自社の株式を「自己株式」といい、自己株式を取得することは株主に対する財産の払戻しといえます。

そのため、自己株式は資産ではなく純資産の控除項目だと捉えており、貸借対照表では純資産から控除する形で表示し、別表五(一)においても資本金等の額から控除する形で「△印」を付けて表示します。

会計（B/S）

| 資産の部 | | 負債の部 | |
|---|---|---|---|
| | | 負債合計 | 130,000 |
| | | 純資産の部 | |
| | | (株主資本) | (170,000) |
| | | 資本金 | 40,000 |
| | | 資本剰余金 | 5,000 |
| | | 資本準備金 | 5,000 |
| | | 利益剰余金 | 126,000 |
| | | 利益準備金 | 10,000 |
| | | 繰越利益剰余金 | 116,000 |
| | | 自己株式 | △　1,000 |
| | | 純資産合計 | 170,000 |
| 資産合計 | 300,000 | 負債純資産合計 | 300,000 |

Ⅱ　資本金等の額の計算に関する明細書

| 区　分 | 期首現在資本金等の額 | 当期の増減 | | 差引翌期首現在資本金等の額 |
|---|---|---|---|---|
| | | 減 | 増 | |
| | ① | ② | ③ | ④ |
| B/S 資本金又は出資金 | 40,000 | | | 40,000 |
| 資本準備金 | 5,000 | | | 5,000 |
| 自己株式 | △　500 | | △　500 | △　1,000 |
| 差引合計額 | 44,500 | | △　500 | 44,000 |

**税務の「資本金等の額」は株主等から出資を受けた金額として税法が定めるものをいう**

## Column 会計と税務の純資産の差異を検証しておこう！

決算書と申告書の作成とあわせて、会計と税務の純資産の差異の中身を検証しておきましょう。減価償却超過額を加算調整した資産や減損損失を加算調整した資産を売却したときに、売却事業年度で減算調整を失念してしまう誤りを避けるためにも、会計と税務の純資産の差異について、その中身をよく検証しておくことはとても大切です。

会計（B/S）

| 税務の限度 | 資　産 | 2,000 | 負　債 | 1,200 | 税務の限度 |
|---|---|---|---|---|---|
| 100 | 減価償却累計額 | △ 200 | その他の負債 | 1,000 | |
| 100 | 貸倒引当金 | △ 150 | 賞与引当金 | 100 | 0 |
| | | | 未払費用 | 100 | 0 |
| | | | 純資産 | 450 | |
| | 資産合計 | 1,650 | 負債純資産合計 | 1,650 | |

法人税申告書別表五（一）

| | | |
|---|---|---|
| 会計上の期末純資産 | | 450 |
| 減価償却超過額 | ＋ | 100 |
| 貸倒引当金繰入超過額 | ＋ | 50 |
| 賞与引当金繰入額 | ＋ | 100 |
| 未払費用の損金不算入 | ＋ | 100 |
| 税務上の期末純資産 | ＋ | 800 |

税　務

| 資　産 | 2,000 | 負　債 | 1,000 |
|---|---|---|---|
| 減価償却累計額 | △ 100 | | |
| 貸倒引当金 | △ 100 | | |
| | | 純資産 | 800 |
| 資産合計 | 1,800 | 負債純資産合計 | 1,800 |

# 第3章

## 別表五(二)は税金勘定の元帳

～会計処理に応じて
当期中の税金科目の動きを記載！～

# 1 「租税公課」と「納税充当金」の明細書

## ■ 「税金」勘定の元帳としての役割

別表五(二)は、税金科目の総勘定元帳としての役割を持っています。

具体的には、法人税等（法人税、住民税及び事業税）の未納税額と納付状況、租税公課の納付状況、納税充当金（未払法人税等の税務での呼称）の繰入額と取崩額を記載する書類です。

租税公課は、損金算入されるものと損金算入されないものに区分して、発生した金額と納付額を会計処理に基づき記載します。

期首未納税額①と期末未納税額⑥には、別表五(一)の未納法人税等と同じ金額が記載されます。税務では、法人税と住民税（道府県民税と市町村民税）についてのみ未納税額を計上します。現金主義で損金算入される事業税は、未納を計上せず、前期確定分と当期中間分の納付額を記載します。

法人税等の当期発生税額②には、中間（予定）申告書および確定申告書の作成により計算された実際に納めるべき税額を記載します。

当期中の納付税額は、会計処理に応じて、③充当金取崩し、④仮払経理、⑤損金経理、の３つに区分して記載します。

「充当金取崩しによる納付③」とは、納税充当金（未払法人税等の税務での呼称）の取崩しによる納付を意味します。

「仮払経理による納付④」は、仮払処理で納付した場合に記載します。

「損金経理による納付⑤」は、損益計算書で費用処理をした租税公課、法人税等の金額を記載します。

納付税額の会計処理に応じて、別表四への記載方法が変わってきます。

**別表五(二)の税金勘定と納税充当金の記載は別表四と別表五(一)につながっていく**

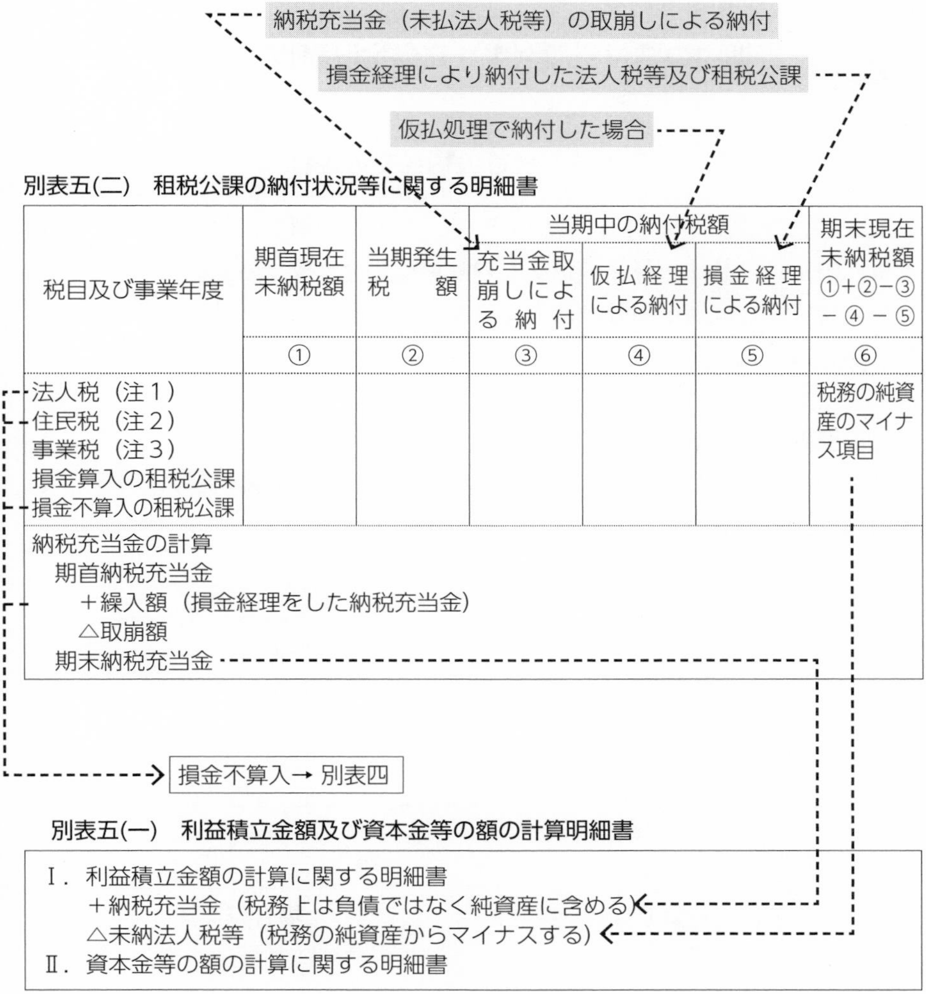
納税充当金（未払法人税等）の取崩しによる納付
損金経理により納付した法人税等及び租税公課
仮払処理で納付した場合
別表五(二)　租税公課の納付状況等に関する明細書
税目及び事業年度
期首現在未納税額
当期発生税額
当期中の納付税額
充当金取崩しによる納付
仮払経理による納付
損金経理による納付
期末現在未納税額 ①＋②－③－④－⑤
①
②
③
④
⑤
⑥
法人税（注１）
住民税（注２）
事業税（注３）
損金算入の租税公課
損金不算入の租税公課
税務の純資産のマイナス項目
納税充当金の計算
期首納税充当金
＋繰入額（損金経理をした納税充当金）
△取崩額
期末納税充当金
損金不算入→ 別表四
別表五(一)　利益積立金額及び資本金等の額の計算明細書
Ⅰ．利益積立金額の計算に関する明細書
＋納税充当金（税務上は負債ではなく純資産に含める）
△未納法人税等（税務の純資産からマイナスする）
Ⅱ．資本金等の額の計算に関する明細書

（注１）法人税には地方法人税を含みます
（注２）住民税は道府県民税と市町村民税を合わせた呼称です
（注３）事業税には特別法人事業税を含みます

# 2 当期中の納付税額（1）充当金取崩し

## ■ 「納税充当金」は未払法人税等の税務での呼称

別表五(二)「当期中の納付税額③」の充当金とは納税充当金のことであり、納税充当金は未払法人税等の税務での呼称です。

前期確定分と当期中間分の法人税等の納付の際に、未払法人税等を取り崩した場合に「充当金取崩しによる納付③」に記載します。

### ① 前期確定分の納付

前期の決算において、前期確定分の法人税等を未払法人税等に引き当て、納期限（当期首より２か月以内）に納付するとき

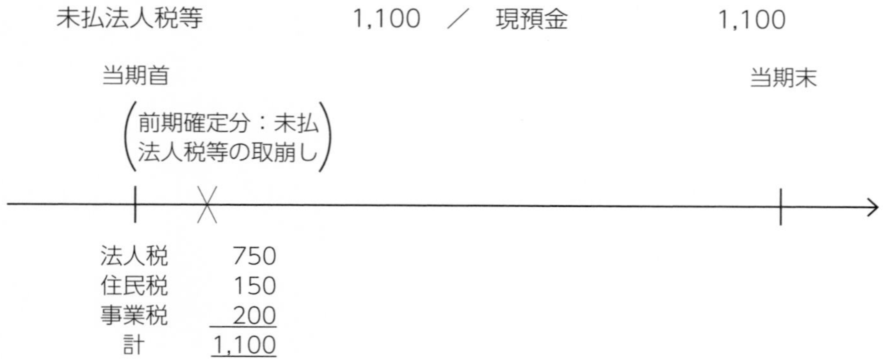

納税充当金（未払法人税等）を取り崩して納付した場合は別表五(二)の「充当金取崩しによる納付③」に記載する

別表五(二)　租税公課の納付状況等に関する明細書

| 税目及び事業年度 | | 期首現在未納税額 ① | 当期発生税額 ② | 当期中の納付税額 充当金取崩しによる納付 ③ | 仮払経理による納付 ④ | 損金経理による納付 ⑤ | 期末現在未納税額 ①＋②－③－④－⑤ ⑥ |
|---|---|---|---|---|---|---|---|
| 法人税 | 前期分 | 750 | | 750 | | | |
| | 当期分中間 | | | | | | |
| | 当期分確定 | | | | | | |
| | 計 | 750 | | | | | |
| 住民税 | 前期分 | 150 | | 150 | | | |
| | 当期分中間 | | | | | | |
| | 当期分確定 | | | | | | |
| | 計 | 150 | | | | | |
| 事業税 | 前期分 | | 200 | 200 | | | |
| | 当期中間分 | | | | | | |
| | 計 | | | | | | |

納税充当金の計算

| | | | 取崩額 | | | |
|---|---|---|---|---|---|---|
| 期首納税充当金 | | 1,100 | | その他 | 損金算入のもの | |
| 繰入額 | 損金経理をした納税充当金 | | | | 損金不算入のもの | |
| | | | | | | |
| | 計 | | | | 仮払税金消却 | |
| 取崩 | 法人税と住民税 | 900 | | 計 | | 1,100 |
| | 事業税 | 200 | | 期末納税充当金 | | |

**別表四の記載は第６章で！**

未払法人税等（納税充当金）を取り崩して納付した前期確定分の事業税は別表四で減算「留保②」します。

### ② 中間分の引当てと納付

中間分の法人税等について、納税充当金（未払法人税等）に計上したうえで、納税充当金を取り崩して納付する会計処理を行う場合には、「充当金取崩しによる納付③」の欄に記載します。

中間決算または四半期決算において、発生主義による未払法人税等を計上して貸借対照表を確定させる場合は、こちらの会計処理を採用します。

法人税等の発生と納付は、すべて未払法人税等を通して仕訳されるため、未払法人税等の元帳を見れば、当期中の法人税等の納付や未払計上の取引記録の確認ができるという実務上のメリットがあります。

| | | | | |
|---|---|---|---|---|
| 法人税等 | 1,000 | ／ | 未払法人税等 | 1,000 |
| 未払法人税等 | 1,000 | ／ | 現預金 | 1,000 |

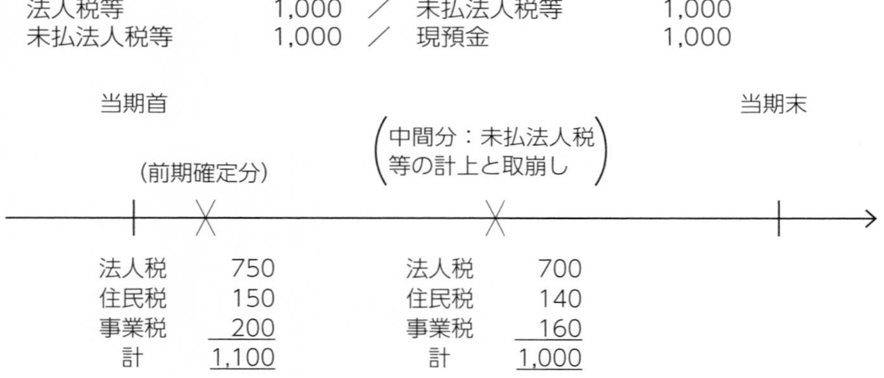

**中間分の法人税等を未払法人税等の取崩しで納付する場合は、別表五(二)「充当金取崩しによる納付③」に記載する**

## 別表五(二)　租税公課の納付状況等に関する明細書

| 税目及び事業年度 | | 期首現在未納税額 | 当期発生税額 | 当期中の納付税額 充当金取崩しによる納付 | 当期中の納付税額 仮払経理による納付 | 当期中の納付税額 損金経理による納付 | 期末現在未納税額 ①＋②－③－④－⑤ |
|---|---|---|---|---|---|---|---|
| | | ① | ② | ③ | ④ | ⑤ | ⑥ |
| 法人税 | 前期分 | 750 | | 750 | | | |
| | 当期分中間 | | 700 | 700 | | | |
| | 当期分確定 | | | | | | |
| | 計 | 750 | | 1,450 | | | |
| 住民税 | 前期分 | 150 | | 150 | | | |
| | 当期分中間 | | 140 | 140 | | | |
| | 当期分確定 | | | | | | |
| | 計 | 150 | | 290 | | | |
| 事業税 | 前期分 | | 200 | 200 | | | |
| | 当期中間分 | | 160 | 160 | | | |
| | 計 | | 360 | 360 | | | |

納税充当金の計算

| | | | | | | |
|---|---|---|---|---|---|---|
| 期首納税充当金 | | 1,100 | 取崩額 | その他 | 損金算入のもの | |
| 繰入額 | 損金経理をした納税充当金 | 1,000 | | | 損金不算入のもの | |
| | | | | | | |
| | 計 | 1,000 | | | 仮払税金消却 | |
| 取崩 | 法人税と住民税 | 1,740 | | 計 | | 2,100 |
| | 事業税 | 360 | | 期末納税充当金 | | |

**別表四の記載は第６章で！**

未払法人税等（納税充当金）を取り崩して納付した中間分の法人税等のうち事業税は別表四で減算「留保②」します

# 3 当期中の納付税額（2）仮払経理

## ■ 仮払経理による納付

別表五(二)「仮払経理による納付④」は、仮払処理により納付した場合に記載します。具体的には、法人税等の中間納付額または源泉所得税の還付額を「未収還付法人税等」に計上する場合などに記載します。会計の未収還付法人税等を税務では仮払税金と呼称し、資産とは認めません。

「期末未納税額⑥」で「△印」を付けて表示する金額は未納のマイナス、つまり、未収税額を意味します。

事業税は還付を受けた日に益金算入されるため未収税額は記載しません。

### ① 還付される中間分法人税等の仮払計上

当期の所得金額が赤字であることが見込まれるため、法人税等の中間納付額を仮払金に計上し、住民税の均等割額7のみ未払法人税等に計上した。

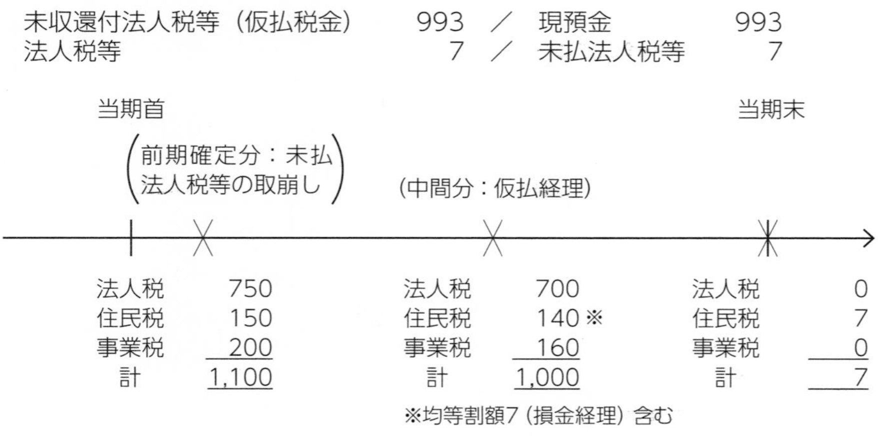

別表五(二)　租税公課の納付状況等に関する明細書

| 税目及び事業年度 | | 期首現在未納税額 | 当期発生税額 | 当期中の納付税額 | | | 期末現在未納税額①＋②－③－④－⑤ |
|---|---|---|---|---|---|---|---|
| | | | | 充当金取崩しによる納付 | 仮払経理による納付 | 損金経理による納付 | |
| | | ① | ② | ③ | ④ | ⑤ | ⑥ |
| 法人税 | 前期分 | 750 | | 750 | | | |
| | 当期分中間 | | 700 | | 700 | | |
| | 当期分確定 | | △　700 | | | | △　700 |
| | 計 | 750 | 0 | 750 | 700 | | △　700 |
| 住民税 | 前期分 | 150 | | 150 | | | |
| | 当期分中間 | | 140 | | 133 | 7 | |
| | 当期分確定 | | △　126 | | | | △　133<br>7 |
| | 計 | 150 | 14 | 150 | 133 | 7 | △　126 |
| 事業税 | 前期分 | | 200 | 200 | | | |
| | 当期中間分 | | 160 | | 160 | | |
| | 計 | | 360 | 200 | 160 | | |

| 納税充当金の計算 | | | | | |
|---|---|---|---|---|---|
| 期首納税充当金 | | 1,100 | 取崩額 | その他　損金算入のもの | |
| 繰入額 | 損金経理をした納税充当金 | 7 | | その他　損金不算入のもの | |
| | | | | その他 | |
| | 計 | 7 | | その他　仮払税金消却 | |
| 取崩 | 法人税と住民税 | 900 | | 計 | 1,100 |
| 取崩 | 事業税 | 200 | | 期末納税充当金 | 7 |

会計の未収還付法人税等を税務では仮払税金と呼称
仮払税金（未収税金）は税務の資産とは認識しない
事業税は還付を受けた日に益金に算入される

### ② 還付される源泉所得税の仮払計上

当期の所得金額が赤字であることが見込まれるため、受取配当金250から源泉徴収された所得税50を仮払金に計上しました。

なお税務では、源泉所得税の還付金は確定申告書を提出する日に権利が確定すると考えるため、未収税金を計上しません。

| | | | |
|---|---|---|---|
| 現預金 | 200 | 受取配当金 | 250 |
| 未収還付法人税等（仮払税金） | 50 | | |

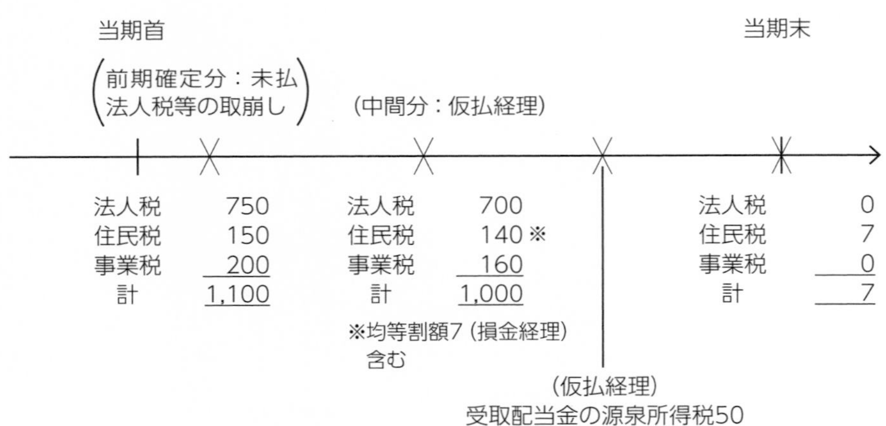

**別表四と別表五（一）の記載は第７章で！**

税務では、未収還付法人税等を「仮払税金」と呼称します。
別表四ではいったん仮払税金を減算したうえで、法人税・住民税・源泉所得税を損金不算入として加算します。別表五（一）では、仮払税金を資産と認識せず、純資産の控除項目として△表示します。
また、受取配当金は全部または一部が益金不算入となります。

## 別表五(二)　租税公課の納付状況等に関する明細書

| 税目及び事業年度 | | 期首現在未納税額 | 当期発生税額 | 当期中の納付税額 | | | 期末現在未納税額 ①＋②－③－④－⑤ |
|---|---|---|---|---|---|---|---|
| | | | | 充当金取崩しによる納付 | 仮払経理による納付 | 損金経理による納付 | |
| | | ① | ② | ③ | ④ | ⑤ | ⑥ |
| 法人税 | 前期分 | 750 | | 750 | | | |
| | 当期分中間 | | 700 | | 700 | | |
| | 当期分確定 | | △　700 | | | | △　700 |
| | 計 | 750 | 0 | 750 | 700 | | △　700 |
| 住民税 | 前期分 | 150 | | 150 | | | |
| | 当期分中間 | | 140 | | 133 | 7 | |
| | 当期分確定 | | △　126 | | | | △　133<br>7 |
| | 計 | 150 | 14 | 150 | 133 | 7 | △　126 |
| 事業税 | 前期分 | | 200 | 200 | | | |
| | 当期中間分 | | 160 | | 160 | | |
| | 計 | | 360 | 200 | 160 | | |
| その他 | | | | | | | |
| | | | | | | | |
| | 源泉所得税等 | | 50 | | 50 | | |

納税充当金の計算

| | | | | | | |
|---|---|---|---|---|---|---|
| 期首納税充当金 | | 1,100 | 取崩額 | その他 | 損金算入のもの | |
| 繰入額 | 損金経理をした納税充当金 | 7 | | | 損金不算入のもの | |
| | | | | | | |
| | 計 | 7 | | | 仮払税金消却 | |
| 取崩額 | 法人税と住民税 | 900 | | 計 | | 1,100 |
| | 事業税 | 200 | | 期末納税充当金 | | 7 |

# 4 当期中の納付税額（3）損金経理

## ■ 費用計上した税金を記載する

「損金経理」とは、「確定した決算において費用または損失として経理すること」と定義されています。株主総会で承認を受けた、あるいは報告した損益計算書において費用計上することを意味します。

そのため、別表五(二)の「損金経理による納付⑤」には、当期に納付した税額のうち、費用計上した租税公課または法人税等を記載します。

「損金経理による納付⑤」に記載された税金は、損益計算書の販売費及び一般管理費の租税公課または法人税等（法人税、住民税及び事業税）の金額と一致しているかチェックします。

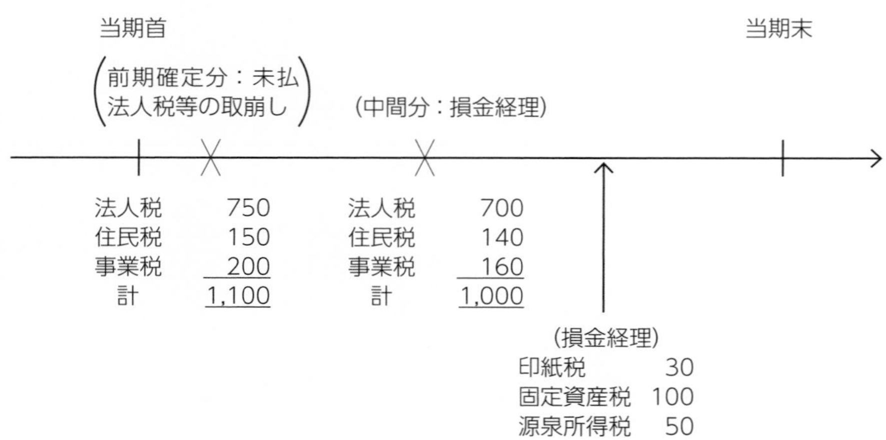

**損金経理した租税公課、法人税等は損益計算書の費用計上額とチェック！**

別表五(二)　租税公課の納付状況等に関する明細書

| 税目及び事業年度 | | 期首現在未納税額 | 当期発生税額 | 当期中の納付税額 | | | 期末現在未納税額 ①＋②－③－④－⑤ |
|---|---|---|---|---|---|---|---|
| | | | | 充当金取崩しによる納付 | 仮払経理による納付 | 損金経理による納付 | |
| | | ① | ② | ③ | ④ | ⑤ | ⑥ |
| 法人税 | 前期分 | 750 | | 750 | | | |
| | 当期分中間 | | 700 | | | 700 | |
| | 当期分確定 | | | | | | |
| | 計 | 750 | | 750 | | 700 | |
| 住民税 | 前期分 | 150 | | 150 | | | |
| | 当期分中間 | | 140 | | | 140 | |
| | 当期分確定 | | | | | | |
| | 計 | 150 | | 150 | | 140 | |
| 事業税 | 前期分 | | 200 | 200 | | | |
| | 当期中間分 | | 160 | | | 160 | |
| | 計 | | 360 | 200 | | 160 | |
| その他 | 印紙税 | | 30 | | | 30 | |
| | 固定資産税 | | 100 | | | 100 | |
| | 源泉所得税等 | | 50 | | | 50 | |

納税充当金の計算

| | | | | | | |
|---|---|---|---|---|---|---|
| 期首納税充当金 | | 1,100 | 取崩額 | その他 | 損金算入のもの | |
| 繰入額 | 損金経理をした納税充当金 | | | | 損金不算入のもの | |
| | | | | | | |
| | 計 | | | | 仮払税金消却 | |
| 取崩 | 法人税と住民税 | 900 | | 計 | | 1,100 |
| | 事業税 | 200 | | 期末納税充当金 | | |

**別表四の記載は第６章で！**

損金に算入されない租税公課、法人税、住民税を損金経理した場合には別表四で加算調整が必要です

# 法人税と住民税の「未納税額」

## 「未納税額」は純資産のマイナス項目

別表五(二)では、法人税等の納付状況を「①期首現在未納税額→②当期発生税額→当期中の納付税額（③、④、⑤）→⑥期末現在未納税額」の順序で記載し、未納税額を翌期に引き継いでいきます。

なお、未納税額を翌期に引き継ぐのは、法人税と住民税だけです。

別表五(二)に記載される「未納税額」とは、申告書作成により計算された要納付額であり、実際に納付すべき確定税額（実額）です。

そのため別表五(二)の「未納税額」と、別表五(一)の「未納法人税」および「未納住民税」は同じ金額です。いずれも納付すべき税額です。

なお別表五(二)の「未納税額」は正数（プラス）で表示しますが、純資産の計算明細書である別表五(一)の「未納法人税等」は純資産の控除項目として「△印」付きで表示します。

| 当期首（前期確定分） | | （中間分） | | 当期末（当期確定分） | |
|---|---|---|---|---|---|
| 法人税 | 750 | 法人税 | 700 | 法人税 | 800 |
| 住民税 | 150 | 住民税 | 140 | 住民税 | 160 |
| 事業税 | 200 | 事業税 | 160 | 事業税 | 180 |
| 計 | 1,100 | 計 | 1,000 | 計 | 1,140 |

法人税と住民税の未納税額とは、申告により納付すべき確定税額

別表五(二)　租税公課の納付状況等に関する明細書

| 税目及び事業年度 | | 期首現在未納税額 | 当期発生税額 | 当期中の納付税額 充当金取崩しによる納付 | 仮払経理による納付 | 損金経理による納付 | 期末現在未納税額 ①＋②－③－④－⑤ |
|---|---|---|---|---|---|---|---|
| | | ① | ② | ③ | ④ | ⑤ | ⑥ |
| 法人税 | 前期分 | 750 | | 750 | | | |
| | 当期分中間 | | 700 | | | 700 | |
| | 当期分確定 | | 800 | | | | 800 |
| | 計 | 750 | 1,500 | 750 | | 700 | 800 |
| 住民税 | 前期分 | 150 | | 150 | | | |
| | 当期分中間 | | 140 | | | 140 | |
| | 当期分確定 | | 160 | | | | 160 |
| | 計 | 150 | 300 | 150 | | 140 | 160 |
| 事業税 | 前期分 | | 200 | 200 | | | |
| | 当期中間分 | | 160 | | | 160 | |
| | 計 | | 360 | 200 | | 160 | |

納税充当金の計算

| | | | 取崩額 | | | |
|---|---|---|---|---|---|---|
| 期首納税充当金 | | 1,100 | 取崩額 | その他 | 損金算入のもの | |
| 繰入額 | 損金経理をした納税充当金 | 1,140 | | | 損金不算入のもの | |
| | | | | | | |
| | 計 | 1,140 | | | 仮払税金消却 | |
| 取崩 | 法人税と住民税 | 900 | | 計 | | 1,100 |
| | 事業税 | 200 | | 期末納税充当金 | | 1,140 |

# 6 事業税は前期分と中間分を記載

## ■ 事業税は支払日に損金算入される

事業税は支払日（申告書の提出日）に税務の損金に算入されます。

そのため基本的に、当期に損金算入される事業税は、当期に支払う前期確定分と当期中間分です。右ページの別表五(二)を見てください。

事業税は、前期分と当期中間分の記入欄のみとなっています。

税務において現金主義で損金算入される事業税には当期確定分の記入欄はありません。また一般的には、前期から引き継ぐ期首未納税額の記載も、翌期に引き継ぐ期末未納税額の記載もありません。前期分も、損金算入される支払日に発生したものとして、「当期発生税額②」に記載します。

ただし特殊な事例として、法人税について２期間以上の連年で修正申告、更正または決定が行われた場合には、その更正等による事業税の額を見積もり、法人税の所得計算において損金算入できることとなっています。この場合には、期首と期末の未納税額が計上されます。

| 当期首<br>(前期確定分) | | (中間分：損金経理) | | 当期末<br>(当期確定分) | |
|---|---|---|---|---|---|
| 法人税 | 750 | 法人税 | 700 | 法人税 | 800 |
| 住民税 | 150 | 住民税 | 140 | 住民税 | 160 |
| 事業税 | 200 | 事業税 | 160 | 事業税 | 180 |
| 計 | 1,100 | 計 | 1,000 | 計 | 1,140 |

**参　考**　事業税の未払計上による損金算入

事業税は原則として**申告書提出日（支払日）**の属する事業年度に損金算入されます。ただし連年での修正申告、更正または決定があった場合は、直前の事業年度分の事業税を見積り損金算入できます。

## 別表五(二)　租税公課の納付状況等に関する明細書

| 税目及び事業年度 | | 期首現在未納税額 | 当期発生税額 | 当期中の納付税額 | | | 期末現在未納税額 ①＋②－③－④－⑤ |
|---|---|---|---|---|---|---|---|
| | | | | 充当金取崩しによる納付 | 仮払経理による納付 | 損金経理による納付 | |
| | | ① | ② | ③ | ④ | ⑤ | ⑥ |
| 法人税 | 前期分 | 750 | | 750 | | | |
| | 当期分中間 | | 700 | | | 700 | |
| | 当期分確定 | | 800 | | | | 800 |
| | 計 | 750 | 1,500 | 750 | | 700 | 800 |
| 住民税 | 前期分 | 150 | | 150 | | | |
| | 当期分中間 | | 140 | | | 140 | |
| | 当期分確定 | | 160 | | | | 160 |
| | 計 | 150 | 300 | 150 | | 140 | 160 |
| 事業税 | 前期分 | | 200 | 200 | | | |
| | 当期中間分 | | 160 | | | 160 | |
| | 計 | | 360 | 200 | | 160 | |

納税充当金の計算

| | | | | | | |
|---|---|---|---|---|---|---|
| 期首納税充当金 | | 1,100 | 取崩額 | その他 | 損金算入のもの | |
| 繰入額 | 損金経理をした納税充当金 | 1,140 | | | 損金不算入のもの | |
| | | | | | | |
| | 計 | 1,140 | | | 仮払税金消却 | |
| 取崩 | 法人税と住民税 | 900 | | 計 | | 1,100 |
| | 事業税 | 200 | | 期末納税充当金 | | 1,140 |

税務で現金主義にて損金算入される事業税は、別表五（二）の前期分と当期中間分に記載する

# 7 損金に算入される税金

## ■ 会計処理に応じて記載する

租税公課のうち印紙税、固定資産税、登録免許税、自動車税、事業所税などは損金に算入されます。また、申告期限の延長特例を受けている場合の法人税にかかる利子税、地方税にかかる延滞金は延長期間の利息に相当する金額なので損金に算入されます。

事業税は、当期に申告書を提出する日（支払日）が属する前期確定分と中間分の納付額が**現金主義**で損金に算入されます。

損金算入される租税公課を損益計算書において費用処理した場合には、その明細として別表五(二)の「損金経理による納付⑤」に記載します。

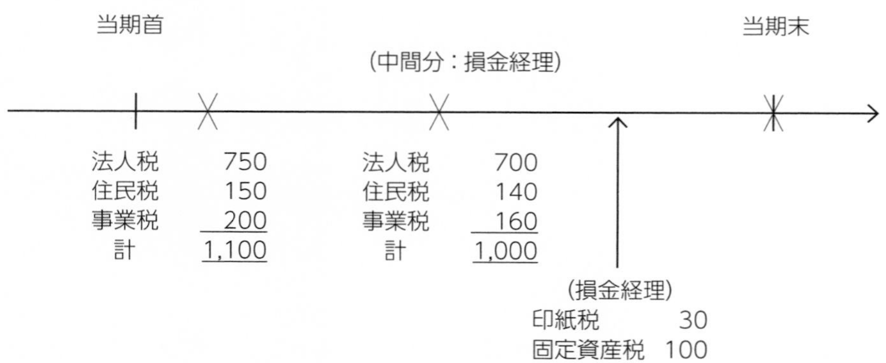

税務で損金算入される税金を費用処理した場合は、「損金経理による納付⑤」に記載する

別表五(二)　租税公課の納付状況等に関する明細書

| 税目及び事業年度 | | 期首現在未納税額 | 当期発生税額 | 当期中の納付税額 | | | 期末現在未納税額 ①＋②－③－④－⑤ |
|---|---|---|---|---|---|---|---|
| | | | | 充当金取崩しによる納付 | 仮払経理による納付 | 損金経理による納付 | |
| | | ① | ② | ③ | ④ | ⑤ | ⑥ |
| 法人税 | 前期分 | 750 | | 750 | | | |
| | 当期分中間 | | 700 | | | 700 | |
| | 当期分確定 | | | | | | |
| | 計 | 750 | | 750 | | 700 | |
| 住民税 | 前期分 | 150 | | 150 | | | |
| | 当期分中間 | | 140 | | | 140 | |
| | 当期分確定 | | | | | | |
| | 計 | 150 | | 150 | | 140 | |
| 事業税 | 前期分 | | 200 | 200 | | | |
| | 当期中間分 | | 160 | | | 160 | |
| | 計 | | 360 | 200 | | 160 | |
| その他 | 印紙税 | | 30 | | | 30 | |
| | 固定資産税 | | 100 | | | 100 | |
| | 計 | | 130 | | | 130 | |

納税充当金の計算

| | | | | | | |
|---|---|---|---|---|---|---|
| 期首納税充当金 | | 1,100 | 取崩額 | その他 | 損金算入のもの | |
| 繰入額 | 損金経理をした納税充当金 | | | | 損金不算入のもの | |
| | | | | | | |
| | 計 | | | | 仮払税金消却 | |
| 取崩 | 法人税と住民税 | 900 | | 計 | | 1,100 |
| | 事業税 | 200 | | 期末納税充当金 | | |

# 8 損金に算入されない税金

## ■ 税金科目に対する別段の定め

次に掲げる税金等は、税務の「別段の定め」により損金算入されません。

(1) 法人税の本税（利子税は損金算入）

(2) 国税にかかる延滞税、過少申告加算税、無申告加算税、重加算税、不納付加算税、印紙税の過怠税、罰金、科料、過料など

(3) 住民税（道府県民税、市町村民税、都民税）

(4) 地方税にかかる延滞金、過少申告加算金、不申告加算金、重加算金

(5) 税額控除される所得税（税額控除を選択しない所得税は損金算入）

(6) 税額控除される外国税額（税額控除を選択しない外国税は損金算入）

(7) 当期確定分の未払法人税等の引当額

別表五(二)は税金勘定の元帳としての書類なので、税務で損金に算入されない税金についても、その会計処理に応じて記載します。

未払法人税等の取崩しにより納付した場合は「充当金取崩しによる納付③」、仮払処理をした場合は「仮払経理による納付④」、費用処理した場合は「損金経理による納付⑤」に、それぞれ記載します。

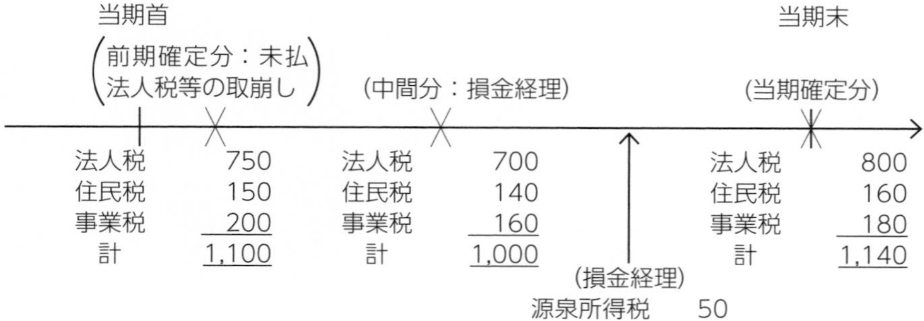

損金に算入されない法人税、住民税、租税公課も会計処理に応じて別表五(二)に記載する

## 別表五(二)　租税公課の納付状況等に関する明細書

| 税目及び事業年度 | | 期首現在未納税額 | 当期発生税額 | 当期中の納付税額 充当金取崩しによる納付 | 当期中の納付税額 仮払経理による納付 | 当期中の納付税額 損金経理による納付 | 期末現在未納税額 ①＋②－③－④－⑤ |
|---|---|---|---|---|---|---|---|
| | | ① | ② | ③ | ④ | ⑤ | ⑥ |
| 法人税 | 前期分 | 750 | | 750 | | | |
| | 当期分中間 | | 700 | | | 700 | |
| | 当期分確定 | | 800 | | | | 800 |
| | 計 | 750 | 1,500 | 750 | | 700 | 800 |
| 住民税 | 前期分 | 150 | | 150 | | | |
| | 当期分中間 | | 140 | | | 140 | |
| | 当期分確定 | | 160 | | | | 160 |
| | 計 | 150 | 300 | 150 | | 140 | 160 |
| 事業税 | 前期分 | | 200 | 200 | | | |
| | 当期中間分 | | 160 | | | 160 | |
| | 計 | | 360 | 200 | | 160 | |
| その他 | 印紙税 | | 30 | | | 30 | |
| | 固定資産税 | | 100 | | | 100 | |
| | 源泉所得税等 | | 50 | | | 50 | |

納税充当金の計算

| | | | | | |
|---|---|---|---|---|---|
| 期首納税充当金 | | 1,100 | 取崩額 その他 | 損金算入のもの | |
| 繰入額 | 損金経理をした納税充当金 | 1,140 | | 損金不算入のもの | |
| | | | | | |
| | 計 | 1,140 | | 仮払税金消却 | |
| 取崩 | 法人税と住民税 | 900 | | 計 | 1,100 |
| | 事業税 | 200 | | 期末納税充当金 | 1,140 |

**別表四の記載は第６章で！**

損金に算入されない税金等を損金経理した場合は別表四で加算調整が必要です

# 9 別表五(二)と決算書のつながり

## ■ 別表と決算書の金額を相互チェック

別表五(二)に記載する租税公課と法人税等（法人税、住民税及び事業税）、納税充当金の金額は各項目の決算書の表示額と一致します。

「損金経理による納付⑤」に記載された法人税等または租税公課は、損益計算書で費用計上されている金額と相違がないか突き合わせます。

なお、資本金１億円超の大法人に課税される事業税外形分（付加価値割と資本割）は販売費及び一般管理費として租税公課に表示します。

また別表五(二)の期末納税充当金の額は、貸借対照表の未払法人税等と同じ金額が計上されているか確認しておきます。

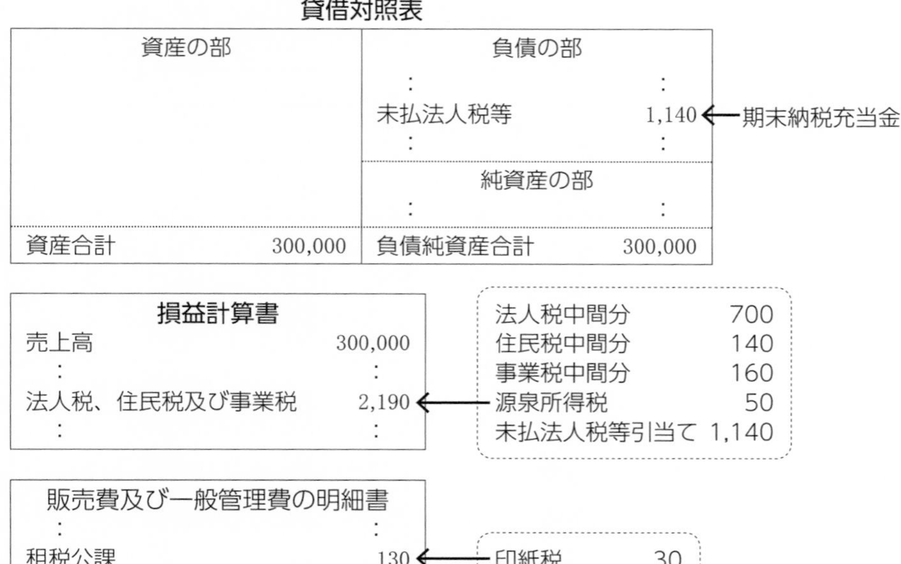

貸借対照表
資産の部
負債の部
未払法人税等 1,140
期末納税充当金
純資産の部
資産合計 300,000
負債純資産合計 300,000
損益計算書
売上高 300,000
法人税、住民税及び事業税 2,190
法人税中間分 700
住民税中間分 140
事業税中間分 160
源泉所得税 50
未払法人税等引当て 1,140
販売費及び一般管理費の明細書
租税公課 130
印紙税 30
固定資産税 100

## 別表五(二)　租税公課の納付状況等に関する明細書

| 税目及び事業年度 | | 期首現在未納税額 | 当期発生税額 | 当期中の納付税額<br>充当金取崩しによる納付 | 当期中の納付税額<br>仮払経理による納付 | 当期中の納付税額<br>損金経理による納付 | 期末現在未納税額<br>①＋②－③－④－⑤ |
|---|---|---|---|---|---|---|---|
| | | ① | ② | ③ | ④ | ⑤ | ⑥ |
| 法人税 | 前期分 | 750 | | 750 | | | |
| | 当期分中間 | | 700 | | | 700 | |
| | 当期分確定 | | 800 | | | | 800 |
| | 計 | 750 | 1,500 | 750 | | 700 | 800 |
| 住民税 | 前期分 | 150 | | 150 | | | |
| | 当期分中間 | | 140 | | | 140 | |
| | 当期分確定 | | 160 | | | | 160 |
| | 計 | 150 | 300 | 150 | | 140 | 160 |
| 事業税 | 前期分 | | 200 | 200 | | | |
| | 当期中間分 | | 160 | | | 160 | |
| | 計 | | 360 | 200 | | 160 | |
| その他 | 印紙税 | | 30 | | | 30 | |
| | 固定資産税 | | 100 | | | 100 | |
| | 源泉所得税等 | | 50 | | | 50 | |

納税充当金の計算

| | | | | | |
|---|---|---|---|---|---|
| 期首納税充当金 | | 1,100 | 取崩額 | その他　損金算入のもの | |
| 繰入額 | 損金経理をした納税充当金 | 1,140 | | その他　損金不算入のもの | |
| | | | | | |
| | 計 | 1,140 | | その他　仮払税金消却 | |
| 取崩 | 法人税と住民税 | 900 | | 計 | 1,100 |
| | 事業税 | 200 | | 期末納税充当金 | 1,140 |

損金経理をした法人税等と租税公課は損益計算書と、納税充当金（未払法人税等）は貸借対照表とチェック！

# 10 租税公課と別表五(二)と別表四

## 租税公課の納付方法は３つ

別表五(二)は、それぞれの税金科目が損金算入されるか、損金不算入であるかに関わりなく、会計処理に応じて記載します。

損金算入される税金が「充当金取崩しによる納付③」または「仮払経理による納付④」に記載されている場合は別表四で減算調整が必要です。

たとえば、前期確定分の事業税を納税充当金（未払法人税等）の取崩しにより納付した場合には、別表四で減算「留保②」します。

また「仮払経理による納付④」に記載された税金のうち、損金算入されるものは減算調整のみですが、損金不算入のものはいったん減算したうえで加算する両建ての調整を記載します。

別表四　所得の金額の計算に関する明細書

| 区分 | | 総額 | 処分 | | |
|---|---|---|---|---|---|
| | | | 留保 | 社外流出 | |
| | | ① | ② | ③ | |
| 当期利益又は当期欠損の額 | | 3,170 | 3,070 | 配当 | 100 |
| | | | | その他 | |
| 加算 | 損金経理をした法人税 | 700 | 700 | | |
| | 損金経理をした住民税 | 140 | 140 | | |
| | 損金経理をした納税充当金 | 1,140 | 1,140 | | |
| | 小計 | 1,980 | 1,980 | | |
| 減算 | 納税充当金から支出した事業税等 | 200 | 200 | | |
| | 法人税等の中間納付額の還付金額 | | | | |
| | 小計 | 200 | 200 | ※ | |
| 仮計 | | 4,950 | 4,850 | 外※ | |
| 法人税額から控除される所得税額 | | 50 | | その他 | 50 |
| 欠損金の当期控除額 | | △ ××× | | ※ | △ ××× |
| 所得金額又は欠損金額 | | 5,000 | 4,850 | 外※ | 150 |

**損金に算入されない租税公課、法人税、住民税を損金経理した場合には別表四で加算調整が必要**

当期限りで課税関係が終了する延滞税、税額控除を受ける源泉所得税を「損金経理による納付⑤」した場合は、加算「社外流出③」で調整します。

法人税と住民税の中間納付額は、別表五(一)の純資産のマイナス項目である「未納法人税」と「未納住民税」の「減②」への記載と連動するため、別表四では、加算「留保②」します。

当期確定分の未払法人税等の引当額は、別表五(一)の純資産である納税充当金の増加と連動して加算「留保②」となります。

別表五(二)　租税公課の納付状況等に関する明細書

| 税目及び事業年度 | | 期首現在未納税額 | 当期発生税額 | 当期中の納付税額 | | | 期末現在未納税額①＋②－③－④－⑤ |
|---|---|---|---|---|---|---|---|
| | | | | 充当金取崩しによる納付 | 仮払経理による納付 | 損金経理による納付 | |
| | | ① | ② | ③ | ④ | ⑤ | ⑥ |
| 法人税 | 前期分 | 750 | | 750 | | | |
| | 当期分中間 | | 700 | | | 700 | |
| | 当期分確定 | | 800 | | | | 800 |
| | 計 | 750 | 1,500 | 750 | | 700 | 800 |
| 住民税 | 前期分 | 150 | | 150 | | | |
| | 当期分中間 | | 140 | | | 140 | |
| | 当期分確定 | | 160 | | | | 160 |
| | 計 | 150 | 300 | 150 | | 140 | 160 |
| 事業税 | 前期分 | | 200 | 200 | | | |
| | 当期中間分 | | 160 | | | 160 | |
| | 計 | | 360 | 200 | | 160 | |
| その他 | 印紙税 | | 30 | | | 30 | |
| | 固定資産税 | | 100 | | | 100 | |
| | 源泉所得税等 | | 50 | | | 50 | |

納税充当金の計算

| | | | | | |
|---|---|---|---|---|---|
| 期首納税充当金 | | 1,100 | 取崩額 | その他　損金算入のもの | |
| 繰入額 | 損金経理をした納税充当金 | 1,140 | | 損金不算入のもの | |
| | | | | | |
| | 計 | 1,140 | | 仮払税金消却 | |
| 取崩 | 法人税と住民税 | 900 | | 計 | 1,100 |
| | 事業税 | 200 | | 期末納税充当金 | 1,140 |

## Column 法人税の「税務用語」を整理しておこう ～申告書に登場する税務用語をマスター～

税務では、会計と同じ意味と内容であっても言葉を置き換える、つまり表現を変えた税務用語が使われることがあります。

税務独特の言い回しに振り回されないように整理しておきましょう。

たとえば、次の用語は会計と税務で同じ意味を持っています。

| 会　計 | 税　務 |
|---|---|
| 繰越利益剰余金 | 繰越損益金 |
| 未払法人税等（負債） | 納税充当金（純資産に含める） |
| 未収還付法人税等（資産） | 仮払税金（純資産から控除する） |
| 費用または損失として経理する | 損金経理をする |

ただし上記の用語のうち、未払法人税等と納税充当金、未収還付法人税等と仮払税金は、それぞれ会計と税務で、意味と金額は同じであるものの、その取扱いが異なります。

未払法人税等は会計での負債ですが、税務では納税充当金を負債とは認識せず純資産に含めます。

また会計で資産計上する未収還付法人税等を、税務では仮払税金と呼び、税務の資産と認識せず純資産から控除します。

# 第4章

## 別表四と別表五(一)の重要ポイント

～別表四の留保所得と
別表五(一)の純資産のつながりをマスター～

# 1　すべては別表四と別表五(一)に帰結する

## ■ 所得の調整と純資産の調整

別表四は、税務の所得を計算する書類です。損益計算書の税引後当期純利益からスタートして、会計と税務の差異（別段の定め）を加減算する税務調整のすべてを記入して課税所得を計算します。

別表四「社外流出③」には、翌期以後の所得計算には影響を与えない、当期だけで課税関係が終了する項目を記載します。

そのため、個別の各別表で行う税務調整のうち、当期限りの利益と所得の差異に関する項目が別表四「社外流出③」にのみ転記されます。

◆　別表四にのみ転記される各別表の項目　◆

～当期限りの利益と所得の差異に関する税務調整～

(1)　別表五(二)　租税公課の納付状況等に関する明細書
（損金経理をした延滞税、税額控除を受ける源泉所得税など）
(2)　別表六(一)　所得税額の控除に関する明細書
(3)　別表七(一)　欠損金又は災害損失金の損金算入等に関する明細書
(4)　別表八(一)　受取配当等の益金不算入に関する明細書
(5)　別表十四(二)　寄附金の損金算入に関する明細書
(6)　別表十五　交際費等の損金算入に関する明細書　　など

当期限りで課税関係が終了する各別表は別表四「社外流出③」にのみ転記される

利益と所得の差異に関する税務調整のうち翌期以後の所得計算にも影響を及ぼすもの、法人税等に関する税務調整は、別表四「留保②」と別表五（一）の両方に転記します。

別表四の留保所得は、別表五（一）の利益積立金額の計算に含まれます。

### ◆　別表四と別表五(一)の両方に転記される各別表の項目　◆

～法人税等と翌期以後の所得計算に影響を与える税務調整～

⑴　別表五(二)　租税公課の納付状況等に関する明細書
(法人税等の納付税額、別表五(一)の納税充当金と未納法人税等の記載と連動する項目)
例：法人税と住民税の納付税額、仮払経理による納付税額、
未払法人税等を取り崩して納付した前期確定分の事業税、
損金経理をした納税充当金（未払法人税等の引当額)

⑵　別表十一(一)、(一の二)　貸倒引当金の損金算入に関する明細書

⑶　別表十六(一)、(二)　減価償却資産の償却額の計算に関する明細書

⑷　別表十六(六)　繰延資産の償却額の計算に関する明細書

⑸　別表十六(七)　少額減価償却資産の取得価額の損金算入の特例に関する明細書

⑹　別表十六(八)　一括償却資産の損金算入に関する明細書

⑺　別表十六(九)　特別償却準備金の損金算入に関する明細書

⑻　別表十三(一)　国庫補助金等、工事負担金及び賦課金で取得した固定資産等の圧縮額等の損金算入に関する明細書

⑼　別表十三(五)　特定の資産の買換えにより取得した資産の圧縮額等の損金算入に関する明細書　など

**翌期以後に引き継がれる税務と会計の差異と法人税等の税務調整は別表四「留保②」と別表五（一）に転記される**

# 2 別表四と別表十五～交際費～

## (1) 交際費の損金算入限度額

交際費のうち損金算入限度額を超える金額は損金不算入とされるため、「別表十五　交際費等の損金算入に関する明細書」に内容を記載します。

◆　交際費の損金算入限度額　◆

| 期末資本金額 | 損金算入限度額 |
| --- | --- |
| 1億円以下の法人（注） | 年800万円 |
| 1億円超の法人 | 0円 |

（注）資本金5億円以上の法人の完全支配関係にある中小法人を除く。

会計で交際費を費用計上しても、税務では損金不算入とされて利益に足し戻されて課税の対象となるため「**交際費課税**」と呼ばれます。

ただし得意先等との飲食費のうち「**1人当たり10,000円（注）以下**」で、飲食年月日、相手方の氏名、参加人数など一定の事項を記載した書類を「**保存**」している支出は、交際費課税の対象から除かれ、損金に算入されます。

1人当たり10,000円（注）を超える得意先等との飲食費は、その50％相当額が損金算入されます。ただし、資本金100億円を超える法人には適用されず、中小法人は年800万円の損金算入枠とのいずれか選択適用となります。

このように損金不算入とされた交際費は、当期限りで課税関係が終了する税務調整であるため、別表四では加算「社外流出③」に記載します。

（注）令和6（2024）年3月31日以前の支出分は5,000円

## (2)　別表十五の記載方法と記載例

別表十五では「得意先等との飲食費」を交際費の支出額に含めたうえで、税務の特例により交際費課税から控除するという形で記載します。

また、交際費以外の科目で会計処理した項目であっても税務の交際費に該当するものは別表十五に記載し損金不算入の計算対象に含めます。

> 交際費 2,000,000 円のうちに、得意先等との１人当たり 10,000 円（注）を超える飲食費が 600,000 円、得意先等との１人当たり 10,000 円（注）以下の飲食費 500,000 円が含まれている。

### ◆「中小法人」の別表十五◆

別表十五　交際費等の損金算入に関する明細書

| 支出交際費等の額（８の計） | 1 | 1,500,000 | 損金算入限度額（2）又は（3） | 4 | 1,500,000 |
|---|---|---|---|---|---|
| 支出接待飲食費損金算入基準額（９の計）× $\frac{50}{100}$ | 2 | 300,000 | | | |
| 中小法人等の定額控除限度額 ((1)の金額又は800万円× $\frac{12}{12}$ 相当額のうち少ない金額) | 3 | 1,500,000 | 損金不算入額（1）－（4） | 5 | 0 |

支出交際費等の額の明細

| 科目 | 支出額 | 交際費等の額から控除される費用の額 | 差引交際費等の額 | (8) のうち接待飲食費の額 |
|---|---|---|---|---|
| | 6 | 7 | 8 | 9 |
| 交際費 | 2,000,000 | 500,000 | 1,500,000 | 600,000 |
| 計 | 2,000,000 | 500,000 | 1,500,000 | 600,000 |

１人当たり10,000円（注）以下の得意先等との飲食費

得意先等との飲食費を含めて記載する

１人当たり10,000円（注）を超える得意先等との飲食費

交際費等の全額が損金算入されるため別表四への転記なし

交際費 2,000,000 円のうちに、得意先等との１人当たり 10,000 円（注）を超える飲食費が 600,000 円、得意先等との１人当たり 10,000 円（注）以下の飲食費 500,000 円が含まれている。

## ◆「大法人」の別表十五と別表四◆

別表十五　交際費等の損金算入に関する明細書

| 支出交際費等の額（８の計） | 1 | 1,500,000 | 損金算入限度額（２）又は（３） | 4 | 300,000 |
|---|---|---|---|---|---|
| 支出接待飲食費損金算入基準額（９の計）× $\frac{50}{100}$ | 2 | 300,000 | | | |
| 中小法人等の定額控除限度額（(1)の金額又は800万円× $\frac{12}{12}$ 相当額のうち少ない金額） | 3 | 0 | 損金不算入額（１）－（４） | 5 | 1,200,000 |

支出交際費等の額の明細

| 科目 | 支出額 | 交際費等の額から控除される費用の額 | 差引交際費等の額 | (8)のうち接待飲食費の額 |
|---|---|---|---|---|
| | 6 | 7 | 8 | 9 |
| 交際費 | 2,000,000 | 500,000 | 1,500,000 | 600,000 |
| 計 | 2,000,000 | 500,000 | 1,500,000 | 600,000 |

１人当たり10,000円（注）以下の得意先等との飲食費

得意先等との飲食費を含めて記載する

１人当たり10,000円（注）を超える得意先等との飲食費

交際費等の損金不算入額を別表四で加算「社外流出③」する

（注）令和６（2024）年３月31日以前の支出分は5,000円

別表四　所得の金額の計算に関する明細書

| 区分 | | 総額 | 処分 | | |
|---|---|---|---|---|---|
| | | | 留保 | 社外流出 | |
| | | ① | ② | ③ | |
| 当期利益又は当期欠損の額 | | | | 配当 | |
| | | | | その他 | |
| 加算 | 交際費等の損金不算入額 | 1,200,000 | | その他 | 1,200,000 |
| 減算 | | | | | |
| 所得金額又は欠損金額 | | | | 外※ | |

交際費の損金不算入額が利益に加算され、「交際費の損金不算入額×実効税率」に相当する法人税等の負担が増える

「交際費等の損金不算入額」は利益に加算「社外流出」され、課税対象となる、当期限りで課税関係が終了する税務調整

# 3 別表四と別表十四(二) ～寄附金～

## (1) 法人税での寄附金の区分

寄附金とは、基本的には見返りを期待しない「喜捨金」をいいます。

税務上の寄附金には、金銭の贈与、金銭以外の資産の贈与、時価よりも低い価額での売却、経済的利益の無償供与なども含みます。

寄附金は次の４つの区分ごとに損金算入限度額の定めがあります。

国等に対する寄附金と指定寄附金は、その全額が損金算入されます。

特定公益増進法人等に対する寄附金とその他の一般寄附金には損金算入限度額があり、基本的に、所得金額が大きい会社あるいは資本金の額および資本準備金の額の合計額が大きい会社ほど限度額も増えます。

(1) 国または地方公共団体に対する寄附金･･･全額が損金算入

(2) 指定寄附金･･･全額が損金算入

(3) 特定公益増進法人及び認定NPO法人に対する寄附金

$$\text{損金算入限度額} = \left( \text{当期の所得金額} \times \frac{6.25}{100} + \text{期末の資本金の額および資本準備金の額の合計額} \times \frac{3.75}{1,000} \right) \times \frac{1}{2}$$

(4) その他の一般寄附金

$$\text{損金算入限度額} = \left( \text{当期の所得金額} \times \frac{2.5}{100} + \text{期末の資本金の額および資本準備金の額の合計額} \times \frac{2.5}{1,000} \right) \times \frac{1}{4}$$

(注) 当期の所得金額…法人税申告書別表四「総額①」仮計26の金額
＋支出寄附金の額（寄附金支出前の所得金額）

## (2)　寄附金の税務調整は「仮計」が固まった後で

上記算式における当期の所得金額は「寄附金支出前の所得金額」です。

そのため、寄附金の損金不算入額は、その他の税務調整が終了して、別表四「仮計」が固まった後の作業となります。寄附金の損金不算入額を計算した後に、新たな税務調整が必要となり所得金額の仮計が変わると、再度、計算し直さなければなりません。

特定公益増進法人等に対する寄附金のうち、上記⑶の損金算入限度額を超える部分は一般寄附金として取り扱い、その金額と一般寄附金との合計額が一般寄附金の損金算入限度額を超える金額が損金不算入となります。

つまり、一般寄附金が損金算入限度額より少なく使用しなかった限度額を特定公益増進法人等の損金算入限度額として流用できるしくみです。

## (3)　全額が損金不算入とされる寄附金

50％以上を出資する国外関連者に対する寄附金は、海外への所得移転を招く原因となるため、その全額が損金に算入されません。

またグループ法人税制により、完全支配関係にある法人に対する寄附金は全額が損金不算入とされ、受取側でも全額が益金不算入となります。

**所得金額が大きい、または資本金の額および資本準備金の額の合計額が大きい会社ほど寄附金の損金算入限度額は増える**

## (4) 「寄附金の損金不算入」と別表記載

次の事例で寄附金の損金不算入額の計算と別表への記載を見てみましょう。

(1) 支出した寄附金の明細

| | | |
|---|---|---|
| ① | 指定寄附金 | 150,000 円 |
| ② | 特定公益増進法人への寄附金 | 1,000,000 円 |
| ③ | 一般の寄附金 | 50,000 円 |
| ④ | 合　計 | 1,200,000 円 |

(2) 所得金額（別表四「総額①」仮計 26）　8,800,000 円

(3) 資本金と資本準備金の合計額　50,000,000 円

(4) 寄附金の損金算入限度額

① 特定公益増進法人への寄附金の損金算入限度額

$$\left\{(8{,}800{,}000\text{円}+1{,}200{,}000\text{円})\times\frac{6.25}{100}+50{,}000{,}000\text{円}\times\frac{3.75}{1{,}000}\right\}\times\frac{1}{2}$$

$=406{,}250$円

② 一般寄附金の損金算入限度額

$$\left\{(8{,}800{,}000\text{円}+1{,}200{,}000\text{円})\times\frac{2.5}{100}+50{,}000{,}000\text{円}\times\frac{2.5}{1{,}000}\right\}\times\frac{1}{4}$$

$=93{,}750$円

(5) 寄附金の損金不算入額　550,000円

特定公益増進法人に対する寄附金のうち損金算入限度額を超える金額593,750円（＝1,000,000円－406,250円）は一般の寄附金として取り扱います。この金額と、一般の寄附金50,000円との合計額（643,750円）が一般の寄附金の損金算入限度額（93,750円）を超える金額が損金不算入額（550,000円）となります。

### 別表十四(二)　寄附金の損金算入に関する明細書

寄附金の損金不算入額　550,000円

### 別表四　所得の金額の計算に関する明細書

| 区分 | | 総額 | 処分 | | |
|---|---|---|---|---|---|
| | | | 留保 | 社外流出 | |
| | | ① | ② | ③ | |
| 当期利益又は当期欠損の額 | | | | 配当 | |
| | | | | その他 | |
| 加算 | 損金経理をした法人税 | | | | |
| | 損金経理をした住民税 | | | | |
| | 損金経理をした納税充当金 | | | | |
| | 損金経理をした附帯税及び過怠税 | | | その他 | |
| | 小計 | | | | |
| 減算 | 納税充当金から支出した事業税等 | | | | |
| | 受取配当等の益金不算入額 | | | ※ | |
| | 小計 | | | 外※ | |
| 仮計 | | 8,800,000 | 8,800,000 | 外※ | |
| 寄附金の損金不算入額 | | 550,000 | | その他 | 550,000 |
| 所得金額又は欠損金額 | | | | 外※ | |

「寄附金の損金不算入額」は利益に加算「社外流出」され、課税対象となる、当期限りで課税関係が終了する税務調整

# 別表四と別表八(一) ～受取配当金～

## (1) 益金不算入額の計算

受取配当等の益金不算入額は、その元本である株式等の区分に応じて、次のとおり計算します。財テク目的での保有に近い非支配目的株式等などは益金不算入割合が低い、つまり課税対象とされる割合が大きくなります。

なお、関連法人株式等、その他株式等、非支配目的株式等のいずれに該当するかは、完全支配関係がある他の法人の持株比率との合計で判定します。

| 株式等の区分 | 内　　容 | 益金不算入額 |
|---|---|---|
| 完全子法人株式等 | 配当等の計算期間を通じて継続的に完全支配関係がある子会社株式等 | 配当等の全額 |
| 関連法人株式等 | 配当等の基準日以前6か月以上引き続き、他の内国法人の発行済株式の総数または総額の3分の1超の株式または出資を有している株式等 | (配当等の額－支払利子等の額)の全額 |
| 非支配目的株式等 | 配当等の基準日における保有割合が5％以下である株式等 | 配当等の額×20％ |
| その他株式等 | 上記のいずれにも該当しない株式等(保有割合5％超、3分の1以下) | 配当等の額×50％ |

## (2) 別表四の記載ルール

受取配当等の益金不算入は、当期限りで課税関係が終了する税務調整なので「留保」には記載しません。しかし、受取配当等は社外に現金等が流出する性質の税務調整ではないので「社外流出」の性質も持っていません。

そこで、本来の「社外流出」の項目と区別する意味合いで「※」印を付けて減算に記載します。「※社外流出」は「課税外収入」と呼ばれており、受取配当金のように収入を受け取っているが課税されないものをいいます。

別表八(一)　受取配当等の益金不算入に関する明細書

| 受取配当等の益金不算入額 | 500,000円 |
|---|---|

別表四　所得の金額の計算に関する明細書

| 区分 | | 総額 | 処分 | | |
|---|---|---|---|---|---|
| | | | 留保 | 社外流出 | |
| | | ① | ② | ③ | |
| 当期利益又は当期欠損の額 | | | | 配当 | |
| | | | | その他 | |
| 加算 | 損金経理をした法人税 | | | | |
| | 損金経理をした住民税 | | | | |
| | 損金経理をした納税充当金 | | | | |
| | 損金経理をした附帯税及び過怠税 | | | その他 | |
| | 小計 | | | | |
| 減算 | 納税充当金から支出した事業税等 | | | | |
| | 受取配当等の益金不算入額 | 500,000 | | ※ | 500,000 |
| | 小計 | | | 外※ | |
| 仮計 | | | | 外※ | |
| 寄附金の損金不算入額 | | | | その他 | |
| 所得金額又は欠損金額 | | | | 外※ | |

「受取配当等の益金不算入額」は利益から減算「社外流出」され、非課税の対象となる、当期限りで課税関係が終了する税務調整

# 5 別表四と別表五(二) ～租税公課～

## 損金不算入の租税公課と別表記載

損金不算入の税金を損金経理した場合は別表四で加算調整が必要です。

法人税と住民税は、別表五(一)の納税充当金、未納法人税等の記載と連動して純資産の増減に影響があるため、加算「留保②」となります。

延滞税、過怠税、税額控除を受ける源泉所得税などの損金不算入額は、当期限りで課税関係が終了するため、加算「社外流出③」となります。

納税充当金（未払法人税等）を取り崩して附帯税などを納付した場合は、いったん別表四の減算「留保②」で損金算入扱いにしたうえで、そのうち損金不算入である租税公課を加算「社外流出③」します。

たとえば、納税充当金（未払法人税等）を取り崩して、前期確定分の事業税と延滞税を納付した場合は、損金算入される事業税（200）も含めて、その合計額（210）を減算「留保②」したうえで、損金不算入である延滞税（10）を加算「社外流出③」します。

別表四　所得の金額の計算に関する明細書

| 区分 | | 総額 | 処分 | | |
|---|---|---|---|---|---|
| | | | 留保 | 社外流出 | |
| | | ① | ② | ③ | |
| 当期利益又は当期欠損の額 | | | | 配当 | |
| | | | | その他 | |
| 加算 | 損金経理をした法人税 | 700 | 700 | | |
| | 損金経理をした住民税 | 140 | 140 | | |
| | 損金経理をした納税充当金 | 1,140 | 1,140 | | |
| | 損金経理をした附帯税及び過怠税 | 10 | | その他 | 10 |
| | 小計 | | | | |
| 減算 | 納税充当金から支出した事業税等 | 210 | 210 | | |
| | 受取配当等の益金不算入額 | | | ※ | |
| | 小計 | | | 外※ | |
| 仮計 | | | | 外※ | |
| 法人税額から控除される所得税額 | | 50 | | その他 | 50 |
| 所得金額又は欠損金額 | | | | 外※ | |

## 別表五(二)　租税公課の納付状況等に関する明細書

| 税目及び事業年度 | | | 期首現在未納税額 | 当期発生税額 | 当期中の納付税額 | | | 期末現在未納税額 ①＋②－③－④－⑤ |
|---|---|---|---|---|---|---|---|---|
| | | | | | 充当金取崩しによる納付 | 仮払経理による納付 | 損金経理による納付 | |
| | | | ① | ② | ③ | ④ | ⑤ | ⑥ |
| 法人税 | 前期分 | | 750 | | 750 | | | |
| | 当期分中間 | | | 700 | | | 700 | |
| | 当期分確定 | | | 800 | | | | 800 |
| | 計 | | 750 | 1,500 | 750 | | 700 | 800 |
| 住民税 | 前期分 | | 150 | | 150 | | | |
| | 当期分中間 | | | 140 | | | 140 | |
| | 当期分確定 | | | 160 | | | | 160 |
| | 計 | | 150 | 300 | 150 | | 140 | 160 |
| 事業税 | 前期分 | | | 200 | 200 | | | |
| | 当期中間分 | | | 160 | | | 160 | |
| | 計 | | 0 | 360 | 200 | | 160 | |
| その他 | 損金算入 | 利子税 | | | | | | |
| | | 延滞金 | | | | | | |
| | | 固定資産税 | | 60 | | | 60 | |
| | | 印紙税 | | 8 | | | 8 | |
| | 損金不算入 | 加算税 | | | | | | |
| | | 延滞税 | | 10 | 10 | | | |
| | | 延滞金 | | | | | | |
| | | 過怠税 | | | | | | |
| | | 源泉所得税 | | 50 | | | 50 | |

納税充当金の計算

| | | | | | |
|---|---|---|---|---|---|
| 期首納税充当金 | | 1,100 | 取崩額 その他 | 損金算入のもの | |
| 繰入額 | 損金経理をした納税充当金 | 1,140 | | 損金不算入のもの | 10 |
| | | | | | |
| | 計 | 1,140 | | 仮払税金消却 | |
| 取崩 | 法人税と住民税 | 900 | | 計 | 1,110 |
| | 事業税 | 200 | 期末納税充当金 | | 1,130 |

# 6 別表四と別表十一(一)、別表十一(一の二) ～貸倒引当金～

## (1) 繰入限度額と適用対象法人

法人税法では、損金経理により貸倒引当金に繰り入れた金額のうち繰入限度額までの損金算入を認めています。ただし、貸倒引当金制度の適用対象法人は、銀行、保険会社、中小法人（資本金５億円以上の法人の完全支配関係にある中小法人を除く）、公益法人等、協同組合等、人格のない社団等に限定されています。

当制度の適用対象外である法人は、会計で貸倒引当金を繰り入れても、その全額が損金不算入となるため税金は軽減されません。税務の限度額を超えて繰り入れることを「有税」での引当てといいます。

貸倒引当金の繰入限度額は、期末金銭債権を次の２つに区分して、それぞれ計算します。

⑴ 個別評価金銭債権（経営状態が悪化している相手先への債権）
…債務者ごとの繰入限度額（債務者ごとに計算する）

⑵ 一括評価金銭債権（その他の一般債権）
① 大法人（銀行等のみ）…金銭債権×当期前３年間の実績繰入率
② 中小法人（法定繰入率と実績繰入率のいずれか多い方）（注）
㈠ （金銭債権－実質的に債権とみられないものの額）×法定繰入率
㈡ 金銭債権×当期前３年間の貸倒実績率

◆ 〈参考〉中小法人が適用できる法定繰入率 ◆

| 業種区分 | 法定繰入率 |
|---|---|
| 製造業（電気業、ガス業、熱供給業、水道業および修理業を含む） | 8／1,000 |
| 卸小売業（飲食店業および料理店業を含み、割賦販売小売業を除く） | 10／1,000 |
| 金融保険業 | 3／1,000 |
| 割賦販売小売業ならびに包括信用購入あっせん業および個別信用購入あっせん業 | 7／1,000 |
| その他事業 | 6／1,000 |

## （２）　繰入限度超過額と別表記載

貸倒引当金の繰入限度額の計算明細書として、個別評価分の繰入れは別表十一(一)、一括評価分の繰入れは別表十一(一の二)に記載します。

貸倒引当金繰入超過額とは、費用を過大に計上することで利益が過少に計上されていることを意味します。その差異を調整して正しい所得を計算するために、別表四で繰入超過額を加算「留保②」します。

同時に、資産の控除項目である貸倒引当金が過大に計上されることで、会計の純資産が税務のあるべき純資産よりも過少に計上されているため、その差異を別表五(一)に記載して翌期に引き継いでいきます。

将来のいずれかの時点で、貸倒引当金戻入益を計上するときに会計と税務の差異が解消して減算（認容）も起こりえる税務調整です。

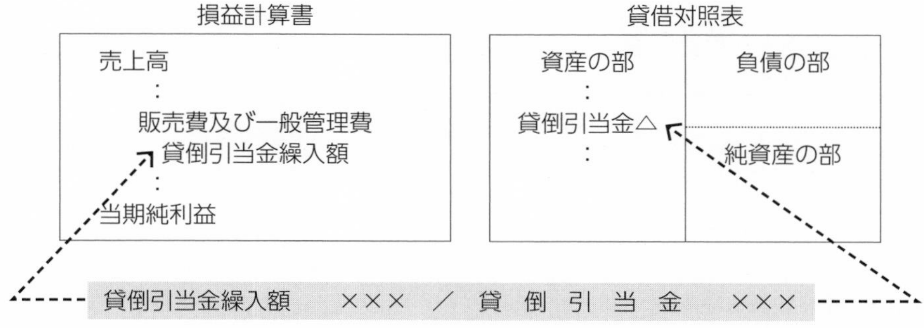

**貸倒引当金繰入限度超過額は利益と所得の差異であり、会計と税務の純資産の差異でもある税務調整**

（注）中小法人のうち、当期前３事業年度の平均所得金額が15億円を超える法人（適用除外事業者）は実績繰入率のみ

## (3) 貸倒引当金繰入限度超過額がある場合の別表四

別表十一(一) 個別評価金銭債権に係る貸倒引当金の損金算入に関する明細書

| | |
|---|---|
| (債務者) | 住所または所在地／氏名または名称 |
| (個別評価の事由) | 法人税法施行令96条１項３号ホ該当 |
| (繰入限度超過額) | 500 |

別表四 所得の金額の計算に関する明細書

| 区分 | | 総額 | 処分 | | |
|---|---|---|---|---|---|
| | | | 留保 | 社外流出 | |
| | | ① | ② | ③ | |
| 当期利益又は当期欠損の額 | | | | 配当 | |
| | | | | その他 | |
| 加算 | 損金経理をした法人税 | | | | |
| | 損金経理をした住民税 | | | | |
| | 損金経理をした納税充当金 | | | | |
| | 貸倒引当金繰入限度超過額 | 500 | 500 | | |
| | 小計 | | | | |
| 減算 | 納税充当金から支出した事業税等 | | | | |
| | 受取配当等の益金不算入額 | | | ※ | |
| | 小計 | | | 外※ | |
| 仮計 | | | | 外※ | |
| 寄附金の損金不算入額 | | | | その他 | |
| 所得金額又は欠損金額 | | | | 外※ | |

「貸倒引当金繰入限度超過額」は利益に加算され、当期の課税対象となる

## （4）　繰入限度超過額と別表五(一)

税務の繰入限度額を超える貸倒引当金繰入額は、損金算入されません。

この場合には、繰入限度超過額だけ利益が過少に計上され、会計の純資産も、税務のあるべき純資産より過少に計上されています。

そこで、貸倒引当金繰入超過額を別表四で加算「留保②」するとともに、別表五(一)にて純資産の差異（資産の控除項目の過大）も翌期に引き継いでいきます。

当期末において、税務の純資産は会計の純資産よりも500（貸倒引当金繰入限度超過額に相当する金額）大きいことを意味しています。

別表五(一)　利益積立金額の計算に関する明細書

| Ⅰ　利益積立金額の計算に関する明細書 | | | | | | |
|---|---|---|---|---|---|---|
| 区分 | | 期首現在利益積立金額 | 当期の増減 | | | 差引翌期首現在利益積立金額 |
| | | | 減 | 増 | | |
| | | ① | ② | ③ | | ④ |
| 利益準備金 | | | | | | |
| 貸倒引当金 | | | | | 500 | 500 |
| 繰越損益金（損は赤） | | | | | | |
| 納税充当金 | | | | | | |
| 未納法人税等 | 未納法人税（附帯税を除く） | △ | △ | 中間 | △ | △ |
| | | | | 確定 | △ | |
| | 未納道府県民税（均等割額を含む） | △ | △ | 中間 | △ | △ |
| | | | | 確定 | △ | |
| | 未納市町村民税（均等割額を含む） | △ | △ | 中間 | △ | |
| | | | | 確定 | △ | |
| 差引合計額 | | | | | | |

税務の純資産は会計の純資産よりも500大きい

**貸倒引当金繰入限度超過額は税務と会計の純資産の差異として、翌期に引き継がれていく税務調整**

## (5) 翌期に貸倒引当金戻入益を計上した場合の別表四

先の事例で、翌期に貸倒損失の計上要件を満たしたため、貸倒引当金を戻し入れ、全額を貸倒損失に計上した場合の別表記載は次のとおりです。

貸倒引当金を戻し入れる事由が生じたときには、別表四で「貸倒引当金繰入限度超過額認容」として減算「留保②」により損金算入されます。

会計上は貸倒引当金戻入益が販売管理費のマイナスまたは営業外収益として計上され利益に含まれますが、別表四において減算「留保②」による税務調整を行うため、課税されません。

別表四　所得の金額の計算に関する明細書〈翌期〉

| 区分 | | 総額 | 処分 | | |
|---|---|---|---|---|---|
| | | | 留保 | 社外流出 | |
| | | ① | ② | ③ | |
| 当期利益又は当期欠損の額 | | | | 配当 | |
| | | | | その他 | |
| 加算 | 損金経理をした法人税 | | | | |
| | 損金経理をした住民税 | | | | |
| | 損金経理をした納税充当金 | | | | |
| | 貸倒引当金繰入超過額 | | | | |
| | 小計 | | | | |
| 減算 | 納税充当金から支出した事業税等 | | | | |
| | 受取配当等の益金不算入額 | | | ※ | |
| | 貸倒引当金繰入限度超過額認容 | 500 | 500 | | |
| | 小計 | | | 外※ | |
| 仮計 | | | | 外※ | |
| 寄附金の損金不算入額 | | | | その他 | |
| 所得金額又は欠損金額 | | | | 外※ | |

「貸倒引当金繰入限度超過額認容」により減算されることで、当期の課税分は翌期に取り戻される

## （6）　繰入限度超過額認容と別表五(一)

あわせて、純資産の差異の解消を別表五（一）「減②」に記載します。

当期に有税で引き当てた貸倒引当金の限度超過額（資産の控除項目の過大）は、別表五（一）にて税務と会計の純資産の差異として引き継がれます。

翌期に起こる別表四の減算「留保」の調整を「減②」に記載することで、翌期末には税務と会計の純資産の差異は解消されます。

別表五(一)　利益積立金額の計算に関する明細書〈翌期〉

| Ⅰ　利益積立金額の計算に関する明細書 | | | | | | |
|---|---|---|---|---|---|---|
| 区　分 | | 期首現在利益積立金額 | 当期の増減 | | | 差引翌期首現在利益積立金額 |
| | | | 減 | 増 | | |
| | | ① | ② | ③ | | ④ |
| 利益準備金 | | | | | | |
| 貸倒引当金 | | 500 | 500 | | | 0 |
| 繰越損益金（損は赤） | | | | | | |
| 納税充当金 | | | | | | |
| 未納法人税等 | 未納法人税（附帯税を除く） | △ | △ | 中間 | △ | △ |
| | | | | 確定 | △ | |
| | 未納道府県民税（均等割額を含む） | △ | △ | 中間 | △ | △ |
| | | | | 確定 | △ | |
| | 未納市町村民税（均等割額を含む） | △ | △ | 中間 | △ | |
| | | | | 確定 | △ | |
| 差引合計額 | | | | | | |

税務の純資産と会計の純資産の差異は解消

貸倒引当金繰入限度超過額は将来において差異が解消する一時差異として税効果会計の対象

#  別表四と別表十六(一)、別表十六(二) ～減価償却～

## （1） 定額法と定率法

減価償却費の主な計算方法には、定額法と定率法の２つがあります。

定額法は、毎期一定額を償却費として計上する償却方法であり、定率法は毎期一定率で償却費を計算する償却方法です。

無形減価償却資産、1998年４月１日以後に取得した建物、2016年４月１日以後に取得した構築物、建物附属設備は、定額法により償却計算をしなければなりません。その他の資産は、償却方法の選択をしなければ定率法が法定償却方法となっています。

定額法による計算明細は別表十六(一)、定率法による計算明細は別表十六(二)に記載します。

## （2） 税務上の償却限度額

税務の所得計算において損金の額に算入される減価償却費は、償却費として損金経理した金額のうち償却限度額に達するまでの金額です。

法人税法に規定する償却限度額に達するまでの金額とは、償却限度額の計算において生じた１円未満の端数を切り捨てた金額をいいます。

また、当期に事業供用した月数、つまり収益獲得に貢献した月数に対応する減価償却費が損金に算入されます。事業供用月数は、暦に従って計算し、１か月未満の端数は切り上げます。１日だけの事業供用でも、１か月分の減価償却費を計上できます。

**法人税法では「償却限度額」まで「損金経理」することが減価償却費の損金算入の要件**

## (3)　耐用年数と償却率、保証率、改定償却率

減価償却資産の耐用年数は、資産の種類および細目ごとに「耐用年数省令」に定められており、償却計算に使用する償却率等は耐用年数に応じて数学的に決められています。

## (4)　減価償却費の計算と別表記載

次の事例で、減価償却費の計算と別表記載を見てみましょう。

**1．当期の処理**

３月決算法人である甲社は当期の８月20日に事業供用した器具備品につき、減価償却費1,200を損金経理した。

構造及び細目：器具備品（事務機器、その他のもの）

取得価額　　3,000

耐用年数５年（200％定率法での償却率0.400、
改定償却率0.500、保証率0.10800）

(1)　税務上の減価償却限度額3,000 × 0.400 × 8／12 ＝ 800

(2)　減価償却超過額1,200 － 800 ＝ 400（加算「留保②」）

**2．翌期の処理**

上記の資産につき、翌期は減価償却費680を損金経理した。

(1)　税務上の減価償却限度額
(3,000 － 800) × 0.400 ＝ 880（※）

(2)　減価償却不足額880 － 680 ＝ 200（減算「留保②」）

（※）償却限度額は税務上の期首帳簿価額を基に計算する。

## ①　当期の処理…減価償却超過額が生じた事業年度の別表四

別表十六(二)　定率法による減価償却資産の償却額の計算に関する明細書

| | | | |
|---|---|---|---|
| 当期分の償却限度額 | | | 800 |
| 当期償却額 | | | 1,200 |
| 差引 | 償却不足額 | | |
| | 償却超過額 | | 400 |
| 償却超過額 | 前期からの繰越額 | | |
| | 当期損金認容額 | 償却不足によるもの | |
| | | 積立金取崩しによるもの | |
| | 差引合計翌期への繰越額 | | 400 |

別表四　所得の金額の計算に関する明細書

| 区分 | | 総額 ① | 処分 留保 ② | 社外流出 ③ | |
|---|---|---|---|---|---|
| 当期利益又は当期欠損の額 | | | | 配当 | |
| | | | | その他 | |
| 加算 | 損金経理をした法人税 | | | | |
| | 損金経理をした住民税 | | | | |
| | 損金経理をした納税充当金 | | | | |
| | 減価償却の償却超過額 | 400 | 400 | | |
| | 小計 | | | | |
| 減算 | 減価償却超過額の当期認容額 | | | | |
| | 受取配当等の益金不算入額 | | | ※ | |
| | 小計 | | | 外※ | |
| 仮計 | | | | 外※ | |
| 法人税額から控除される所得税額 | | | | その他 | |
| 所得金額又は欠損金額 | | | | 外※ | |

減価償却の償却超過額は利益に加算され、当期の課税対象となる

税務上の償却限度額を超えて損金経理した減価償却費は、損金算入されないため、減価償却超過額は別表四で加算「留保②」します。

減価償却費を過大（＝資産を過少）に計上することで、会計の純資産は税務のあるべき純資産より減価償却超過額だけ過少に計上されています。

そこで、会計の純資産と税務の純資産の差異を別表五(一)に記録して引き継いでいきます。当期末において、税務の純資産は会計の純資産よりも400（減価償却超過額に相当する金額）大きいことを意味しています。

別表五(一)　利益積立金額の計算に関する明細書

<table>
<tr><td colspan="7">Ⅰ　利益積立金額の計算に関する明細書</td></tr>
<tr><td colspan="2" rowspan="3">区　分</td><td rowspan="2">期首現在利益積立金額</td><td colspan="3">当期の増減</td><td rowspan="2">差引翌期首現在利益積立金額</td></tr>
<tr><td>減</td><td colspan="2">増</td></tr>
<tr><td>①</td><td>②</td><td colspan="2">③</td><td>④</td></tr>
<tr><td colspan="2">利益準備金</td><td></td><td></td><td colspan="2"></td><td></td></tr>
<tr><td colspan="2">器具備品</td><td></td><td></td><td colspan="2">400</td><td>400</td></tr>
<tr><td colspan="2">繰越損益金（損は赤）</td><td></td><td></td><td colspan="2"></td><td></td></tr>
<tr><td colspan="2">納税充当金</td><td></td><td></td><td colspan="2"></td><td></td></tr>
<tr><td rowspan="6">未納法人税等</td><td rowspan="2">未納法人税<br>（附帯税を除く）</td><td rowspan="2">△</td><td rowspan="2">△</td><td>中間</td><td>△</td><td rowspan="2">△</td></tr>
<tr><td>確定</td><td>△</td></tr>
<tr><td rowspan="2">未納道府県民税<br>（均等割額を含む）</td><td rowspan="2">△</td><td rowspan="2">△</td><td>中間</td><td>△</td><td rowspan="2">△</td></tr>
<tr><td>確定</td><td>△</td></tr>
<tr><td rowspan="2">未納市町村民税<br>（均等割額を含む）</td><td rowspan="2">△</td><td rowspan="2">△</td><td>中間</td><td>△</td><td rowspan="2"></td></tr>
<tr><td>確定</td><td>△</td></tr>
<tr><td colspan="2">差引合計額</td><td></td><td></td><td colspan="2"></td><td></td></tr>
</table>

税務の純資産は会計の純資産よりも400大きい

減価償却超過額は税務と会計の純資産の差異として翌期に引き継がれていく税務調整

## ②　翌期の処理…減価償却超過額認容が生じる場合

別表十六(二)　定率法による減価償却資産の償却額の計算に関する明細書

| 当期分の償却限度額 | | | 880 |
|---|---|---|---|
| 当期償却額 | | | 680 |
| 差引 | 償却不足額 | | 200 |
| 差引 | 償却超過額 | | |
| 償却超過額 | 前期からの繰越額 | | 400 |
| 償却超過額 | 当期損金認容額 | 償却不足によるもの | 200 |
| 償却超過額 | 当期損金認容額 | 積立金取崩しによるもの | |
| 償却超過額 | 差引合計翌期への繰越額 | | 200 |

別表四　所得の金額の計算に関する明細書〈翌期〉

| 区分 | | 総額 | 処分 | | |
|---|---|---|---|---|---|
| | | | 留保 | 社外流出 | |
| | | ① | ② | ③ | |
| 当期利益又は当期欠損の額 | | | | 配当<br>その他 | |
| 加算 | 損金経理をした法人税 | | | | |
| 加算 | 損金経理をした住民税 | | | | |
| 加算 | 損金経理をした納税充当金 | | | | |
| 加算 | 減価償却の償却超過額 | | | | |
| 加算 | 小計 | | | | |
| 減算 | 減価償却超過額の当期認容額 | 200 | 200 | | |
| 減算 | 受取配当等の益金不算入額 | | | ※ | |
| 減算 | 小計 | | | 外※ | |
| 仮計 | | | | 外※ | |
| 法人税額から控除される所得税額 | | | | その他 | |
| 所得金額又は欠損金額 | | | | 外※ | |

「減価償却超過額の認容額」により減算され、当期の課税分の一部が翌期に取り戻される

減価償却超過額を加算調整した資産につき、翌期以降に売却したり、減価償却不足額が生じた場合は、償却超過額は別表四で減算「留保②」（認容）することで損金算入されます。

この事例では、当期より繰り越される減価償却超過額（400）は、翌期に生じる償却不足額（200）の範囲内で損金算入が認められます。

別表五(一)では、減価償却超過額が認容されることにより、会計の純資産と税務の純資産の差異が一部解消したことを記載します。

翌期末においては、税務の純資産は会計の純資産よりも200（減価償却超過額に相当する金額）大きいことを意味しています。

**別表五(一)　利益積立金額の計算に関する明細書〈翌期〉**

<table>
<tr><th colspan="7">Ⅰ　利益積立金額の計算に関する明細書</th></tr>
<tr><th colspan="2" rowspan="3">区　分</th><th rowspan="2">期首現在<br>利益積立金額</th><th colspan="3">当期の増減</th><th rowspan="2">差引翌期首現在<br>利益積立金額</th></tr>
<tr><th>減</th><th colspan="2">増</th></tr>
<tr><th>①</th><th>②</th><th colspan="2">③</th><th>④</th></tr>
<tr><td colspan="2">利益準備金</td><td></td><td></td><td colspan="2"></td><td></td></tr>
<tr><td colspan="2">器具備品</td><td>400</td><td>200</td><td colspan="2"></td><td>200</td></tr>
<tr><td colspan="2">繰越損益金（損は赤）</td><td></td><td></td><td colspan="2"></td><td></td></tr>
<tr><td colspan="2">納税充当金</td><td></td><td></td><td colspan="2"></td><td></td></tr>
<tr><td rowspan="6">未納法人税等</td><td rowspan="2">未納法人税<br>（附帯税を除く）</td><td rowspan="2">△</td><td rowspan="2">△</td><td>中間</td><td>△</td><td rowspan="2">△</td></tr>
<tr><td>確定</td><td>△</td></tr>
<tr><td rowspan="2">未納道府県民税<br>（均等割額を含む）</td><td rowspan="2">△</td><td rowspan="2">△</td><td>中間</td><td>△</td><td rowspan="2">△</td></tr>
<tr><td>確定</td><td>△</td></tr>
<tr><td rowspan="2">未納市町村民税<br>（均等割額を含む）</td><td rowspan="2">△</td><td rowspan="2">△</td><td>中間</td><td>△</td><td rowspan="2"></td></tr>
<tr><td>確定</td><td>△</td></tr>
<tr><td colspan="2">差引合計額</td><td></td><td></td><td colspan="2"></td><td></td></tr>
</table>

税務の純資産は会計の純資産よりも200大きい

減価償却超過額は将来において差異が解消する一時差異として税効果会計の対象

# 8 圧縮記帳による積立金と別表への記載

## （1）「圧縮記帳」は課税を繰り延べる特例

「圧縮記帳」とは、一定要件を満たす固定資産の譲渡益や補助金収入等に対する法人税等の課税を延期する（繰り延べる）特例です。

特定資産の買換えに対する特例、保険金等で取得した固定資産に対する圧縮記帳、国庫補助金で取得した固定資産に対する特例などがあります。

たとえば、固定資産の取得に充てる補助金の交付を受けた場合に、補助金収入の全額が課税されたのでは目的資産の取得が困難となります。

そこで、取得した固定資産の取得価額を**圧縮**して**記帳**する方法により、補助金収入に対する課税を延期することにしています。圧縮記帳を行った固定資産の取得価額を圧縮記帳後の金額とすることで、将来の譲渡原価またはその後の減価償却費がその分だけ少なく計上されます。結果として、将来の売却益または減価償却費の減少という形で課税は取り戻されます。

固定資産の圧縮記帳は、課税の減免ではなく、あくまでも課税の繰延べの特例です。法人税等の納税時期を翌期以後に遅らせる効果がありますが、通期で見れば納税額は変わりません。

ただ土地の圧縮記帳では、土地を売却する時まで減税効果は継続します。

## （2） 国庫補助金収入と圧縮記帳

次の事例で、圧縮記帳の会計処理と税務調整を見てみましょう。

研究開発用の固定資産を取得するための国庫補助金1,000の交付を受け、交付の目的に適合する機械装置2,000を**当期末**に取得した。

機械装置は耐用年数５年（償却率0.200）、定額法を採用しており、減価償却費は**翌期より計上**する。

**（注）** 圧縮積立金に対する税効果会計は無視します。

### ①　圧縮記帳の特例を受けない場合

圧縮記帳の特例を受けない場合は、次の会計処理により、国庫補助金収入が受取り時に課税の対象となります。

| | | | |
|---|---|---|---|
| 現金預金 | 1,000 ／ | 国庫補助金収入 | 1,000 |
| 機械装置 | 2,000 ／ | 現金預金 | 2,000 |

### ②　圧縮記帳の特例を受ける場合

圧縮記帳の会計処理には、ⅰ国庫補助金に相当する金額を取得価額から直接減額する方法と、ⅱ剰余金の処分により圧縮積立金を積み立てる方法の２つがあります。

#### ⅰ　直接減額方式（国庫補助金に相当する金額を取得価額から控除する方法）

| | | | |
|---|---|---|---|
| 機械装置 | 2,000 ／ | 現金預金 | 2,000 |
| 現金預金 | 1,000 ／ | 機械装置 | 1,000 |

なお税務上は、圧縮額の損金算入について帳簿価額を「損金経理」により減額することを求めており、この場合は次の会計処理となります。

| | | | |
|---|---|---|---|
| 現金預金 | 1,000 ／ | 国庫補助金収入 | 1,000 |
| 機械装置 | 2,000 ／ | 現金預金 | 2,000 |
| 固定資産圧縮損（P/L） | 1,000 ／ | 機械装置 | 1,000 |

直接減額の場合は、別表四と別表五(一)の記載はなく、別表十三(一)圧縮損の明細書、別表十六(一)または(二)減価償却の計算明細書を記載します。

#### ⅱ　剰余金処分方式（株主資本等変動計算書において圧縮積立金を積み立てる方法）

| | | | |
|---|---|---|---|
| 機械装置 | 2,000 ／ | 現金預金 | 2,000 |

現金預金　1,000 ／ 国庫補助金収入　1,000
繰越利益剰余金　1,000 ／ 圧縮積立金　1,000

## (3) 当期の処理

### ① 圧縮積立金の積立てと決算書

剰余金の処分により圧縮積立金を積み立てたときは、当期末の貸借対照表に圧縮積立金を計上するとともに、株主資本等変動計算書に積立てを記載します。なお、当期は国庫補助金収入以外の取引はないものとします。

貸借対照表

| (資産の部) | | (負債の部) | |
|---|---|---|---|
| | | : | : |
| 流動資産 | | (純資産の部) | |
| : | : | 資本金 | 40,000 |
| 固定資産 | | 利益剰余金 | |
| : | : | 利益準備金 | 10,000 |
| 機械装置 | 2,000 | 圧縮積立金 | 1,000 |
| : | : | 繰越利益剰余金 | 150,000 |
| | | 純資産合計 | 201,000 |
| 資産合計 | ××× | 負債純資産合計 | ××× |

株主資本等変動計算書

| | 株主資本 | | | | | | |
|---|---|---|---|---|---|---|---|
| | | 利益剰余金 | | | | | |
| | 資本金 | 利益準備金 | 圧縮積立金 | 繰越利益剰余金 | 利益剰余金合計 | 株主資本合計 | 純資産合計 |
| 当期首残高 | 40,000 | 10,000 | 0 | 150,000 | 160,000 | 200,000 | 200,000 |
| 当期変動額 | | | | | | | |
| 圧縮積立金積立 | | | 1,000 | △ 1,000 | 0 | 0 | 0 |
| 当期純利益 | | | | 1,000 | 1,000 | 1,000 | 1,000 |
| 当期変動額合計 | | | 1,000 | 0 | 1,000 | 1,000 | 1,000 |
| 当期末残高 | 40,000 | 10,000 | 1,000 | 150,000 | 161,000 | 201,000 | 201,000 |

## ②　圧縮積立金の積立てと別表四

剰余金の処分により積み立てた圧縮積立金を、別表四で「圧縮積立金認定損」として減算「留保②」することで税務の損金に算入します。

これにより、国庫補助金収入（1,000）は課税所得に含まれないため、直接減額方式で圧縮損を費用計上する場合と同じ効果となります。

別表四　所得の金額の計算に関する明細書

| 区分 | | 総額 | 処分 | | |
|---|---|---|---|---|---|
| | | | 留保 | 社外流出 | |
| | | ① | ② | ③ | |
| 当期利益又は当期欠損の額 | | 1,000 | 1,000 | 配当 | |
| | | | | その他 | |
| 加算 | 損金経理をした法人税 | | | | |
| | 損金経理をした住民税 | | | | |
| | 損金経理をした納税充当金 | | | | |
| | 減価償却の償却超過額 | | | | |
| | 小計 | | | | |
| 減算 | 圧縮積立金認定損 | 1,000 | 1,000 | | |
| | | | | ※ | |
| | 小計 | 1,000 | 1,000 | 外※ | |
| 仮計 | | 0 | 0 | 外※ | |
| 法人税額から控除される所得税額 | | | | その他 | |
| 所得金額又は欠損金額 | | 0 | 0 | 外※ | |

**剰余金の処分により積み立てた圧縮積立金は別表四で減算されることで課税所得に含まれない**

## ③　圧縮積立金の積立てと別表五(一)

貸借対照表の純資産に計上されている圧縮積立金（1,000）を別表五(一)に記載することにより、いったん税務の純資産に含めます。

その一方で、別表四で減算「留保②」した「圧縮積立金認定損」を税務の純資産のマイナス項目として「増③」に「△印」を付けて転記します。

当期末において、税務の純資産は会計の純資産よりも△1,000（圧縮積立金認定損に相当する金額）小さいという記録が残ります。

別表五(一)　利益積立金額の計算に関する明細書〈翌期〉

| Ⅰ　利益積立金額の計算に関する明細書 | | | | | | | |
|---|---|---|---|---|---|---|---|
| 区　分 | | 期首現在利益積立金額 | 当期の増減 | | | 差引翌期首現在利益積立金額 | |
| | | | 減 | 増 | | | |
| | | ① | ② | ③ | | ④ | |
| 利益準備金 | | 10,000 | | | | 10,000 | |
| 圧縮積立金 | | | | | 1,000 | 1,000 | B/S |
| 圧縮積立金認定損 | | | | | △　1,000 | △　1,000 | 税務 |
| 繰越損益金（損は赤） | | 150,000 | 150,000 | | 150,000 | 150,000 | |
| 納税充当金 | | | | | | | |
| 未納法人税等 | 未納法人税（附帯税を除く） | △ | △ | 中間 | △ | △ | |
| | | | | 確定 | △ | | |
| | 未納道府県民税（均等割額を含む） | △ | △ | 中間 | △ | △ | |
| | | | | 確定 | △ | | |
| | 未納市町村民税（均等割額を含む） | △ | △ | 中間 | △ | | |
| | | | | 確定 | △ | | |
| 差引合計額 | | 160,000 | 150,000 | | 150,000 | 160,000 | |

## （4）　翌期の処理

### ①　減価償却費の計上と圧縮積立金の取崩し

会計では機械装置の取得価額（2,000）を基に減価償却費を計上しますが、税務上の取得価額は圧縮記帳後の金額（1,000）とされるため、減価償却超過額（200）が生じます。

会計での減価償却費　2,000×0.200×12/12 ＝ 400

税務の償却限度額　1,000×0.200×12/12 ＝ 200

その一方で、会計では減価償却費の計上に応じて機械装置の耐用年数５年にわたり圧縮積立金（1,000÷５年＝200）を取り崩します。

## ②　圧縮積立金の取崩しと決算書

翌期末の貸借対照表には取崩し後の圧縮積立金が計上されるとともに、株主資本等変動計算書に取崩しを記載します。なお、翌期は減価償却費の損金経理額のほかに取引はないものとします。

**貸借対照表**

| (資産の部) | | (負債の部) | |
|---|---|---|---|
| 流動資産 | | ： | ： |
| ： | ： | (純資産の部) | |
| 固定資産 | | 資本金 | 40,000 |
| ： | ： | 利益剰余金 | |
| 機械装置 | 2,000 | 利益準備金 | 10,000 |
| 減価償却累計額 | △ 400 | 圧縮積立金 | 800 |
| ： | ： | 繰越利益剰余金 | 149,800 |
| | | 純資産合計 | 200,600 |
| 資産合計 | ××× | 負債純資産合計 | ××× |

(注) 前期末の繰越利益剰余金　150,000

**株主資本等変動計算書**

| | 株主資本 | | | | | | 純資産合計 |
|---|---|---|---|---|---|---|---|
| | | 利益剰余金 | | | | | |
| | 資本金 | 利益準備金 | 圧縮積立金 | 繰越利益剰余金 | 利益剰余金合計 | 株主資本合計 | |
| 当期首残高 | 40,000 | 10,000 | 1,000 | 150,000 | 161,000 | 201,000 | 201,000 |
| 当期変動額 | | | | | | | |
| 圧縮積立金取崩 | | | △ 200 | 200 | 0 | 0 | 0 |
| 当期純利益 | | | | △ 400 | △ 400 | △ 400 | △ 400 |
| 当期変動額合計 | | | △ 200 | △ 200 | △ 400 | △ 400 | △ 400 |
| 当期末残高 | 40,000 | 10,000 | 800 | 149,800 | 160,600 | 200,600 | 200,600 |

税務では、圧縮積立金取崩額を益金算入すると同時に、その取崩額の範囲内で減価償却超過額の全部または一部を損金として認容します。

この結果、圧縮記帳後の取得価額に対する減価償却費が損金算入され、直接減額方式と同じ効果となるように調整が図られます。

## ③　圧縮積立金の取崩しと別表四

別表十六(一)　定額法による減価償却資産の償却額の計算に関する明細書

<table>
<tr><td colspan="3">当期分の償却限度額（1,000×0.200×12/12）</td><td>200</td></tr>
<tr><td colspan="3">当期償却額（2,000×0.200×12/12）</td><td>400</td></tr>
<tr><td rowspan="2">差引</td><td colspan="2">償却不足額</td><td></td></tr>
<tr><td colspan="2">償却超過額</td><td>200</td></tr>
<tr><td rowspan="4">償却超過額</td><td colspan="2">前期からの繰越額</td><td></td></tr>
<tr><td rowspan="2">当期損金認容額</td><td>償却不足によるもの</td><td></td></tr>
<tr><td>積立金取崩しによるもの</td><td>200</td></tr>
<tr><td colspan="2">差引合計翌期への繰越額</td><td>0</td></tr>
</table>

別表四　所得の金額の計算に関する明細書

<table>
<tr><td colspan="2" rowspan="3">区　分</td><td rowspan="2">総　額</td><td colspan="3">処　分</td></tr>
<tr><td>留　保</td><td colspan="2">社外流出</td></tr>
<tr><td>①</td><td>②</td><td colspan="2">③</td></tr>
<tr><td colspan="2" rowspan="2">当期利益又は当期欠損の額</td><td rowspan="2">△　400</td><td rowspan="2">△　400</td><td>配　当</td><td></td></tr>
<tr><td>その他</td><td></td></tr>
<tr><td rowspan="5">加算</td><td>損金経理をした法人税</td><td></td><td></td><td></td><td></td></tr>
<tr><td>損金経理をした住民税</td><td></td><td></td><td></td><td></td></tr>
<tr><td>圧縮積立金取崩額</td><td>200</td><td>200</td><td></td><td></td></tr>
<tr><td>減価償却の償却超過額</td><td>200</td><td>200</td><td></td><td></td></tr>
<tr><td>小　計</td><td>400</td><td>400</td><td></td><td></td></tr>
<tr><td rowspan="2">減算</td><td>減価償却超過額認容</td><td>200</td><td>200</td><td></td><td></td></tr>
<tr><td>小　計</td><td>200</td><td>200</td><td>外※</td><td></td></tr>
<tr><td colspan="2">仮　計</td><td>200</td><td>200</td><td>外※</td><td></td></tr>
<tr><td colspan="2">法人税額から控除される所得税額</td><td></td><td></td><td>その他</td><td></td></tr>
<tr><td colspan="2">所得金額又は欠損金額</td><td>△　200</td><td>△　200</td><td>外※</td><td></td></tr>
</table>

機械装置の耐用年数にわたり取り崩される「圧縮積立金取崩額」の益金算入を通して課税の取戻しがなされる

## ④　圧縮積立金の取崩しと別表五(一)

貸借対照表の純資産に計上されている圧縮積立金（800）を別表五(一)に記載して、いったん税務の純資産に含めます。

一方で、別表四で加算「留保②」した「圧縮積立金取崩額」(200）を、税務の純資産の増加として「減②」に「△印」を付けて圧縮記帳認定損のマイナスという形で転記します。圧縮積立金の取崩しにより、税務と会計との純資産の差異が一部解消します。

翌期末において、税務の純資産は会計の純資産よりも△800（圧縮積立金認定損に相当する金額）小さいという記録が残ります。

別表五(一)　利益積立金額の計算に関する明細書

| Ⅰ　利益積立金額の計算に関する明細書 | | | | | | | |
|---|---|---|---|---|---|---|---|
| 区　分 | | 期首現在利益積立金額 | 当期の増減 | | | 差引翌期首現在利益積立金額 | |
| | | | 減 | 増 | | | |
| | | ① | ② | ③ | | ④ | |
| 利益準備金 | | 10,000 | | | | 10,000 | |
| 圧縮積立金 | | 1,000 | 200 | | | 800 | B/S |
| 圧縮積立金認定損 | | △　1,000 | △　200 | | | △　800 | 税務 |
| 機械装置 | | | 200 | | 200 | 0 | |
| 繰越損益金（損は赤） | | 150,000 | 150,000 | | 149,800 | 149,800 | |
| 納税充当金 | | | | | | | |
| 未納法人税等 | 未納法人税（附帯税を除く） | △ | △ | 中間 | △ | △ | |
| | | | | 確定 | △ | | |
| | 未納道府県民税（均等割額を含む） | △ | △ | 中間 | △ | △ | |
| | | | | 確定 | △ | | |
| | 未納市町村民税（均等割額を含む） | △ | △ | 中間 | △ | | |
| | | | | 確定 | △ | | |
| 差引合計額 | | 160,000 | 150,200 | | 150,000 | 159,800 | |

**圧縮積立金は将来において差異が解消する一時差異として税効果会計の対象**

# 9 別表四の留保所得と別表五(一)の利益積立金額

## (1) 別表四と別表五(一)が重なり合う部分

この章の総まとめとして、別表四と別表五(一)を完全に攻略するための「極意」を習得しましょう。

別表四「留保②」に記載される項目は、⑴内部留保した当期純利益、⑵税務と会計の「純資産」の差異に関する税務調整、⑶法人税等に関する税務調整、⑷納税充当金に関する税務調整です。

これらの「留保②」に記載する税務調整は、税務の純資産を増減させる項目なので、すべて別表五(一)に転記されます。

そのため、図の別表四「留保②」(B) に記載する項目は、別表五(一)の「当期の増減」の (B) にも記載され、太枠内 (B) は同じ金額となります。

別表四「留保」と別表五(一)を重ね合わせると、「(A) 期首＋ (B) 当期留保所得－中間分と確定分の法人税と住民税の当期**発生**額＝ (C) 期末」という関係が成り立つことがわかります。

この別表四と別表五(一)の関係を成立させるべく、また、それぞれの別表作成の目的を達成するために、別表四と別表五(一)の記載ルールと構造が合理的に定められているのです。

別表四を作成する目的は所得（留保所得）を正しく計算することであり、別表五(一)を作成する目的は純資産を正しく計算して引き継ぐことです。

この２つの目的を達成するために、別表の構造上のカナメとなるのが、未納法人税と未納住民税の「減②」と「増③」の記載ルールです。

算式中の「中間分と確定分の法人税と住民税の当期**発生**額」は、申告により納付すべき確定税額であり、別表五(一)「増③」で純資産のマイナスとして記載する中間と確定の「未納法人税」と「未納住民税」です。

別表五(一)の様式と「未納法人税」と「未納住民税」の記載ルールを理解することが、別表四と別表五(一)をマスターする秘訣といえます。

**別表四　所得金額の計算明細書**

| 区　分 | | 総　額 | 処　分 | |
|---|---|---|---|---|
| | | | 留　保 | 社外流出 |
| | | ① | ② | ③ |
| 当期利益又は当期欠損の額 | | | | 配　当 |
| | | | | その他 |
| 加算 | 申告調整加算 | | | |
| 減算 | 申告調整減算 | | | |
| 所得金額又は欠損金額 | | | (B) | |

同額となる部分（B）

**別表五(一)　税務の純資産の計算明細書**

| | Ⅰ　利益積立金額の計算に関する明細書 | | | | |
|---|---|---|---|---|---|
| | 区　分 | 期首① | 減② | 増③ | 期末④ |
| B/S | 利益剰余金（注１） | | (B) | | |
| 税務 | 別表四加算「留保②」 | | | | |
| 税務 | 別表四減算「留保②」 | | | | |
| B/S | 繰越損益金（損は赤） | | | | |
| B/S | 納税充当金 | | | | |
| 税務 | 未納法人税（注２） | △ | △ | 中間△（発生額）<br>確定△（発生額） | △ |
| 税務 | 未納住民税（注３） | △ | △ | 中間△（発生額）<br>確定△（発生額） | △ |
| | 差引合計額 | (A) | | | (C) |

（注１）繰越利益剰余金以外のB/Sの利益剰余金
（注２）法人税には地方法人税を含みます
（注３）住民税は道府県民税と市町村民税を合わせた呼称です

純資産からマイナス

**別表四と別表五（一）の完全攻略のためには、「未納法人税等」の記載ルールの理解が不可欠！**

### (2) 「留保所得」と「利益積立金額」

別表五(一)では、貸借対照表のすべての純資産を取り込んだうえで、別表四「留保②」の税務調整、納税充当金、未納法人税と未納住民税を加減算することで税務の純資産を計算します。

税務では、会計で引き当てた未払法人税等(納税充当金)を負債とは認めず、いったん純資産に含めます。そのうえで申告により実際に納付すべき確定税額(実額)である「未納法人税」と「未納住民税」を税務の純資産からマイナスします。

別表五(一)の未納法人税と未納住民税の欄には、あらかじめ「△印」が付いており、税務の純資産を計算するためにマイナスする項目であることを意味しています(第2章を参照)。

そして、当期中に**発生した**中間分の法人税と住民税を納付の有無に関係なく未納法人税等の「増③」に、当期中に**納付した**中間分の法人税と住民税を未納法人税等の「減②」に、それぞれ両建てで記載することが、とても重要になります。

最後に、法人税と住民税の当期発生額をマイナスして純資産を計算するという別表五(一)の構造上、仮払いともいえる中間分の納付額を、いったん純資産にプラスしておく必要があるのです。

その結果、別表四の所得は**法人税と住民税を控除する前**の金額、つまり、当期利益に法人税と住民税の中間納付額、納税充当金の引当額を加算した「**税引前**の所得金額」を正しく計算できることとなります。

同時に、別表四の「留保」金額から法人税と住民税の中間分と確定分の当期**発生**額を差し引いた「**税引後**の所得の蓄積額」を利益積立金額として正しく計算し、翌期に引き継げるように、別表五(一)のフォームは設計されているわけです。

別表四　所得金額の計算明細書

| 区分 | | 総額 | 処分 | |
|---|---|---|---|---|
| | | | 留保 | 社外流出 |
| | | ① | ② | ③ |
| 当期利益又は当期欠損の額 | | | | 配当 |
| | | | | その他 |
| 加算 | 申告調整加算 | | 中間納付額<br>確定分引当額 | |
| 減算 | 申告調整減算 | | | |
| 所得金額又は欠損金額 | | | (B) | |

法人税と住民税の中間分の納付は別表五（一）の未納法人税等の減少と連動し加算「留保②」となる

別表五(一)　税務の純資産の計算明細書

| | Ⅰ　利益積立金額の計算に関する明細書 | | | | |
|---|---|---|---|---|---|
| | 区分 | 期首① | 減② | 増③ | 期末④ |
| B/S | 利益剰余金（注） | | | | |
| 税務 | 別表四加算「留保②」 | | (B) | | |
| 税務 | 別表四減算「留保②」 | | | | |
| B/S | 繰越損益金（損は赤） | | | | |
| B/S | 納税充当金 | | | (確定分引当額) | |
| 税務 | 未納法人税 | △（前期分） | △（前期分納付）<br>△（中間分納付） | 中間△（発生額）<br>確定△（発生額） | △ |
| 税務 | 未納住民税 | △（前期分） | △（前期分納付）<br>△（中間分納付） | 中間△（発生額）<br>確定△（発生額） | △ |
| | 差引合計額 | (A) | | | (C) |

（注）繰越利益剰余金以外のB/Sの利益剰余金

当期中に納付した税額　　納付に関係なく発生した税額

(B)…法人税、住民税、納税充当金繰入額を加算した**税引前**の所得金額

(C)…法人税と住民税の当期発生額を差し引いた税引後の所得の蓄積額

### （3）〈事例で確認〉 設立第1期・・・中間納付がなければ簡単！

それでは、設立第1期の会社の事例で、法人税等の記載について謎解きをしておきましょう！　法人税等の中間納付は0円、法人税等のほかに税務調整がないものとします。

損益計算書の法人税、住民税及び事業税（法人税等）は、当期確定分の法人税（250）、住民税（20）、事業税（50）の未払法人税等への引当額で、申告により納付すべき実際の確定税額（実額）にて計上しています。

別表四は当期純利益からスタートしますが、法人税等の引当額（320）は事業税も含めて、その全額が損金不算入なので、利益（680）に加算され、税務の所得は税引前当期純利益（1,000）に戻されます。

損益計算書（P/L）

| | |
|---|---|
| 収　益 | 2,000 |
| 費　用 | 1,000 |
| 税引前当期純利益 | 1,000 |
| 法人税、住民税及び事業税 | 320 |
| 当期純利益 | 680 |

税務では、会計の未払法人税等を納税充当金と呼称し、未払法人税等（納税充当金）を負債と認めず純資産に含める一方で、申告により納付すべき確定税額による未納法人税等を純資産から控除します。

この事例では、未払法人税等（320）のうち、未払事業税（50）の額が会計と税務の純資産の差として引き継がれます。

貸借対照表（B/S）

| 資　産 | 負　債 | |
|---|---|---|
| | 未払法人税等 | 320 |
| | 純資産 | |
| | 資本金 | 1,000 |
| | 繰越利益剰余金 | 680 |

別表四　所得金額の計算明細書

| 区分 | | 総額 ① | 処分 留保 ② | 処分 社外流出 ③ |
|---|---|---|---|---|
| 当期利益又は当期欠損の額 | | 680 | 680 | 配当<br>その他 |
| 加算 | 損金経理をした法人税（中間分）<br>損金経理をした住民税（中間分）<br>損金経理をした納税充当金（確定分） | 320 | 320 | |
| 減算 | 納税充当金から支出した事業税等 | | | |
| 所得金額又は欠損金額 | | 1,000 | (B)1,000 | |

同額となる部分(B) 1,000

別表五(一)　税務上の純資産の計算明細書

| Ⅰ　利益積立金額の計算に関する明細書 | | | | | |
|---|---|---|---|---|---|
| 区分 | 期首① | 減② | 増③ | 期末④ | |
| 繰越損益金 | | (B) | 680 | 680 | B/S |
| 納税充当金 | | | 320 | 320 | B/S |
| 未納法人税 | △ | △ | 中間　△<br>確定　△　250 | △　250 | 税務 |
| 未納住民税 | △ | △ | 中間　△<br>確定　△　20 | △　20 | 税務 |
| 差引合計額 | (A)　0 | 0 | 730 | (C)　730 | |

別表四と別表五(一)は、「(A) 0＋ (B) 1,000－中間分と確定分の法人税と住民税の当期発生額270＝ (C) 730」の算式でつながります。

　　0　(A)（設立第１期のため期首利益積立金額なし）
＋　1,000　(B)（別表四の留保所得金額）
△　270　　（確定分の法人税と住民税の当期発生額）
＝　730　(C)（税務上の期末利益積立金額）

## （4）第２期は中間納付額の記載に注意！

第２期は、前期確定分の法人税等である未払法人税等を取り崩して納付し、中間分の法人税等を損金経理により納付します。決算では、申告により納付すべき実際の確定税額（実額）を未払法人税等に計上しています。

納税充当金を取り崩して納付した前期確定分の法人税等のうち、事業税(50) は税務の損金に算入されるため、別表四で減算「留保②」します。

税務では純資産に含める納税充当金の取崩しを、別表五(一)「減②」に記載します。前期確定分の法人税 (250) と住民税 (20) の納付による納税充当金の取崩しは、同額の未納法人税と未納住民税の減少と相殺されて純資産の増減に影響しません。

中間分の法人税と住民税の納付は、別表五(一)の未納法人税等の減少の記載「減②」と連動して別表四の加算「留保②」となります。税務において支払日に損金算入される中間分の事業税 (25) は、会計でも費用計上しているため税務調整は不要です。

確定分の未払法人税等への引当額は事業税も含めて損金不算入なので、別表四で加算「留保②」され、納税充当金を純資産として引き継ぎます。

結果として、税務の所得は、税引前当期純利益 (1,275) から、事業税（前期確定分50と当期中間分25）を差し引いた金額となります。

第２期の損益計算書（P/L）

| | |
|---|---|
| 収　益 | 2,500 |
| 費　用 | 1,225 |
| 税引前当期純利益 | 1,275 |
| 法人税、住民税及び事業税 | 350 |
| 当期純利益 | 925 |

（350の内訳）

| | |
|---|---|
| 中間分法人税 | 125 |
| 住民税 | 10 |
| 事業税 | 25 |
| 確定分法人税 | 140 |
| 住民税 | 15 |
| 事業税 | 35 |

第２期末の会計と税務の純資産の差は、未払事業税 (35) の額です。

第２期末の貸借対照表（B/S）

| 資　産 | 負　債 | |
|---|---|---|
| | 未払法人税等 | 190 |
| | 純資産 | |
| | 資本金 | 1,000 |
| | 繰越利益剰余金 | 1,605 |

（190の内訳）

| | |
|---|---|
| 法人税 | 140 |
| 住民税 | 15 |
| 事業税 | 35 |

（注）期首の繰越利益剰余金　680

**別表四　所得金額の計算明細書**

| 区分 | | 総額 | 処分 | |
|---|---|---|---|---|
| | | | 留保 | 社外流出 |
| | | ① | ② | ③ |
| 当期利益又は当期欠損の額 | | 925 | 925 | 配当<br>その他 |
| 加算 | 損金経理をした法人税（中間分） | 125 | 125 | |
| | 損金経理をした住民税（中間分） | 10 | 10 | |
| | 損金経理をした納税充当金（確定分） | 190 | 190 | |
| 減算 | 納税充当金から支出した事業税等 | 50 | 50 | |
| 所得金額又は欠損金額 | | 1,200 | (B)1,200 | |

同額となる部分（B）1,200

**別表五(一)　税務上の純資産の計算明細書**

| Ⅰ　利益積立金額の計算に関する明細書 | | | | | | | |
|---|---|---|---|---|---|---|---|
| 区分 | | | 期首① | 減② | 増③ | 期末④ | |
| 繰越損益金 | | | 680 | 680 | (B) 1,605 | 1,605 | B/S |
| 納税充当金 | 内訳 | 法人税 | 250 | ~~250~~ | 140 | 140 | B/S |
| | | 住民税 | 20 | ~~20~~ | 15 | 15 | B/S |
| | | 事業税 | 50 | 50 | 35 | 35 | B/S |
| 未納法人税 | | | △　250 | ~~△　250~~<br>△　125 | 中間　△　125<br>確定　△　140 | △　140 | 税務 |
| 未納住民税 | | | △　20 | ~~△　20~~<br>△　10 | 中間　△　10<br>確定　△　15 | △　15 | 税務 |
| 差引合計額 | | | （A）730 | 595 | 1,505 | （C）1,640 | |

⚠ **注意　納税充当金および未納法人税等「減②」は合計して１行で記載します。**

別表四と別表五(一)は、「(A) 730＋ (B) 1,200－中間分と確定分の法人税と住民税の当期発生額290＝ (C) 1,640」の算式でつながります。

| | | | |
|---|---|---|---|
| | 730 | (A) | (期首の利益積立金額) |
| ＋ | 1,200 | (B) | (別表四の留保所得金額) |
| △ | 290 | | (中間分と確定分の法人税と住民税の当期**発生**額) |
| ＝ | 1,640 | (C) | (税務上の期末利益積立金額) |

## （5）〈総まとめ〉別表四の「留保」と別表五(一)

図の❶～❼の各項目は、同じ内容かつ同じ金額になります。

別表四　所得金額の計算明細書

<table>
<tr><td colspan="2" rowspan="3">区　　分</td><td rowspan="2">総　額</td><td colspan="3">処　　分</td></tr>
<tr><td>留　保</td><td colspan="2">社外流出</td></tr>
<tr><td>①</td><td>②</td><td colspan="2">③</td></tr>
<tr><td colspan="2" rowspan="2">当期利益又は当期欠損の額</td><td rowspan="2"></td><td rowspan="2">❶留保利益</td><td>配　当</td><td></td></tr>
<tr><td>その他</td><td></td></tr>
<tr><td rowspan="4">加<br>算</td><td>損金経理をした法人税</td><td></td><td>❷中間分納付額</td><td></td><td></td></tr>
<tr><td>損金経理をした住民税</td><td></td><td>❸中間分納付額</td><td></td><td></td></tr>
<tr><td>損金経理をした納税充当金</td><td></td><td>❹繰入額</td><td></td><td></td></tr>
<tr><td>法人税等以外の加算調整</td><td></td><td>❻</td><td></td><td></td></tr>
<tr><td rowspan="2">減<br>算</td><td>納税充当金から支出した事業税等</td><td></td><td>❺納付額</td><td></td><td></td></tr>
<tr><td>法人税等以外の減算調整</td><td></td><td>❼</td><td></td><td></td></tr>
<tr><td colspan="2">所得金額又は欠損金額</td><td></td><td>（B）</td><td></td><td></td></tr>
</table>

別表四と別表五(一)は「留保」を連結環としてつながっている！

期首利益積立金額（A）　　（B）留保所得

＋　当期利益「留保」❶
＋　法人税等以外の申告調整加算「留保」❻
－　法人税等以外の申告調整減算「留保」❼
＋　前期確定分の法人税と住民税の納付額
－　法人税等の納付による納税充当金の取崩額
　　（この２つは基本的に相殺され、純額で「事業税の納付額❺」）
＋　当期中間分の法人税と住民税の納付額❷、❸
＋　当期確定分の納税充当金への繰入額❹
－　中間分の法人税と住民税の当期発生額
－　確定分の法人税と住民税の当期発生額
　　（別表五(一)「増③」の未納法人税等の網掛け）
＝　期末利益積立金額（C）

## 別表五(一)　税務上の純資産の計算明細書

| Ⅰ　利益積立金額の計算に関する明細書 | | | | | | |
|---|---|---|---|---|---|---|
| 区　分 | | | 期首現在<br>利益積立金額 | 当期の増減<br>減 | 当期の増減<br>増 | 差引翌期首現在<br>利益積立金額 |
| | | | ① | ② | ③ | ④ |
| その他の利益剰余金（※） | | | | (B) | | |
| 法人税等以外の加算調整 | | | | | ❻ | |
| 法人税等以外の減算調整 | | | | ❼ | | |
| 繰越損益金 | | | | ❶当期利益「留保」 | | |
| 納税充当金 | 内 | 法人税 | | ~~前期分納付額~~ | ❹繰入額 | |
| | | 住民税 | 相殺 | ~~前期分納付額~~ | | |
| | 訳 | 事業税 | | ❺前期分納付額 | | |
| 未納法人税 | | | △　相殺 | ~~△前期分納付額~~ | 中間 △ 発生額 | △ |
| | | | | ❷△中間分納付額 | 確定 △ 発生額 | |
| 未納住民税 | | | △ | ~~△前期分納付額~~ | 中間 △ 発生額 | △ |
| | | | | ❸△中間分納付額 | 確定 △ 発生額 | |
| 差引合計額 | | | (A) | | | (C) |

(※) その他の利益剰余金…繰越利益剰余金以外の利益剰余金

注意　納税充当金および未納法人税等「減②」は合計して１行で記載します。

別表五(一)では期首の利益積立金額に別表四の税引前の留保所得を加算したうえで、中間・確定の法人税と住民税の発生額をマイナスして税引後所得の蓄積額を翌期に引き継いでいく！

　(A) 期首利益積立金額
＋ (B) 当期留保所得
－中間分と確定分の法人税と住民税の当期発生額
＝ (C) 期末利益積立金額

## Let's Try! 別表四と別表五(一)を作成してみよう！

別表四と別表五(一)の理解を深めるため総合問題を解いてみましょう。

前期確定分の法人税等は納税充当金の取崩し、当期中間分は損金経理により納付しています。前期も当期末も申告により納付すべき確定税額（実額）を未払法人税等（納税充当金）に引き当てています。

法人税等のほかに税務調整はありません。

### ◆〈前提〉 法人税等の納付および引当てと決算書 ◆

当期首 → 当期末

| | 前期確定分 | | 中間分 | | 当期確定分 |
|---|---|---|---|---|---|
| 法人税 | 205 | 法人税 | 180 | 法人税 | 190 |
| 住民税（都民税） | 55 | 住民税 | 50 | 住民税 | 40 |
| 事業税 | 80 | 事業税 | 60 | 事業税 | 70 |
| 計 | 340 | 計 | 290 | 計 | 300 |

期首のB/S

| 資　産 | 負　債 | |
|---|---|---|
| ： ： | ： | ： |
| | 未払法人税等 | 340 |
| | ： | ： |
| | 純　資　産 | |
| | 繰越利益剰余金 | 1,000 |

当期のP/L

| | |
|---|---|
| 収　益 | 10,000 |
| 費用及び損失 | 7,860 |
| 税引前当期純利益 | 2,140 |
| 法人税、住民税及び事業税 | 590 |
| 当期純利益 | 1,550 |

（法人税、住民税及び事業税 590 の内訳）

| | |
|---|---|
| 法人税中間分 | 180 |
| 住民税中間分 | 50 |
| 事業税中間分 | 60 |
| 未払法人税等引当額 | 300 |

## ①　別表四で所得金額を計算してみよう

別表四は、損益計算書の当期純利益（1,550）からスタートして、法人税等に関する税務調整を加減算して課税所得を計算します。

今回は法人税等のほかに税務調整がないため、損益計算書の税引前当期純利益（2,140）から事業税の前期分と当期中間分の支払額を損金算入した金額が課税所得となっているか検証してください。

別表四　所得の金額の計算に関する明細書

| 区　分 | | 総　額 | 処分 留　保 | 処分 社外流出 | |
|---|---|---|---|---|---|
| | | ① | ② | ③ | |
| 当期利益又は当期欠損の額 | | | | 配　当 | |
| | | | | その他 | |
| 加算 | 損金経理をした法人税 | | | | |
| | 損金経理をした住民税 | | | | |
| | 損金経理をした納税充当金 | | | | |
| | 小　　計 | | | | |
| 減算 | 納税充当金から支出した事業税 | | | | |
| | | | | ※ | |
| | 小　　計 | | | 外※ | |
| 仮　　計 | | | | 外※ | |
| 法人税額から控除される所得税額 | | | | その他 | |
| 所得金額又は欠損金額 | | | | 外※ | |

「P/L アプローチ」で課税所得を検証しておこう！

| | | |
|---|---|---|
| 税引前当期純利益 | | 2,140 |
| 前期確定分の事業税支払額 | △ | 80 |
| 当期中間分の事業税支払額 | △ | 60 |
| 法人税等以外の税務調整（加算項目） | ＋ | 0 |
| 法人税等以外の税務調整（減算項目） | △ | 0 |
| 課税所得 | | 2,000 |

### ② 別表五(一)で純資産を計算してみよう

別表五(一)では、会計の未払法人税等（300）を納税充当金と呼称し、負債とは認識せず純資産に含める一方で、申告による確定税額の未納法人税（190）と未納住民税（40）を税務の純資産からマイナスします。

当期確定分の事業税（70）は、会計では未払計上しますが、税務では現金主義で損金算入されるため未納計上しません。

結果として、税務の純資産は会計の純資産より未払事業税（70）に相当する額だけ大きいという記録が残ります。

当期末のB/S

| 資産 | 負債 |
|---|---|
| ：　　　： | ：　　　： |
| | 未払法人税等　300 |
| | ：　　　： |
| | 純資産 |
| | 繰越利益剰余金　2,550 |
| | ：　　　： |

（注）期首の繰越利益剰余金　1,000

別表五(一)　利益積立金額の計算に関する明細書

| Ⅰ　利益積立金額の計算に関する明細書 | | | | | | |
|---|---|---|---|---|---|---|
| 区分 | | 期首現在利益積立金額 | 当期の増減 | | | 差引翌期首現在利益積立金額 |
| | | | 減 | 増 | | |
| | | ① | ② | ③ | | ④ |
| 利益準備金 | | | | | | |
| | | | | | | |
| 繰越損益金（損は赤） | | 1,000 | | | | |
| 納税充当金 | | 340 | | | | |
| 未納法人税等 | 未納法人税（附帯税を除く） | △　205 | △ | 中間 | △ | △ |
| | | | | 確定 | △ | |
| | 未納道府県民税（均等割額を含む） | △　55 | △ | 中間 | △ | △ |
| | | | | 確定 | △ | |
| | 未納市町村民税（均等割額を含む） | △ | △ | 中間 | △ | △ |
| | | | | 確定 | △ | |
| 差引合計額 | | 1,080 | | | | |

## ③ 〈Let'sTry　別表四と別表五(一)を作成してみよう！〉の答え

### 別表四　所得の金額の計算に関する明細書

| 区分 | | 総額 | 処分 | | |
|---|---|---|---|---|---|
| | | | 留保 | 社外流出 | |
| | | ① | ② | ③ | |
| 当期利益又は当期欠損の額 | | 1,550 | 1,550 | 配当 | |
| | | | | その他 | |
| 加算 | 損金経理をした法人税 | 180 | 180 | | |
| | 損金経理をした住民税 | 50 | 50 | | |
| | 損金経理をした納税充当金 | 300 | 300 | | |
| | 小計 | 530 | 530 | | |
| 減算 | 納税充当金から支出した事業税 | 80 | 80 | | |
| | | | | ※ | |
| | 小計 | 80 | 80 | 外※ | |
| 仮計 | | 2,000 | 2,000 | 外※ | |
| 法人税額から控除される所得税額 | | | | その他 | |
| 所得金額又は欠損金額 | | 2,000 | 2,000 | 外※ | |

### 別表五(一)　利益積立金額の計算に関する明細書

| Ⅰ　利益積立金額の計算に関する明細書 | | | | | | |
|---|---|---|---|---|---|---|
| 区分 | | 期首現在利益積立金額 | 当期の増減 | | | 差引翌期首現在利益積立金額 |
| | | | 減 | 増 | | |
| | | ① | ② | ③ | | ④ |
| 利益準備金 | | | | | | |
| | | | | | | |
| 繰越損益金（損は赤） | | 1,000 | 1,000 | | 2,550 | 2,550 |
| 納税充当金 | | 340 | 340 | | 300 | 300 |
| 未納法人税等 | 未納法人税（附帯税を除く） | △ 205 | △ 385 | 中間 | △ 180 | △ 190 |
| | | | | 確定 | △ 190 | |
| | 未納道府県民税（均等割額を含む） | △ 55 | △ 105 | 中間 | △ 50 | △ 40 |
| | | | | 確定 | △ 40 | |
| | 未納市町村民税（均等割額を含む） | △ | △ | 中間 | △ | △ |
| | | | | 確定 | △ | |
| 差引合計額 | | 1,080 | 850 | | 2,390 | 2,620 |

### ④　別表四と別表五(一)のつながり

先ほどの総合問題で、別表四の留保と「別表五(一)の太枠内」の❶～❼の各項目が同じ金額であることを突き合わせてみてください。

別表四の当期利益（❶1,550）は損益計算書の税引後当期純利益であり、繰越利益剰余金（繰越損益金）の純増加額と一致します。

法人税と住民税は損金不算入の税金なので、別表四では「❷損金経理をした法人税」と「❸損金経理をした住民税」として加算します。

別表五(一)「増③」で、法人税と住民税の当期発生額を「未納法人税」と「未納住民税」として最後に純資産からマイナスするため、いったん中間納付額は純資産に加算する必要があります。法人税と住民税の納付でお金が出ていくから社外流出と思いがちですが、別表五(一)「減②」の「未納法人税」と「未納住民税」の記載と連動して「留保」とします。

納税充当金を取り崩して納付した前期確定分の法人税（a 205）と住民税（b 55）は、同額の未納法人税（a' △205）と未納住民税（b' △55）の減少と相殺され、純資産の増減に影響しません。

事業税納付額（80）だけが、別表四「❺納税充当金から支出した事業税」の減算と別表五(一)の納税充当金の取崩し❺「減②」と符号します。

前期確定分の事業税支払額は損金算入されるとともに、納税充当金の取崩しが税務の純資産の減少を意味するため、別表四では減算「留保②」となります。

当期確定分の未払法人税等（納税充当金）への引当額（300）は、事業税も含めて損金不算入なので、「❹損金経理をした納税充当金」で加算「留保②」されるとともに、税務の純資産として引き継がれます。

### 別表四　所得金額の計算明細書

| 区分 | | 総額 | 処分 | | |
|---|---|---|---|---|---|
| | | | 留保 | 社外流出 | |
| | | ① | ② | ③ | |
| 当期利益又は当期欠損の額 | | 1,550 | ❶ 1,550 | 配当 | |
| | | | | その他 | |
| 加算 | 損金経理をした法人税 | 180 | ❷ 180 | | |
| | 損金経理をした住民税 | 50 | ❸ 50 | | |
| | 損金経理をした納税充当金 | 300 | ❹ 300 | | |
| | 法人税等以外の加算調整 | 0 | ❻ 0 | | |
| 減算 | 納税充当金から支出した事業税等 | 80 | ❺ 80 | | |
| | 法人税等以外の減算調整 | 0 | ❼ 0 | | |
| 所得金額又は欠損金額 | | 2,000 | (B) 2,000 | | |

❶～❼の数字が符合していることを確認しましょう！

### 別表五(一)　税務上の純資産の計算明細書

| Ⅰ　利益積立金額の計算に関する明細書 | | | | | | |
|---|---|---|---|---|---|---|
| 区分 | | | 期首現在利益積立金額 | 当期の増減 | | 差引翌期首現在利益積立金額 |
| | | | | 減 | 増 | |
| | | | ① | ② | ③ | ④ |
| 法人税等以外の加算調整 | | | | (B) | ❻ 0 | |
| 法人税等以外の減算調整 | | | | ❼ 0 | | |
| 繰越損益金 | | | 1,000 | (❶純増加額1,550) | | 2,550 |
| 納税充当金 | 内訳 | 法人税 | 205 | a ~~205~~ | ❹ 300 | 190 |
| | | 住民税 | 55 | b ~~55~~ | | 40 |
| | | 事業税 | 80 | ❺ 80 | | 70 |
| 未納法人税 | | | △ 205 | a' ~~△205~~<br>❷ △180 | 中間 △180<br>確定 △190 | △ 190 |
| 未納住民税 | | | △ 55 | b' ~~△55~~<br>❸ △50 | 中間 △50<br>確定 △40 | △ 40 |
| 差引合計額 | | | (A) 1,080 | 850 | 2,390 | (C) 2,620 |

　　1,080 (A) (期首の利益積立金額)
＋　2,000 (B) (別表四の留保所得金額)
△　　460　　(中間分と確定分の法人税と住民税の当期発生額)
＝　2,620 (C) (税務上の期末利益積立金額)

## Column 申告書の提出と納付期限 ～郵送で提出する申告書は消印有効～

確定申告書の提出と納期限は各事業年度終了の日の翌日から２か月以内です。

ただし、次の会社は申請により申告期限を延長することができます。

(1) 定款の定めまたは特別の事情により各事業年度終了の日から２か月以内に定時総会が招集されない常況にある会社

(2) 会計監査人設置会社で、かつ、定款等の定めにより各事業年度終了の日の翌日から３か月以内に定時総会が招集されない常況にある会社

(3) 災害等で決算が確定しないため確定申告書を提出期限までに提出できない会社

確定申告書の提出期限の延長を受けた場合でも、延長期間の法人税額には利子税が課されます（国税通則法11条の災害等による期限の延長の場合を除く）ので、本来の納期限までに見込納付をしておきます。

また前事業年度の確定申告による法人税額が20万円を超える場合には、各事業年度開始の日以後６か月を経過した日から２か月以内に中間申告と納税も必要となります。中間申告では、前期年税額の２分の１を納税する予定申告か、６か月間で仮決算をして納税するか、いずれかを選択できます。

ただし、仮決算による中間税額が前期の確定法人税額の12分の６を超える場合は、仮決算の選択はできません。

確定申告書を郵便または信書便で送る場合は、発信主義で、通信日付印に表示された消印日に提出されたものとされます。電子申告で提出する場合には、即時通知および受信通知に表示される「受付日時」に到達したものとみなします。

申告期限および納期限が土曜日、日曜日、祝日等の場合はその翌日が期限となります。

なお、災害その他やむを得ない理由により、期限までに申告・納付ができない場合には、「災害による申告、納付等の期限延長申請書」の作成・提出により、個別に申告・納付期限の延長が認められています。

# 第5章

## 「法人税等」の税率と税額計算

～法人税等の表面税率と
実効税率、税効果会計の基本をマスター～

# 1 法人税等の税率

## （1） 法人税と地方法人税（2019年10月１日以後に開始する事業年度の税率）

各事業年度の所得に対する法人税率は23.2％ですが、資本金１億円以下の中小法人（資本金５億円以上の法人の完全支配関係にある中小法人を除く）の年間所得800万円までの部分については、15％の軽減税率が適用されます。

また法人税のほかに、基準法人税額に対して10.3％の地方法人税が課税されます。地方法人税は法人税と合わせて国に納税する国税です。

課税所得金額が10,000千円である場合の税額計算は次のとおりです。

⑴　資本金１億円を超える大法人

法人税額2,320,000円（＝10,000千円×23.2％）
地方法人税額238,960円（＝2,320千円×10.3％）⇒　238,900円

⑵　資本金１億円以下の中小法人

法人税額1,664,000円（＝8,000千円×15％＋2,000千円×23.2％）
地方法人税額171,392円（＝1,664千円×10.3％）⇒　171,300円

◆　法人税と地方法人税の税率　◆

| | |
|---|---|
| 法人税 | 23.2％（中小法人の年間所得800万円までは15％）（注） |
| 地方法人税 | 基準法人税額に対して、10.3％ |

（注）資本金５億円以上の法人の完全支配関係にある中小企業者は軽減税率の適用はなく一律23.2％、中小企業者のうち前３事業年度の平均所得金額が15億円を超える法人の軽減税率は19％

このほか「特定同族会社」は、会社に留保した一定金額以上の課税留保金額に対して通常の法人税額に加えて、留保金課税が行われます。

## （２）　住民税（道府県民税と市町村民税、都民税）

法人住民税は都道府県と市町村に支払う地方税です。法人税額を課税標準として一定税率で課税する「法人税割」と、所得金額に関わりなく一定額で課税される「均等割」から構成されています。

なお東京都23区内の法人は、都の特例として市町村民税もあわせて、都民税として所管の都税事務所に申告納付します。

法人住民税の法人税割の「標準税率」は、道府県民税率が１％、市町村民税率が６％、合計税率は７％です。

地方自治体の条例により、標準税率を超える税率（超過税率）により課税することが可能ですが、税率の上限（制限税率）が定められています。

多くの自治体では、資本金等の額（自治体により資本金）が１億円を超える会社または資本金１億円以下の法人のうち法人住民税の課税標準となる法人税額が一定金額を超える場合に超過税率を適用しています。

均等割は、赤字であってもすべての事業所等につき納税義務が生じます。道府県民税の均等割額は、資本金等の額に応じて税額が決定され、市町村民税の均等割額は、資本金等の額に従業員数を加味して決定されます。

### ◆　住民税法人税割の標準税率　◆

| 道府県民税 | １％ |
|---|---|
| 市町村民税 | ６％ |

（注）上記の住民税は標準税率である（標準税率を超過する税率で課税してもよいが、上限となる制限税率が設けられている）

## （3） 中小法人に対する事業税

資本金１億円以下の中小法人に対する事業税は、基本的に、所得金額に応じて、３段階による税率が適用されます。

ただし、資本金1,000万円以上で３以上の都道府県に事業所等を有する法人（軽減税率不適用法人）は、一律７％です。

事業税の一部を国税化したうえで地方に分配するための「特別法人事業税」（標準税率により計算した事業税額の37％）も課税されます。

特別法人事業税は、国税ですが、事業税とあわせて申告納付します。

事業税についても住民税と同じように超過税率で課税することが認められています。

◆ 中小法人に対する事業税の税率 ◆

| | |
|---|---|
| 年400万円以下の所得金額 | 3.5％ |
| 年400万円超800万円以下の所得金額 | 5.3％ |
| 年800万円超の所得金額 | 7％ |
| 軽減税率不適用法人 | 一律７％ |
| 特別法人事業税 | 37％ |

（注１）上記の事業税は標準税率である（標準税率を超過する税率で課税してもよいが、上限となる制限税率が設けられている）

（注２）軽減税率不適用法人とは、資本金または出資金の額が1,000万円以上で３以上の都道府県に事務所または事業所を有している法人をいう

事業税：中小法人は所得割のみ、大法人は所得割、付加価値割、資本割が課税される

## （４）　大法人に対する事業税

資本金１億円を超える法人は、所得割に加えて「付加価値割」と「資本割」という外形的な要素に対して事業税が課税されます（外形標準課税）。

付加価値割の課税標準は、単年度損益に報酬給与額、純支払利子、純支払賃借料を加算した金額であり、一般的に赤字会社にも課税されます。

また資本金等の大きい会社は事業税の資本割の負担が増えます。

この他、標準税率で計算した事業税所得割に対して特別法人事業税が課税されます。事業税所得割と特別法人事業税は法人税、住民税及び事業税（法人税等）、外形分の付加価値割と資本割は租税公課で仕訳します。

事業税は、申告書の提出日（支払日）において損金算入されます。

### ◆　大法人に対する事業税の税率　◆

| | |
|---|---|
| 所得割 | １％ |
| 付加価値割 | 1.2% |
| 資本割 | 0.5% |
| 特別法人事業税 | 260% |

（注）上記の事業税は標準税率である（標準税率を超過する税率で課税してもよいが、上限となる制限税率が設けられている）

# 2 法人税等の実効税率

## (1) 中小法人の実効税率は33.58%

税務上、法人税等のうち法人税と住民税は損金不算入ですが、事業税は申告書の提出日（支払日）に損金算入されます。

事業税が損金算入されることを考慮した所得に対する実質的な税金負担率を「実効税率」といいます。

中小法人に対する法人税等の税率で、「表面税率」(36.8036%) および「実効税率」(33.58%) の違いと計算方法を整理しておきましょう。

法人税等の「表面税率」は、法人税、地方法人税、住民税、事業税、特別法人事業税のそれぞれの税率を単純に合計した税率です。

◆ 法人税等の表面税率 ◆

表面税率（36.8036%）
＝法人税率×（１＋地方法人税率＋住民税率）＋事業税率（標準税率）
＋（事業税標準税率×特別法人事業税率）
＝23.2%×（１＋10.3%＋７%）＋７%＋７%×37%

これらの法人税等のうち、法人税、地方法人税と住民税は税務の損金になりませんが、事業税（特別法人事業税を含む）は申告書を提出した日（支払日）の損金に算入されます。

結果として、事業税が損金算入されることを考慮に入れた「実効税率」は、33.58299%（＝36.8036%÷（１＋9.59%））となります。

法人税等の実効税率（標準税率）

中小法人 ･･･33.58%、大法人 ･･･29.74%

◆ 法人税等の実効税率（資本金１億円以下の中小法人） ◆

実効税率（33.58％）

$$= \frac{\text{法人税率} \times (1 + \text{地方法人税率} + \text{住民税率}) + \text{事業税率（標準税率）} + (\text{事業税標準税率} \times \text{特別法人事業税率})}{1 + \text{事業税率（標準税率）} + (\text{事業税標準税率} \times \text{特別法人事業税率})}$$

$$= \frac{23.2\% \times (1 + 10.3\% + 7\%) + 7\% + 7\% \times 37\%}{1 + (7\% + 7\% \times 37\%)}$$

ところで、「中小法人の実効税率が33.58％とは高いなぁ」という印象を受けませんか？

実効税率の計算では、中小法人に対する法人税の軽減税率15％や事業税率の段階税率を考慮に入れずに計算しますので、実際には所得に対する税負担率はもう少し低くなります。

反対に、住民税と事業税が超過税率で課税されている場合は、標準税率に代えて超過税率で実効税率を計算します。

そのため表面税率と実効税率は、事業所の所在地や資本金等の大きさなどで個々の会社により異なります。

## （2） 大法人の実効税率は29.74％

また実効税率は、所得に対する実質的な税金負担率を意味しますので、大法人に課税される事業税の外形分（付加価値割と資本割）は除き、所得割のみで計算します。大法人の所得割の標準税率は１％（特別法人事業税率は260％）と中小法人より低いため、その分、大法人の実効税率は低く計算され、29.74％となります。

# 3 税効果会計と法人税申告書

## (1) 税効果会計は税務で取り消される

税効果会計とは、税引前当期純利益と法人税等を合理的に対応させるための会計手法です。会計の利益計算と税務の所得計算に関する差異のうち、翌期以後にその差異が解消される項目に対する法人税等の額を適切に期間配分します。しかし、税務では税効果会計の仕訳はなかったものとして、申告書の税務調整において、すべて取り消されます。

## (2) 税効果会計の対象は「一時差異」

これまで見てきたとおり、別表四に記載される税務調整には、「留保②」に記載される項目と「社外流出③」に記載される項目の２つがあります。別表四「留保②」に記載される調整は別表五(一)にも転記され、基本的に、その差異は一時的なものであり、翌期以後にその調整額が取り戻されます。

一方「社外流出③」に記載される項目は、当期だけで課税関係は終了し、将来においても会計と税務の差異は解消されません。

会計と税務の差異項目のうち、将来のいずれかの時点で解消される差異を「一時差異」、永久に解消されない差異を「永久差異」といいます。

税効果会計は、これらの差異項目のうち、一時差異を対象とし、永久差異は対象としません

たとえば、税務の償却限度額を超過して計上した減価償却費については、将来に計上すべき費用の先取りをしているだけです。いずれその資産の耐用年数が経過して減価償却計算を終える時や、売却処分日までの長期で見れば、税務と会計のズレはありません。将来の費用を会計的に先取りして、会計から見て税金の前払いをしているのです。

ところが、「交際費等の損金不算入」や「寄附金の損金不算入」などの永久差異では、税務と会計の取扱いの違いは永久に解消されません。

税効果会計では、減価償却超過額、資産の評価損否認、貸倒引当金繰入超過額、賞与引当金繰入額、退職給付引当金繰入額などの一時差異に対する税務と会計の違いを「法人税等調整額」により調整します。

また欠損金の繰越控除も、将来の税金納付を減少させる効果があるため、一時差異に準じて税効果会計の対象とします。ただし、欠損金の繰越控除期間内に課税所得を計上できるかどうか厳密に見積もる必要があります。

このほか事業税は、会計では発生時に未払法人税等に計上しますが、税務では申告書提出時（支払日）に現金主義で損金算入されます。未払事業税に関する会計と税務での損金算入時期のズレも、将来解消されるものなので、税効果会計の対象となります。

◆　税務と会計の差異　◆

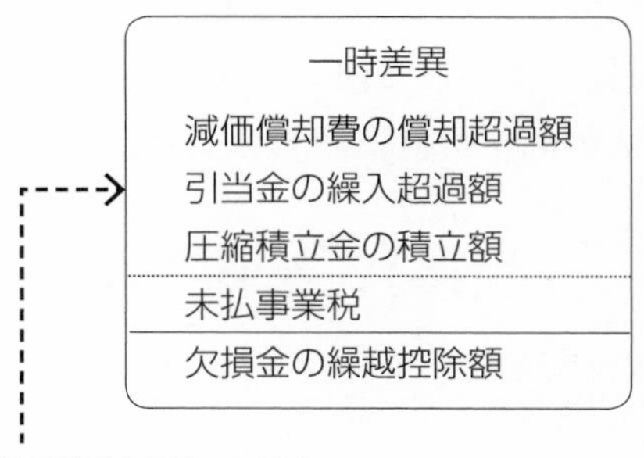

一時差異
減価償却費の償却超過額
引当金の繰入超過額
圧縮積立金の積立額
未払事業税
欠損金の繰越控除額
「税効果会計」の対象


永久差異
交際費等の損金不算入額
寄附金の損金不算入額
役員給与の損金不算入額
附帯税等の損金不算入額
受取配当等の益金不算入額

**税効果会計の対象とするのは別表五(一)の「一時差異」と「欠損金」と「未払事業税」**

# 4 税効果会計と貸借対照表

## ■ 将来の法人税等を増減させる一時差異

一時差異等には、将来の課税所得を減額させる効果を持つ「将来減算一時差異」と、将来の課税所得を増額させる効果を持つ「将来加算一時差異」があります。

将来減算一時差異にかかる法人税等は税金の前払いであり、将来の会計期間における法人税等を減額させる効果があるため、「繰延税金資産」として貸借対照表の固定資産に計上します。

しかし、将来の課税所得の累計額が将来減算一時差異または繰越欠損金よりも小さい場合には、税額軽減効果の全額を認識することはできません。

そのため、繰延税金資産については将来的に回収可能性があり、資産価値が認められる部分のみ貸借対照表に計上されるべきといえます。

一方、将来加算一時差異は将来の会計期間における法人税等を増額させるため、「繰延税金負債」として貸借対照表の固定負債に計上します。

| 区　分 | 貸借対照表の科目 | 具体的な調整事項 |
|---|---|---|
| 将来減算一時差異 | 繰延税金資産 | 減価償却超過額<br>貸倒引当金繰入超過額<br>貸倒損失否認<br>未払事業税（納税充当金）の引当額<br>棚卸資産評価損否認<br>有価証券評価損否認<br>一括償却資産の損金算入限度超過額<br>繰延資産償却超過額 |
| 将来加算一時差異 | 繰延税金負債 | 剰余金の処分による圧縮記帳積立額<br>剰余金の処分による特別償却準備金 |
| 繰越欠損金 | 繰延税金資産 | 繰越欠損金の増加・減少 |

なお、繰延税金資産と繰延税金負債は、相殺のうえ純額（ネット金額）で、借方残は繰延税金資産として「投資その他の資産」に、貸方残は繰延税金負債として「固定負債」に表示します。

## ◆ 一時差異項目の期中変動額 ◆

| | 期首利益積立金額（税効果） | 期中増減額（税効果） | 期末利益積立金額（税効果） |
|---|---|---|---|
| 賞与引当金 | 300（ 90） | 100（ 30） | 400（ 120） |
| 未払事業税 | 300（ 90） | △100（△30） | 200（ 60） |
| 減価償却超過額 | 300（ 90） | △100（△30） | 200（ 60） |
| 退職給付引当金 | 400（ 120） | 200（ 60） | 600（ 180） |
| 税効果合計 | （ 390） | （ 30） | （ 420） |

（注）計算の簡素化のため、表面税率31.5％、実効税率を30％とします。

**貸借対照表**

| | | | |
|---|---|---|---|
| （流動資産） | | （流動負債） | |
| ： | ： | ： | ： |
| （固定資産） | | 未払法人税等 | 1,400 |
| ： | ： | ： | ： |
| 投資その他の資産 | | （固定負債） | |
| 繰延税金資産 | 420 | 繰延税金負債 | 0 |
| | | ： | ： |
| | | 純　資　産 | |

将来加算一時差異×実効税率

（注）繰延税金資産と繰延税金負債は相殺のうえ表示。

将来減算一時差異×実効税率
ここでは差異項目の残高に対して実効税率を乗じる

将来の課税所得を減額させる差異は「将来減算一時差異」、
増額させる差異は「将来加算一時差異」となる

# 5 税効果会計と損益計算書

## ■ 当期利益が負担すべき法人税等を計上

税効果会計の適用により、将来の法人税等を増減させる一時差異（将来加算一時差異または将来減算一時差異）の相手科目は「法人税等調整額（P/L)」として計上します。

法人税等調整額は、当期の課税所得に対する法人税等とは区別し、「法人税、住民税及び事業税（法人税等)」に加減算する形で表示します。

**法人税等調整額は費用科目**なので、借方残のときは法人税等に加算する形でプラスにて表示し、貸方残のときは法人税等から控除する形でマイナスにて表示します。これにより、当期の税引前利益が負担すべき発生主義の法人税等が認識されます。

以下、下記の損益計算書を事例として具体的に見てみましょう。

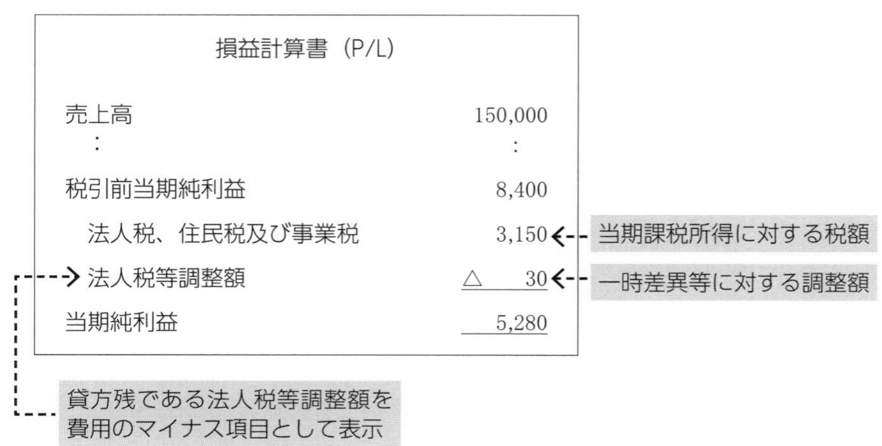
損益計算書（P/L）

| | |
|---|---|
| 売上高 | 150,000 |
| ： | ： |
| 税引前当期純利益 | 8,400 |
| 法人税、住民税及び事業税 | 3,150 |
| 法人税等調整額 | △　30 |
| 当期純利益 | 5,280 |



なお、前期確定分の法人税等は納税充当金の取崩しで納付、当期中間分は損金経理により納付しています。前期も当期末も、申告により納付すべき確定税額（実額）で未払法人税等（納税充当金）を引き当てています。

この事例での「税金勘定の動き」は次のとおりです。

貸借対照表の負債の部には、期末に引き当てた当期確定分の未払法人税等（1,400）が計上され、損益計算書には法人税等3,150（法人税等の中間納付額1,680、源泉所得税70、未払法人税等の当期末引当額1,400の合計額）が費用として計上されています。

### ◆　税金勘定の動き　◆

（　）は貸方

（法人税等の合計税率：31.5%、実効税率：30%とする）

| | | 未払法人税等(B/S) | 法人税等(P/L) | |
|---|---|---|---|---|
| 期　首 | | (1,440) | | |
| 前期確定分支払 | 法人税 | 1,000 | | |
| | 住民税 | 140 | | |
| | 事業税 | 300 | | |
| 中間納付 | 法人税 | | 1,240 | |
| | 住民税 | | 140 | |
| | 事業税 | | 300 | |
| | 源泉税 | | 70 | |
| 期末引当計上 | | (1,400) | 1,400 | (注) |
| 合　計 | | (1,400) | 3,150 | |

(注) 内訳：法人税1,040、住民税160、事業税200

税効果会計の「法人税等調整額」は費用科目

# 6 税効果会計と別表四

## 「法人税等調整額」は取り消される

税効果会計を適用した場合の「法人税等調整額」は、別表四において、当期純利益に加減算することで消去されます。

法人税等から減額した法人税等調整額は別表四で減算「留保②」され、法人税等を増額した法人税等調整額は別表四で加算「留保②」します。

結果として、税効果会計を適用するかどうかは、課税所得の計算には、原則、影響を与えません。

税効果会計による仕訳は、一時差異等に対する法人税等の額を期間配分することにより税引前当期純利益と法人税等を合理的に対応させるための会計上の手続きであり、税務の所得計算では取り消されます。

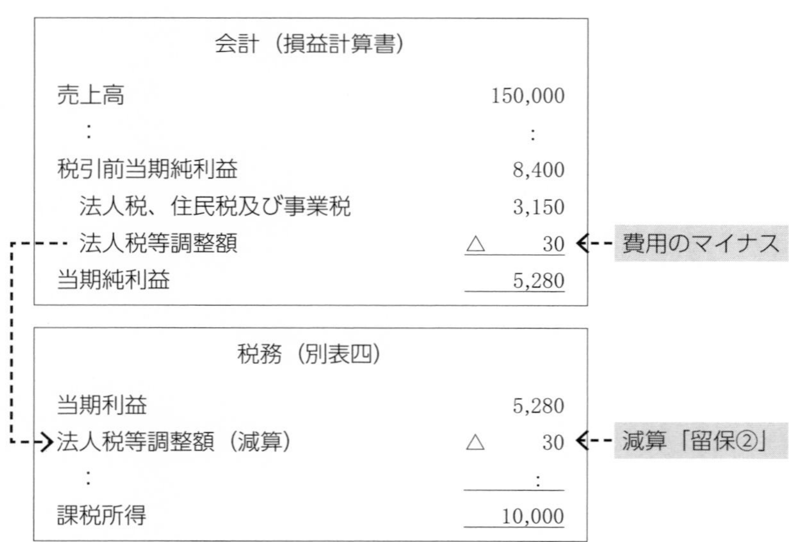

## ◆　税効果会計と別表四への記載　◆

別表四　所得の金額の計算に関する明細書

| 区　分 | | 総　額 | 処　分 | | |
|---|---|---|---|---|---|
| | | | 留　保 | 社外流出 | |
| | | ① | ② | ③ | |
| 当期利益又は当期欠損の額 | | 5,280 | 5,180 | 配　当 | 100 |
| | | | | その他 | |
| 加算 | 損金経理をした法人税 | 1,240 | 1,240 | | |
| | 損金経理をした住民税 | 140 | 140 | | |
| | 損金経理をした納税充当金 | 1,400 | 1,400 | | |
| | 交際費等の損金不算入額 | 2,000 | | その他 | 2,000 |
| | 賞与引当金繰入額 | 400 | 400 | | |
| | 退職給付引当金繰入額 | 200 | 200 | | |
| | 小　計 | 5,380 | 3,380 | | 2,000 |
| 減算 | 減価償却超過額の当期認容額 | 100 | 100 | | |
| | 納税充当金から支出した事業税等 | 300 | 300 | | |
| | 賞与引当金認容 | 300 | 300 | | |
| | 法人税等調整額 | 30 | 30 | | |
| | 小　計 | 730 | 730 | 外※ | 0 |
| 仮　計 | | 9,930 | 7,830 | 外※ | △ 2,100 |
| 法人税額から控除される所得税額 | | 70 | | その他 | 70 |
| 所得金額又は欠損金額 | | 10,000 | 7,830 | 外※ | △ 2,170 |

**損益計算書の「法人税等調整額」（費用科目）は別表四で取り消される**

# 7 税効果会計と別表五(一)

## 繰延税金資産・負債は取り消される

税効果会計を適用した場合の資産科目または負債科目は、別表五(一)の税務調整項目として、純資産に加減算されます。

具体的には、繰延税金資産は税務の純資産から控除し、繰延税金負債は税務の純資産に加算します。そのため別表五(一)において、繰延税金資産はマイナス表示され、繰延税金負債はプラス表示されます。

税務では、税効果会計で計上された繰延税金資産を税務の資産と認めず、また繰延税金負債も税務の負債として認めていないわけです。

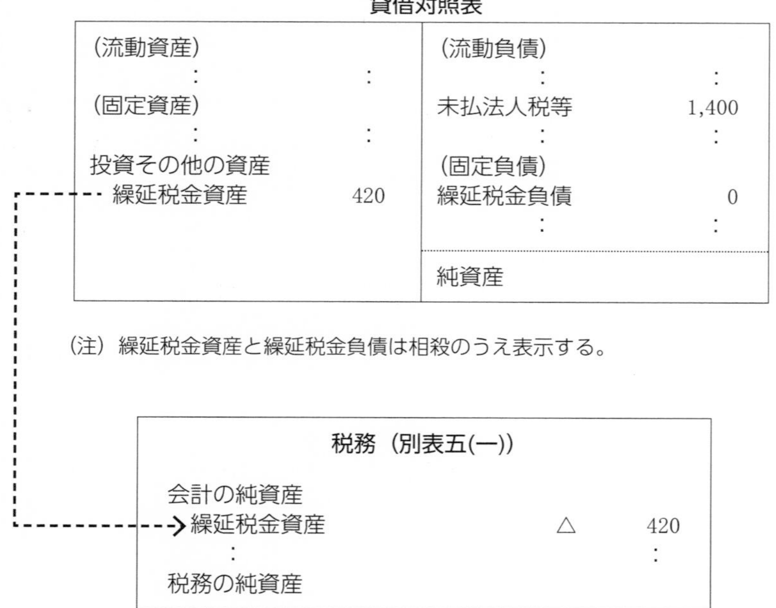

貸借対照表
(流動資産)
:
(固定資産)
:
投資その他の資産
繰延税金資産 420
(流動負債)
:
未払法人税等 1,400
:
(固定負債)
繰延税金負債 0
:
純資産
(注) 繰延税金資産と繰延税金負債は相殺のうえ表示する。
税務（別表五(一)）
会計の純資産
繰延税金資産 △ 420
:
税務の純資産

## ◆　税効果会計と別表五(一)への記載　◆

別表五(一)　利益積立金額の計算に関する明細書

<table>
<tr><th colspan="2" rowspan="3">区　　　分</th><th rowspan="2">期首現在利益積立金額</th><th colspan="3">当期の増減</th><th rowspan="2">差引翌期首現在利益積立金額</th></tr>
<tr><th>減</th><th colspan="2">増</th></tr>
<tr><th>①</th><th>②</th><th colspan="2">③</th><th>④</th></tr>
<tr><td colspan="2">利益準備金</td><td>700</td><td></td><td colspan="2"></td><td>700</td></tr>
<tr><td colspan="2">減価償却超過額</td><td>300</td><td>100</td><td colspan="2"></td><td>200</td></tr>
<tr><td colspan="2">賞与引当金</td><td>300</td><td>300</td><td colspan="2">400</td><td>400</td></tr>
<tr><td colspan="2">退職給付引当金</td><td>400</td><td></td><td colspan="2">200</td><td>600</td></tr>
<tr><td colspan="2">繰延税金資産</td><td>△　390</td><td></td><td colspan="2">△　30</td><td>△　420</td></tr>
<tr><td colspan="2">繰越損益金（損は赤）</td><td>12,500</td><td>12,500</td><td colspan="2">17,680</td><td>17,680</td></tr>
<tr><td colspan="2">納税充当金</td><td>1,440</td><td>1,440</td><td colspan="2">1,400</td><td>1,400</td></tr>
<tr><td rowspan="6">未納法人税等</td><td rowspan="2">未納法人税<br>(附帯税を除く)</td><td rowspan="2">△　1,000</td><td rowspan="2">△　2,240</td><td>中間</td><td>△　1,240</td><td rowspan="2">△　1,040</td></tr>
<tr><td>確定</td><td>△　1,040</td></tr>
<tr><td rowspan="2">未納道府県民税<br>(均等割額を含む)</td><td rowspan="2">△　140</td><td rowspan="2">△　280</td><td>中間</td><td>△　140</td><td rowspan="2">△　160</td></tr>
<tr><td>確定</td><td>△　160</td></tr>
<tr><td rowspan="2">未納市町村民税<br>(均等割額を含む)</td><td rowspan="2">△</td><td rowspan="2">△</td><td>中間</td><td>△</td><td rowspan="2">△</td></tr>
<tr><td>確定</td><td>△</td></tr>
<tr><td colspan="2">差引合計額</td><td>14,110</td><td>11,820</td><td colspan="2">17,070</td><td>19,360</td></tr>
</table>

**税効果会計の繰延税金資産と繰延税金負債は別表五（一）で取り消される**

#  タックス・プルーフ（Tax Proof）をしよう

## ■ 利益と法人税等の関係を検証

課税所得と税引前当期純利益が一致するならば、所得に対する法人税等と利益に対する法人税等は一致するはずです。

しかし、税務の所得と会計の利益には差異があるため、課税所得に対する法人税等の負担率と利益に対する法人税等の負担率は異なります。

法人税等の実効税率（約30%）とは、所得に対する実質的な税金負担率なので、損益計算書の税引前当期純利益に対して約30%の法人税等が計上されるわけではありません。

なお、税効果会計の適用により一時差異に対する法人税等の額は適切に期間配分されますが、永久差異に対する法人税等の会計と税務の差異は、名前のとおり、永久に解消されません。

それでは、税効果会計の適用により、税引前当期純利益と法人税等が対応しているか、つまり税引前当期純利益に法人税等の実効税率を掛けた額が当期の法人税等として費用計上されているか検証しておきましょう。

この検証作業を「タックス・プルーフ（Tax Proof）」といい、法人税申告書作成における税務調整に誤りがないかを確認する大切な作業です。

なお、税効果会計では一時差異等の解消される時期の実効税率を適用しますが、ここでは計算の簡便化のため、法人税等の表面税率を31.5%、実効税率を30%とします。

「タックス・プルーフ（Tax Proof）」で利益と法人税等の対応を検証しよう

先の事例では、税引前当期純利益（8,400）に対する法人税等（3,120）は、課税所得（10,000）に対する合計税額（3,150）から一時差異（100）に対する法人税等（30）を差し引いた金額です。

当期の税引前当期純利益が負担すべき会計上の法人税等（3,120）と、税引前当期純利益（8,400）に実効税率30％を乗じて単純に計算した金額（2,520）との差額は、永久差異（2,000）に対する法人税等（600）です。

一時差異に対する法人税等の会計と税務の差額は、時の経過によりいずれ解消します。一方、永久差異である交際費の損金不算入額（2,000）に対して支払う法人税等（600）は永久に取り戻せません。

会計での法人税等（3,120）から、永久差異である交際費の損金不算入額（2,000）に対する法人税等（600）を差し引いた税額（2,520）は、税引前当期純利益（8,400）に対して実効税率30％で対応しています。

## ◆　タックス・プルーフ（Tax Proof）◆

（法人税等の合計税率：31.5％、実効税率：30％とする）

| | 調整額 | 金額 | 税率 |
|---|---|---|---|
| 税引前当期純利益 | | 8,400 | 100.00％ |
| 法人税等 | 3,150 | | |
| 法人税等調整額 | △　30 | 3,120 | 37.14％ |
| 永久差異による調整 | | | |
| 交際費の損金不算入 | （2,000×30％） | △　600 | △　7.14％ |
| | | 2,520 | 30.00％ |

（注１）ここでは住民税の均等割など上記以外の差異は考慮していません
（注２）税効果会計を適用しているため一時差異に対する法人税等の調整はここでのタックス・プルーフには現れません

# 9 決算確定と別表四の作成の流れ

## （1）「未払法人税等」の計算と引当て

続いて、多くの方からご質問を受ける疑問を解消しておきましょう。

「当期の確定要納付額を計算しなければ、未払法人税等の引当てができない。未払法人税等を引き当てるためには、別表四を完成して課税所得を計算する必要があるが、別表四は税引後当期純利益からスタートする。税引後当期純利益は、未払法人税等を引き当てなければ計算できない。

グルグル回って、決算書と別表四が完成しないと思うのですが、別表四が完成する前に、なぜ課税所得と確定要納付額が計算できるのでしょう」という疑問です。

「未払法人税等の引当て以外の税務調整が終了した段階で、税金引当前の別表四の課税所得を基に、法人税等の確定要納付額を計算し、決算書と申告書を同時に完成！」という流れを整理して、この疑問を解消します。

## （2）決算確定と別表四の作成の流れ

法人税等の引当仕訳以外の税務調整が終了した段階で、次のステップにて、決算書と申告書は作成されます。

### ステップ①　税金引当前の「別表四」で課税所得を計算する

未払法人税等引当前の損益計算書の当期純利益を、税金引当前の別表四に記載し、課税所得を計算します。

| | | |
|---|---|---:|
| 申告加算の内訳： | 法人税の中間納付額 | 1,200 |
| | 住民税の中間納付額 | 100 |
| | 交際費の損金不算入額 | 400 |
| 申告減算の内訳： | 納税充当金から支出した前期確定分の事業税 | 150 |
| | 受取配当等の益金不算入額 | 50 |

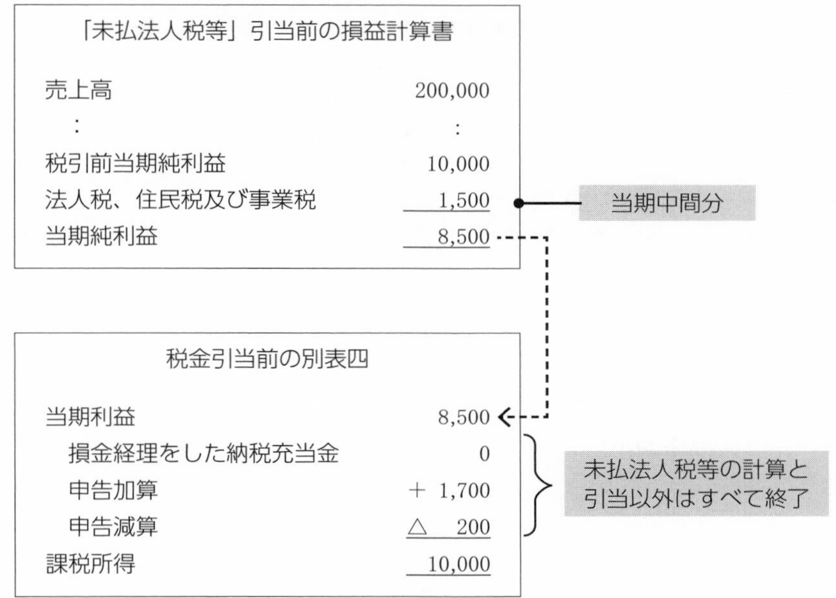

「未払法人税等」引当前の損益計算書

| | |
|---|---|
| 売上高 | 200,000 |
| ： | ： |
| 税引前当期純利益 | 10,000 |
| 法人税、住民税及び事業税 | 1,500 |
| 当期純利益 | 8,500 |

税金引当前の別表四

| | |
|---|---|
| 当期利益 | 8,500 |
| 損金経理をした納税充当金 | 0 |
| 申告加算 | ＋ 1,700 |
| 申告減算 | △ 200 |
| 課税所得 | 10,000 |



## ステップ②　確定分の未払法人税等の計算

この課税所得に基づき、法人税、住民税、事業税の年税額を計算します。

法人税等の年税額から中間納付額、税額控除額等を差し引いた確定要納付税額を未払法人税等（納税充当金）に計上します。

法人税等の計算結果

| | |
|---|---|
| 法人税等の年税額 | 3,000 |
| 法人税等の中間納付額 | 1,500 |
| 確定分の要納付額 | 1,500 |

法人税等の年税額（3,000）の内訳：法人税2,400、住民税200、事業税400
中間納付額（1,500）の内訳：法人税1,200、住民税100、事業税200
確定分の要納付額（1,500）の内訳：法人税1,200、住民税100、事業税200

### ステップ③　未払法人税等に関する決算整理仕訳

法人税、住民税及び事業税　1,500 ／未払法人税等　1,500

（注）大法人に課税される事業税の外形分（付加価値割と資本割）は租税公課で仕訳する

### ステップ④　決算書の完成

未払法人税等を貸借対照表に負債計上するとともに、損益計算書で未払法人税等の引当額を損金経理して当期純利益を計算します。

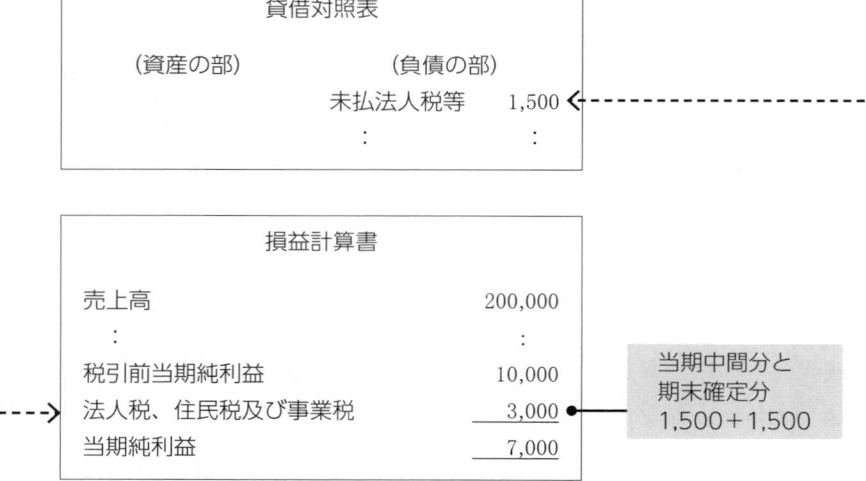

貸借対照表
（資産の部）
（負債の部）
未払法人税等　1,500
損益計算書
売上高　200,000
税引前当期純利益　10,000
法人税、住民税及び事業税　3,000
当期純利益　7,000
当期中間分と
期末確定分
1,500＋1,500


### ステップ⑤　別表四の完成

税引後の当期純利益（7,000）は、未払法人税等引当前の当期純利益（8,500）から、決算整理仕訳で引き当てた未払法人税等（1,500）を差し引いた金額です。

別表四は、未払法人税等引当後の当期純利益（7,000）からスタートしますが、損金不算入である未払法人税等（納税充当金）の引当額（1,500）は「損金経理をした納税充当金」として、当期純利益に加算します。

確定分の未払法人税等（1,500）の引当後の当期純利益（7,000）は、未払法人税等引当前の当期純利益より減少しますが、その未払法人税等の引当額は損金不算入なので当期純利益に加算されます。結果として、課税所得は税金引当前の別表四と同じ金額（10,000）で変わりありません。

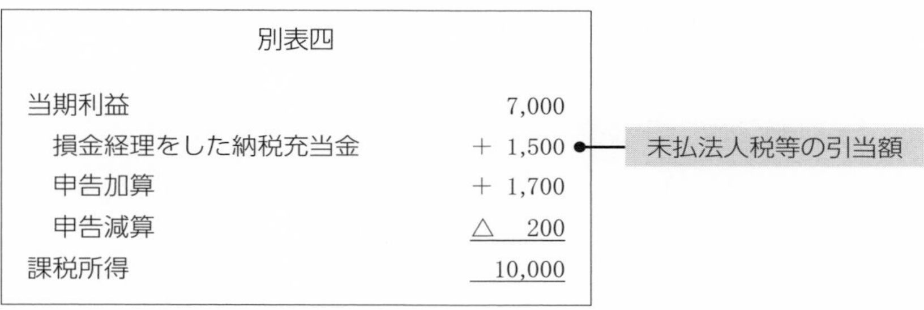

別表四

| | |
|---|---|
| 当期利益 | 7,000 |
| 損金経理をした納税充当金 | ＋ 1,500 |
| 申告加算 | ＋ 1,700 |
| 申告減算 | △ 200 |
| 課税所得 | 10,000 |



その他の税務調整のすべてが終了していれば、未払法人税等引当て前の段階で、別表四の課税所得は計算され、あわせて法人税等の確定要納付額も計算できるという点がポイントです。

**税金引当て前の別表四→課税所得の計算→未払法人税等の引当て→貸借対照表・損益計算書・別表四を完成！**

◆「P/L アプローチ」で課税所得を検証しておこう！

| | | |
|---|---|---|
| 税引前当期純利益 | | 10,000 |
| 前期確定分の事業税支払額 | △ | 150 |
| 当期中間分の事業税支払額 | △ | 200 |
| 法人税等以外の税務調整（加算項目） | ＋ | 400 |
| 法人税等以外の税務調整（減算項目） | △ | 50 |
| 課税所得 | | 10,000 |

## Column 決算の確定から別表四の完成まで ～決算書（B/S、P/L）と申告書は同時に作成される～

「税金引当前の別表四→課税所得の計算→未払法人税等の引当て→貸借対照表・損益計算書・別表四を完成！」の流れを確認しておきましょう。

### 1．「未払法人税等」引当前

**損益計算書**

| | |
|---|---|
| 売上高 | 200,000 |
| ： | ： |
| 税引前当期純利益 | 10,000 |
| 法人税、住民税及び事業税 | 1,500 |
| 当期純利益 | 8,500 |

**税金引当前の別表四**

| | |
|---|---|
| 当期利益 | 8,500 |
| 損金経理をした納税充当金 | 0 |
| 申告加算 | ＋ 1,700 |
| 申告減算 | △ 200 |
| 課税所得 | 10,000 |

### 2．法人税等を計算し、未払法人税等を引当て

法人税、住民税及び事業税　1,500　／　未払法人税等　1,500

（注）大法人に課税される事業税の付加価値割と資本割は租税公課で仕訳する。

### 3．決算書と別表四の完成

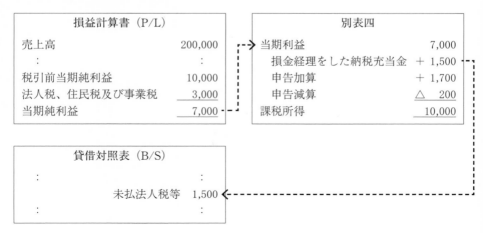

**損益計算書（P/L）**

| | |
|---|---|
| 売上高 | 200,000 |
| ： | ： |
| 税引前当期純利益 | 10,000 |
| 法人税、住民税及び事業税 | 3,000 |
| 当期純利益 | 7,000 |

**別表四**

| | |
|---|---|
| 当期利益 | 7,000 |
| 損金経理をした納税充当金 | ＋ 1,500 |
| 申告加算 | ＋ 1,700 |
| 申告減算 | △ 200 |
| 課税所得 | 10,000 |

**貸借対照表（B/S）**

| | |
|---|---|
| ： | ： |
| 未払法人税等 | 1,500 |
| ： | ： |

# 第6章

## 「法人税等」の納付と別表四、五(一)、五(二)

～法人税等の会計処理と税務調整
別表の記載方法をマスター～

# 1 法人税等の会計処理と税務調整

## （1） 法人税等の会計処理

この章では、法人税等（法人税、住民税及び事業税）の納付に関して、「前期確定分の納付→中間分の納付→当期確定分の未払計上」の各段階での会計処理と税務調整について具体的な事例を見ておきましょう。

法人税等の納付方法は、①未払法人税等（納税充当金）の取崩しによる納付、②未収還付法人税等（仮払税金）へ計上する仮払経理による納付、③損金経理による納付、の３つがあります。

## （2） 法人税等の税率の前提条件

この章の事例では、決算において、概算額ではなく申告により実際に納付すべき確定税額（実額）を会計の未払法人税等に引き当てています。

また、利益と法人税等の実効税率の検証（TaxProof、タックス・プルーフ）の端数処理を簡便化するため、法人税等の表面税率を31.5％、実効税率を30％、各事業年度における各税目の税率を次のとおりと仮定します。

**前提：法人税等の税率**　※あくまで簡便化のために仮定した税率です※

| | |
|---|---|
| 法人税（地方法人税を含む）の税率 | 25％ |
| 住民税（都民税）法人税割の税率<br>（課税所得に対して1.5％） | 6％ |
| 住民税（都民税）均等割 | 20／年 |
| 事業税（特別法人事業税を含む）の税率 | ５％ |

合計税率＝25％×（１＋６％）＋５％　＝31.5％

$$実効税率 = \frac{25\% \times (1 + 6\%) + 5\%}{1 + 5\%} = 30\%$$

前期決算での申告による確定要納付税額の内訳は次のとおりです。

### ◆　前期決算での法人税等の確定要納付額　◆

| 税　目 | 前期確定納付額 |
|---|---|
| 法人税 | 1,000 |
| 住民税 | 150 |
| 事業税 | 250 |
| 合　計 | 1,400 |

前期末の貸借対照表は下記のとおりです。

前期の決算整理において、申告により実際に納付すべき確定税額（実額）を未払法人税等に引き当てています。

### ◆　前期末の貸借対照表　◆

| 資産の部 | | 負債の部 | |
|---|---|---|---|
| 流動資産 | 380,000 | 未払法人税等 | 1,400 |
| ： | ： | その他の負債 | 445,860 |
| | | 負債合計 | 447,260 |
| | | 純資産の部 | |
| 固定資産 | 370,000 | 資本金 | 50,000 |
| ： | ： | 繰越利益剰余金 | 252,740 |
| | | 純資産合計 | 302,740 |
| 資産合計 | 750,000 | 負債純資産合計 | 750,000 |

注意　本章での法人税等の税率は、税額計算とタックス・プルーフの端数処理を簡便化するために、あくまで仮に設定した税率です。

# 2　前期確定分の法人税等の納付

## （1）　会計処理

前期確定分の法人税等1,400を未払法人税等の取崩しにより納付
未払法人税等　　　　1,400 ／現預金　　　1,400

## （2）　別表四の記載

この段階では、法人税等についてのみ記載します。

別表四　所得の金額の計算に関する明細書

| 区分 | | 総額 | 処分 | | |
|---|---|---|---|---|---|
| | | | 留保 | 社外流出 | |
| | | ① | ② | ③ | |
| 当期利益又は当期欠損の額 | | | | 配当 | |
| | | | | その他 | |
| 加算 | 損金経理をした法人税 | | | | |
| | 損金経理をした住民税 | | | | |
| | 損金経理をした納税充当金 | | | | |
| | 小計 | | | | |
| 減算 | 納税充当金から支出した事業税等 | 250 | 250 | | |
| | 小計 | 250 | 250 | 外※ | |
| 仮計 | | △　250 | △　250 | 外※ | |
| 法人税額から控除される所得税額 | | | | その他 | |
| 所得金額又は欠損金額 | | △　250 | △　250 | 外※ | |

未払法人税等（納税充当金）の取崩しにより納付した前期確定分の事業税は、別表四の「納税充当金から支出した事業税等」で減算「留保②」し、税務の損金として取り扱われます。

前期確定分の事業税が損金算入されるため、留保所得は△250となります。

## （3）　別表五(一)の純資産

別表五(一)の「減②」に、納税充当金（税務の純資産）の取崩し、未納法人税等（税務の純資産の△項目）の減少を記入します。

税務の純資産は、期首の納税充当金（1,400）の取崩しにより減少する一方で、期首の未納法人税（△1,000）と未納住民税（△150）の減少により（1,150）増加します。

その結果、税務の純資産は（250）減少しており、この金額は当期に損金算入される事業税の納付額です。税務の純資産と会計の純資産の期首の差異（250）は、前期確定分の事業税の納付により解消します。

別表四の留保所得△250

**別表五(一)　利益積立金額の計算に関する明細書**

| 区分 | | 期首現在利益積立金額 | 当期の増減 減 | 当期の増減 増 | | 差引翌期首現在利益積立金額 |
|---|---|---|---|---|---|---|
| | | ① | ② | ③ | | ④ |
| 利益準備金 | | | | | | |
| | | | | | | |
| | | | | | | |
| 繰越損益金（損は赤） | | | | | | |
| 納税充当金 | | 1,400 | 1,400 | | | 0 |
| 未納法人税等 | 未納法人税（附帯税を除く） | △　1,000 | △　1,000 | 中間 | △ | △ |
| | | | | 確定 | △ | |
| | 未納道府県民税（均等割額を含む） | △　150 | △　150 | 中間 | △ | △ |
| | | | | 確定 | △ | |
| | 未納市町村民税（均等割額を含む） | △ | △ | 中間 | △ | △ |
| | | | | 確定 | △ | |
| 差引合計額 | | 250 | 250 | | | 0 |

## (4) 別表五(二)の記載

前期決算で引き当てた納税充当金（未払法人税等）を取り崩して納付したため、「充当金取崩しによる納付③」に記載します。

事業税は、税務では支払日に損金算入され、未納税額を計上しないため「期首現在未納税額①」に記載はありません。前期分の事業税については、「当期発生税額②」と「充当金取崩しによる納付③」に記載します。

別表五(二)　租税公課の納付状況等に関する明細書

| 税目及び事業年度 | | 期首現在未納税額 | 当期発生税額 | 当期中の納付税額 | | | 期末現在未納税額①＋②－③－④－⑤ |
|---|---|---|---|---|---|---|---|
| | | | | 充当金取崩しによる納付 | 仮払経理による納付 | 損金経理による納付 | |
| | | ① | ② | ③ | ④ | ⑤ | ⑥ |
| 法人税 | 前期分 | 1,000 | | 1,000 | | | 0 |
| | 当期分中間 | | | | | | |
| | 当期分確定 | | | | | | |
| | 計 | 1,000 | | 1,000 | | | 0 |
| 住民税 | 前期分 | 150 | | 150 | | | 0 |
| | 当期分中間 | | | | | | |
| | 当期分確定 | | | | | | |
| | 計 | 150 | | 150 | | | 0 |
| 事業税 | 前期分 | | 250 | 250 | | | 0 |
| | 当期中間分 | | | | | | |
| | 計 | | 250 | 250 | | | 0 |

| 納税充当金の計算 | | | | | | |
|---|---|---|---|---|---|---|
| 期首納税充当金 | | 1,400 | 取崩額 | その他 | 損金算入のもの | |
| 繰入額 | 損金経理をした納税充当金 | | | | 損金不算入のもの | |
| | | | | | | |
| | 計 | | | | 仮払税金消却 | |
| 取崩 | 法人税と住民税 | 1,150 | | 計 | | 1,400 |
| | 事業税 | 250 | 期末納税充当金 | | | 0 |

## ◆　ここまでの税金勘定の動き　◆

（法人税等の合計税率：31.5%、実効税率：30%とする）

（　）は貸方

| | | 未払法人税等(B/S) | 法人税等(P/L) |
|---|---|---|---|
| 期　首 | | (1,400) | |
| 前期確定分支払 | 法人税 | 1,000 | |
| | 住民税 | 150 | |
| | 事業税 | 250 | |
| 中間納付 | 法人税 | | 0 |
| | 住民税 | | 0 |
| | 事業税 | | 0 |
| | 源泉税 | | 0 |
| 期末引当計上 | | (　　0) | 0 |
| 合　計 | | (　　0) | 0 |

# 3　中間分を損金経理で納付、当期確定分を未払法人税等に計上する

## （1）中間分の法人税等を「損金経理」により納付する

### ①　会計処理

法人税、住民税及び事業税　　1,470 ／現預金　　　　1,470

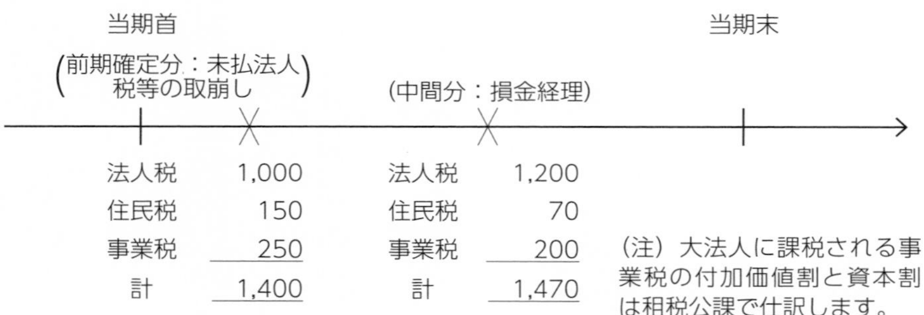


### ②　別表四の記載

損金経理により納付した中間分の法人税（1,200）と住民税（70）は損金不算入のため加算「留保②」し、税務上の留保所得は（1,020）となります。

別表四　所得の金額の計算に関する明細書

| 区分 | | 総額 | 処分 | | |
|---|---|---|---|---|---|
| | | | 留保 | 社外流出 | |
| | | ① | ② | ③ | |
| 当期利益又は当期欠損の額 | | | | 配当 | |
| | | | | その他 | |
| 加算 | 損金経理をした法人税 | 1,200 | 1,200 | | |
| | 損金経理をした住民税 | 70 | 70 | | |
| | 損金経理をした納税充当金 | | | | |
| | 小計 | 1,270 | 1,270 | | |
| 減算 | 納税充当金から支出した事業税等 | 250 | 250 | | |
| | 小計 | 250 | 250 | 外※ | |
| 仮計 | | 1,020 | 1.020 | 外※ | |
| 法人税額から控除される所得税額 | | | | その他 | |
| 所得金額又は欠損金額 | | 1,020 | 1,020 | 外※ | |

### ③ 別表五(一)の純資産

未納法人税等の「減②」は、前期確定分と中間分の納付による未納法人税等の減少の合計額を記載します。未納法人税等（税務の純資産の△項目）が減少することは、純資産のマイナスが取り消されることを意味します。

中間分の法人税と住民税は、発生を未納法人税等の増加として「増③」に、納付を未納法人税等の減少として「減②」に記載します。増減を両建てで記載しますので、結果的に純資産の残高には影響を及ぼしません。

一方、事業税の中間分は支払日に損金算入され、会計でも費用処理しているため、税務調整は不要です。

別表四の留保所得1,020

別表五(一) 利益積立金額の計算に関する明細書

| 区分 | | 期首現在利益積立金額 | 当期の増減 | | | 差引翌期首現在利益積立金額 |
|---|---|---|---|---|---|---|
| | | | 減 | 増 | | |
| | | ① | ② | ③ | | ④ |
| 利益準備金 | | | | | | |
| | | | | | | |
| 繰越損益金（損は赤） | | | | | | |
| 納税充当金 | | 1,400 | 1,400 | | | 0 |
| 未納法人税等 | 未納法人税（附帯税を除く） | △ 1,000 | △ 1,000<br>△ 1,200 | 中間 | △ 1,200 | △ 0 |
| | | | | 確定 | △ | |
| | 未納道府県民税（均等割額を含む） | △ 150 | △ 150<br>△ 70 | 中間 | △ 70 | △ 0 |
| | | | | 確定 | △ | |
| | 未納市町村民税（均等割額を含む） | △ | △ | 中間 | △ | △ |
| | | | | 確定 | △ | |
| 差引合計額 | | 250 | △ 1,020 | △ | 1,270 | 0 |

中間分は発生と納付を両建てで記載する

注意　実際の別表五(一)の未納法人税等「減②」は合計して１行で記載します。

### ④ 別表五(二)の記載

中間分の法人税等は「損金経理による納付⑤」に記載します。

別表五(二)　租税公課の納付状況等に関する明細書

| 税目及び事業年度 | | 期首現在未納税額 | 当期発生税額 | 当期中の納付税額 | | | 期末現在未納税額①＋②－③－④－⑤ |
|---|---|---|---|---|---|---|---|
| | | | | 充当金取崩しによる納付 | 仮払経理による納付 | 損金経理による納付 | |
| | | ① | ② | ③ | ④ | ⑤ | ⑥ |
| 法人税 | 前期分 | 1,000 | | 1,000 | | | 0 |
| | 当期分中間 | | 1,200 | | | 1,200 | 0 |
| | 当期分確定 | | | | | | |
| | 計 | 1,000 | 1,200 | 1,000 | | 1,200 | 0 |
| 住民税 | 前期分 | 150 | | 150 | | | 0 |
| | 当期分中間 | | 70 | | | 70 | 0 |
| | 当期分確定 | | | | | | |
| | 計 | 150 | 70 | 150 | | 70 | 0 |
| 事業税 | 前期分 | | 250 | 250 | | | 0 |
| | 当期中間分 | | 200 | | | 200 | 0 |
| | 計 | | 450 | 250 | | 200 | 0 |

納税充当金の計算

| | | | | | | |
|---|---|---|---|---|---|---|
| 期首納税充当金 | | 1,400 | 取崩額 | その他 | 損金算入のもの | |
| 繰入額 | 損金経理をした納税充当金 | | | | 損金不算入のもの | |
| | | | | | | |
| | 計 | | | | 仮払税金消却 | |
| 取崩 | 法人税と住民税 | 1,150 | | 計 | | 1,400 |
| | 事業税 | 250 | 期末納税充当金 | | | 0 |

## ⑤ 決算の確定と法人税等の計算

この段階の当期純利益を基に、税金引当前の別表四で課税所得（10,000）、当期確定分の要納付額を計算し、未払法人税等を引き当てます。

「税金引当前の別表四→課税所得の計算→未払法人税等の引当て→貸借対照表・損益計算書・別表四を完成！」の作業は第５章を参照してください。

**「未払法人税等」引当前の貸借対照表**

| 資産の部 | | 負債の部 | |
|---|---|---|---|
| 流動資産 | 300,000 | 未払法人税等 | 0 |
| ： | ： | その他の負債 | 488,280 |
| | | 負債合計 | 488,280 |
| 固定資産 | 500,000 | 純資産の部 | |
| ： | ： | 資本金 | 50,000 |
| | | 繰越利益剰余金 | 261,720 |
| | | 純資産合計 | 311,720 |
| 資産合計 | 800,000 | 負債純資産合計 | 800,000 |

（注）期首の繰越利益剰余金 252,740

**「未払法人税等」引当前の損益計算書**

| | |
|---|---|
| 売上高 | 500,000 |
| ： | ： |
| 税引前当期純利益 | 10,450 |
| 法人税、住民税及び事業税 | 1,470 |
| 当期純利益 | 8,980 |

**税金引当前の別表四**

| | |
|---|---|
| 当期利益 | 8,980 |
| 損金経理をした納税充当金 | 0 |
| 申告加算（注１） | ＋ 1,270 |
| 申告減算（注２） | △ 250 |
| 課税所得 | 10,000 |



（注１）損金経理した法人税（1,200）と損金経理した住民税（70）
（注２）納税充当金から支出した事業税（250）

## ◆　法人税等の計算　◆

| | |
|---|---|
| 法人税（地方法人税を含む） | 10,000×　25％＝2,500 |
| 住民税（都民税）法人税割<br>(課税所得に対して1.5％) | 2,500×　6％＝　150 |
| 　　　　均等割 | 20／年 |
| 事業税 | 10,000×　5％＝　500 |
| 年税額 | 3,170 |

| 税　目 | 年税額 | 中間納付額 | 確定納付額 |
|---|---|---|---|
| 法人税 | 2,500 | 1,200 | 1,300 |
| 住民税 | 170 | 70 | 100 |
| 事業税 | 500 | 200 | 300 |
| 合　計 | 3,170 | 1,470 | 1,700 |

## ◆　未払法人税等引当後の決算書　◆

### 貸借対照表

| 資産の部 | | 負債の部 | |
|---|---|---|---|
| 流動資産 | 300,000 | 未払法人税等 | 1,700 |
| ： | ： | その他の負債 | 488,280 |
| | | 負債合計 | 489,980 |
| 固定資産 | 500,000 | 純資産の部 | |
| ： | ： | 資本金 | 50,000 |
| | | 繰越利益剰余金 | 260,020 |
| | | 純資産合計 | 310,020 |
| 資産合計 | 800,000 | 負債純資産合計 | 800,000 |

(注) 前期末の繰越利益剰余金　252,740

### 損益計算書

| | |
|---|---|
| 売上高 | 500,000 |
| ： | ： |
| 税引前当期純利益 | 10,450 |
| 法人税、住民税及び事業税 | 3,170 |
| 当期純利益 | 7,280 |

## （2）当期確定分を未払法人税等（納税充当金）に計上する

### ①　会計処理

法人税、住民税及び事業税　　1,700 ／未払法人税等　　1,700

| 当期首（前期確定分：未払法人税等の取崩し） | | （中間分：損金経理） | | 当期末（前期確定分：未払法人税等の引当て） | |
|---|---|---|---|---|---|
| 法人税 | 1,000 | 法人税 | 1,200 | 法人税 | 1,300 |
| 住民税 | 150 | 住民税 | 70 | 住民税 | 100 |
| 事業税 | 250 | 事業税 | 200 | 事業税 | 300 |
| 計 | 1,400 | 計 | 1,470 | 計 | 1,700 |

### ②　別表四の記載

別表四は税引後当期純利益（7,280）からスタートして、未払法人税等の引当額を「損金経理をした納税充当金」（1,700）で加算「留保②」します。

別表四　所得の金額の計算に関する明細書

| 区分 | | 総額 ① | 処分 留保 ② | 処分 社外流出 ③ | |
|---|---|---|---|---|---|
| 当期利益又は当期欠損の額 | | 7,280 | 7,280 | 配当 | |
| | | | | その他 | |
| 加算 | 損金経理をした法人税 | 1,200 | 1,200 | | |
| | 損金経理をした住民税 | 70 | 70 | | |
| | 損金経理をした納税充当金 | 1,700 | 1,700 | | |
| | 小計 | 2,970 | 2,970 | | |
| 減算 | 納税充当金から支出した事業税等 | 250 | 250 | | |
| | 小計 | 250 | 250 | 外※ | |
| 仮計 | | 10,000 | 10,000 | 外※ | |
| 法人税額から控除される所得税額 | | | | その他 | |
| 所得金額又は欠損金額 | | 10,000 | 10,000 | 外※ | |

### ③ 別表五(一)の純資産

納税充当金（1,700）が税務の純資産に含まれる一方で、当期確定分の未納法人税（△1,300）と未納住民税（△100）は税務の純資産から控除されます。当期確定分の事業税（300）は、会計では未払計上しますが、税務では現金主義で損金算入されるため未納計上しません。

その結果、税務の純資産は会計上の純資産より未払事業税（300）に相当する額だけ大きいという記録が残ります。

別表四の留保所得10,000

別表五(一)　利益積立金額の計算に関する明細書

| Ⅰ　利益積立金額の計算に関する明細書 | | | | | | |
|---|---|---|---|---|---|---|
| 区　分 | | 期首現在利益積立金額 | 当期の増減 | | | 差引翌期首現在利益積立金額 |
| | | | 減 | 増 | | |
| | | ① | ② | ③ | | ④ |
| 利益準備金 | | | | | | |
| | | | | | | |
| 繰越損益金（損は赤） | | 252,740 | 252,740 | | 260,020 | 260,020 |
| 納税充当金 | | 1,400 | 1,400 | | 1,700 | 1,700 |
| 未納法人税等 | 未納法人税（附帯税を除く） | △　1,000 | △　1,000<br>△　1,200 | 中間<br>確定 | △　1,200<br>△　1,300 | △　1,300 |
| | 未納道府県民税（均等割額を含む） | △　150 | △　150<br>△　70 | 中間<br>確定 | △　70<br>△　100 | △　100 |
| | 未納市町村民税（均等割額を含む） | △ | △ | 中間<br>確定 | △<br>△ | △ |
| 差引合計額 | | 252,990 | 251,720 | | 259,050 | 260,320 |

注意　実際の別表五(一)の未納法人税等「減②」は合計して１行で記載します。

| | |
|---|---|
| 税務の期末利益積立金額 | 260,320 |
| 事業税の未払計上額 | △300 |
| 会計の期末利益剰余金 | 260,020 |

## ④　もう１つの別表四の記載方法＜総額表示＞

別表四の記載方法には、法人税等の動きを別表五(一)と合わせる形で、以下のように総額で表示する方法もあります。

この場合は、前期分の事業税、法人税、住民税の合計額（1,400）を「納税充当金から支出した事業税等」で減算したうえで、損金に算入されない法人税2,200（前期確定分1,000と中間分1,200）と住民税220（前期確定分150と中間分70）、損金経理をした納税充当金（1,700）を加算します。

別表四　所得の金額の計算に関する明細書

| 区分 | | 総額 | 処分 | | |
|---|---|---|---|---|---|
| | | | 留保 | 社外流出 | |
| | | ① | ② | ③ | |
| 当期利益又は当期欠損の額 | | 7,280 | 7,280 | 配当 | |
| | | | | その他 | |
| 加算 | 損金経理をした法人税 | 2,200 | 2,200 | | |
| | 損金経理をした住民税 | 220 | 220 | | |
| | 損金経理をした納税充当金 | 1,700 | 1,700 | | |
| | 小計 | 4,120 | 4,120 | | |
| 減算 | 納税充当金から支出した事業税等 | 1,400 | 1,400 | | |
| | 小計 | 1,400 | 1,400 | 外※ | |
| 仮計 | | 10,000 | 10,000 | 外※ | |
| 法人税額から控除される所得税額 | | | | その他 | |
| 所得金額又は欠損金額 | | 10,000 | 10,000 | 外※ | |

法人税等に関する税務調整を別表四で総額表示すれば、別表五(一)の当期の増減とピッタリ合います。

### ⑤　別表五(二)の記載

当期確定分の未納法人税（1,300）と未納住民税（100）は、「期末現在未納税額⑥」として翌期に引き継がれます。

事業税は現金主義で支払日に損金算入され、税務では未納計上しないため、当期確定分の記載欄はありません。

会計で引き当てた未払法人税等（1,700）は、「損金経理をした納税充当金」に記載し、期末納税充当金として翌期に引き継がれます。

別表五(二)　租税公課の納付状況等に関する明細書

| 税目及び事業年度 | | 期首現在未納税額 | 当期発生税額 | 当期中の納付税額<br>充当金取崩しによる納付 | 当期中の納付税額<br>仮払経理による納付 | 当期中の納付税額<br>損金経理による納付 | 期末現在未納税額①＋②－③－④－⑤ |
|---|---|---|---|---|---|---|---|
| | | ① | ② | ③ | ④ | ⑤ | ⑥ |
| 法人税 | 前期分 | 1,000 | | 1,000 | | | 0 |
| | 当期分中間 | | 1,200 | | | 1,200 | 0 |
| | 当期分確定 | | 1,300 | | | | 1,300 |
| | 計 | 1,000 | 2,500 | 1,000 | | 1,200 | 1,300 |
| 住民税 | 前期分 | 150 | | 150 | | | 0 |
| | 当期分中間 | | 70 | | | 70 | 0 |
| | 当期分確定 | | 100 | | | | 100 |
| | 計 | 150 | 170 | 150 | | 70 | 100 |
| 事業税 | 前期分 | | 250 | 250 | | | 0 |
| | 当期中間分 | | 200 | | | 200 | 0 |
| | 計 | | 450 | 250 | | 200 | 0 |

納税充当金の計算

| | | | | | | |
|---|---|---|---|---|---|---|
| 期首納税充当金 | | 1,400 | 取崩額 | その他 | 損金算入のもの | |
| 繰入額 | 損金経理をした納税充当金 | 1,700 | | | 損金不算入のもの | |
| | | | | | | |
| | 計 | 1,700 | | | 仮払税金消却 | |
| 取崩 | 法人税と住民税 | 1,150 | | 計 | | 1,400 |
| | 事業税 | 250 | 期末納税充当金 | | | 1,700 |

## ⑥ 税金勘定の動きとタックス・プルーフ

### ◆ 当期の税金勘定の動き ◆

（ ）は貸方

（法人税等の合計税率：31.5％、実効税率：30％とする）

| | | 未払法人税等(B/S) | 法人税等(P/L) |
|---|---|---|---|
| 期　首 | | (1,400) | |
| 前期確定分支払 | 法人税 | 1,000 | |
| | 住民税 | 150 | |
| | 事業税 | 250 | |
| 中間納付 | 法人税 | | 1,200 |
| | 住民税 | | 70 |
| | 事業税 | | 200 |
| 期末引当計上 | | (1,700) | 1,700 |
| 合　計 | | (1,700) | 3,170 |

未払事業税の期中増減額にかかる一時差異と均等割を考慮に入れると、税引前当期純利益と法人税等は実効税率30％で対応しています。

### ◆ タックス・プルーフ ◆

| | 調整額 | | | 金　額 | 税　率 |
|---|---|---|---|---|---|
| 税引前当期純利益 | | | | 10,450 | 100.00％ |
| 法人税等 | | | | 3,170 | 30.335％ |
| 永久差異による調整 | | | | 0 | 0 |
| 期間差異項目 | 期首 | 期末 | 差 | | |
| 未払事業税 | 250 | 300 | 50 | △　15（注） | |
| 均等割 | | | | △　20 | |
| 合　計 | | | | 3,135 | 30.00％ |

（注）未払事業税の期中増加額50×30％＝15

# 4 中間分を未払法人税等の取崩しで納付、当期確定分を未払法人税等に計上する

## (1) 中間分を未払法人税等(納税充当金)の取崩しにより納付

### ① 会計処理

未払法人税等　　1,470 ／現預金　　1,470

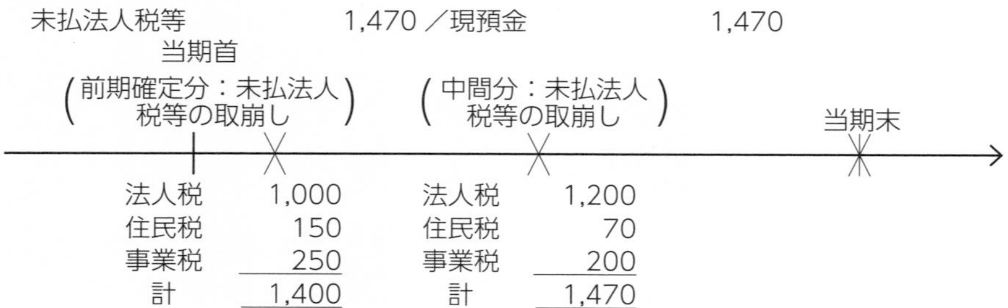


### ② 別表四の記載

この段階では、法人税等についてのみ記載します。

未払法人税等を取り崩して支払った事業税の前期確定分(250)と中間分(200)は、「納税充当金から支出した事業税等」で減算「留保②」して、損金に算入します。

別表四　所得の金額の計算に関する明細書

| 区分 | | 総額<br>① | 処分<br>留保<br>② | 処分<br>社外流出<br>③ | |
|---|---|---|---|---|---|
| 当期利益又は当期欠損の額 | | | | 配当 | |
| | | | | その他 | |
| 加算 | 損金経理をした法人税 | | | | |
| | 損金経理をした住民税 | | | | |
| | 損金経理をした納税充当金 | | | | |
| | 小計 | | | | |
| 減算 | 納税充当金から支出した事業税等 | 450 | 450 | | |
| | 小計 | 450 | 450 | 外※ | |
| 仮計 | | △ 450 | △ 450 | 外※ | |
| 法人税額から控除される所得税額 | | | | その他 | |
| 所得金額又は欠損金額 | | △ 450 | △ 450 | 外※ | |

前期確定分と中間分の事業税が当期に損金算入されることで、この段階での留保所得は（△450）となります。

## ③ 別表五(一)の純資産

別表五(一)の「減②」には、前期確定分（1,400）と中間分（1,470）の納付による納税充当金の取崩額（2,870）を記載します。あわせて、前期確定分の未納法人税（△1,000）と未納住民税（△150）、中間分の未納法人税（△1,200）と未納住民税（△70）の納付による減少を記載します。

納税充当金の取崩し（2,870）で純資産が減少する一方で、未納法人税等の減少（2,420）で純資産のマイナスが取り消される結果、税務の純資産は、純額で（450）減少します。

別表四の留保所得△450

別表五(一) 利益積立金額の計算に関する明細書

| Ⅰ 利益積立金額の計算に関する明細書 | | | | | | |
|---|---|---|---|---|---|---|
| 区分 | | 期首現在利益積立金額 | 当期の増減 減 | 当期の増減 増 | | 差引翌期首現在利益積立金額 |
| | | ① | ② | ③ | | ④ |
| 利益準備金 | | | | | | |
| | | | | | | |
| 繰越損益金（損は赤） | | | | | | |
| 納税充当金 | | 1,400 | 2,870 | | | |
| 未納法人税等 | 未納法人税（附帯税を除く） | △ 1,000 | △ 1,000<br>△ 1,200 | 中間<br>確定 | △ 1,200<br>△ | △ |
| 未納法人税等 | 未納道府県民税（均等割額を含む） | △ 150 | △ 150<br>△ 70 | 中間<br>確定 | △ 70<br>△ | △ |
| 未納法人税等 | 未納市町村民税（均等割額を含む） | △ | △ | 中間<br>確定 | △<br>△ | △ |
| 差引合計額 | | 250 | 450 | | | |

 注意　実際の別表五(一)の未納法人税等「減②」は合計して１行で記載します。

### ④　別表五(二)の記載

別表五(二)では、法人税等の前期確定分と中間分の納付額をともに、「充当金取崩しによる納付③」に記載します。

中間分の法人税等の納付時点で納税充当金は△1,470となっています。

別表五(二)　租税公課の納付状況等に関する明細書

| 税目及び事業年度 | | 期首現在未納税額 | 当期発生税額 | 当期中の納付税額 | | | 期末現在未納税額①＋②－③－④－⑤ |
|---|---|---|---|---|---|---|---|
| | | | | 充当金取崩しによる納付 | 仮払経理による納付 | 損金経理による納付 | |
| | | ① | ② | ③ | ④ | ⑤ | ⑥ |
| 法人税 | 前期分 | 1,000 | | 1,000 | | | 0 |
| | 当期分中間 | | 1,200 | 1,200 | | | 0 |
| | 当期分確定 | | | | | | |
| | 計 | 1,000 | 1,200 | 2,200 | | | 0 |
| 住民税 | 前期分 | 150 | | 150 | | | 0 |
| | 当期分中間 | | 70 | 70 | | | 0 |
| | 当期分確定 | | | | | | |
| | 計 | 150 | 70 | 220 | | | 0 |
| 事業税 | 前期分 | | 250 | 250 | | | 0 |
| | 当期中間分 | | 200 | 200 | | | 0 |
| | 計 | | 450 | 450 | | | 0 |

納税充当金の計算

| | | | | | | |
|---|---|---|---|---|---|---|
| 期首納税充当金 | | 1,400 | 取崩額 | その他 | 損金算入のもの | |
| 繰入額 | 損金経理をした納税充当金 | | | | 損金不算入のもの | |
| | | | | | | |
| | 計 | | | | 仮払税金消却 | |
| 取崩 | 法人税と住民税 | 2,420 | | 計 | | 2,870 |
| | 事業税 | 450 | 期末納税充当金 | | | △　1,470 |

## ⑤　決算の確定と法人税等の計算

この段階での当期純利益を基に、税金引当前の別表四で課税所得（10,000）、当期確定分の要納付額を計算し、未払法人税等を引き当てます。

「税金引当前の別表四→課税所得の計算→未払法人税等の引当て→貸借対照表・損益計算書・別表四を完成！」の作業は第５章を参照してください。

「未払法人税等」引当前の貸借対照表

| 資産の部 | | 負債の部 | |
|---|---|---|---|
| 流動資産 | 300,000 | 未払法人税等 | △1,470 |
| ： | ： | その他の負債 | 488,280 |
| | | 負債合計 | 486,810 |
| 固定資産 | 500,000 | 純資産の部 | |
| ： | ： | 資本金 | 50,000 |
| | | 繰越利益剰余金 | 263,190 |
| | | 純資産合計 | 313,190 |
| 資産合計 | 800,000 | 負債純資産合計 | 800,000 |

（注）期首の繰越利益剰余金　252,740

「未払法人税等」引当前の損益計算書

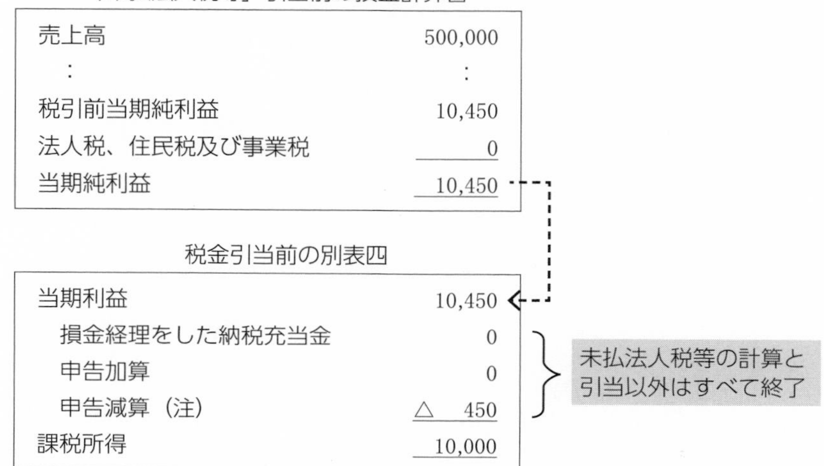

| | |
|---|---|
| 売上高 | 500,000 |
| ： | ： |
| 税引前当期純利益 | 10,450 |
| 法人税、住民税及び事業税 | 0 |
| 当期純利益 | 10,450 |

税金引当前の別表四

| | |
|---|---|
| 当期利益 | 10,450 |
| 損金経理をした納税充当金 | 0 |
| 申告加算 | 0 |
| 申告減算（注） | △　450 |
| 課税所得 | 10,000 |

未払法人税等の計算と
引当以外はすべて終了

（注）納税充当金から支出した事業税

## ◆ 法人税等の計算 ◆

| | |
|---|---|
| 法人税（地方法人税を含む） | 10,000× 25%＝2,500 |
| 住民税（都民税）法人税割 | 2,500× 6%＝ 150 |
| (課税所得に対して1.5%) | |
| 均等割 | 20／年 |
| 事業税 | 10,000× 5%＝ 500 |
| | 年税額 3,170 |

| 税 目 | 年税額 | 中間納付額 | 確定納付額 |
|---|---|---|---|
| 法人税 | 2,500 | 1,200 | 1,300 |
| 住民税 | 170 | 70 | 100 |
| 事業税 | 500 | 200 | 300 |
| 合 計 | 3,170 | 1,470 | 1,700 |

## ◆ 未払法人税等引当後の決算書 ◆

### 貸借対照表

| 資産の部 | | 負債の部 | |
|---|---|---|---|
| 流動資産 | 300,000 | 未払法人税等 | 1,700 |
| ： | ： | その他の負債 | 488,280 |
| | | 負債合計 | 489,980 |
| 固定資産 | 500,000 | 純資産の部 | |
| ： | ： | 資本金 | 50,000 |
| | | 繰越利益剰余金 | 260,020 |
| | | 純資産合計 | 310,020 |
| 資産合計 | 800,000 | 負債純資産合計 | 800,000 |

(注) 前期末の繰越利益剰余金 252,740

### 損益計算書

| | |
|---|---|
| 売上高 | 500,000 |
| ： | ： |
| 税引前当期純利益 | 10,450 |
| 法人税、住民税及び事業税 | 3,170 |
| 当期純利益 | 7,280 |

## (2) 当期中間分と確定分を未払法人税等(納税充当金)に計上する

### ① 会計処理

法人税、住民税及び事業税　3,170 ／未払法人税等　3,170

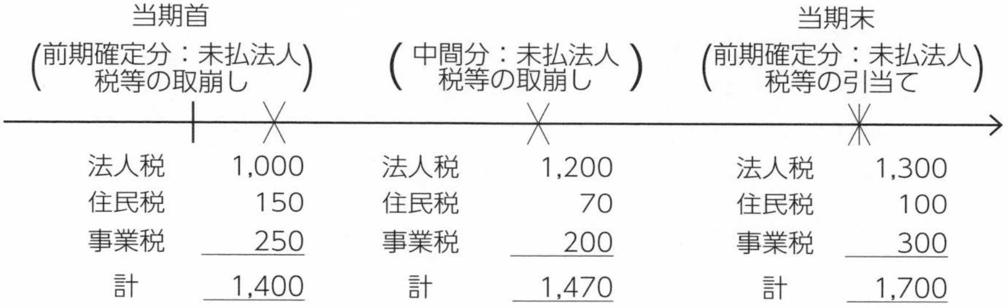

| 当期首 (前期確定分:未払法人税等の取崩し) | | (中間分:未払法人税等の取崩し) | | 当期末 (前期確定分:未払法人税等の引当て) | |
|---|---|---|---|---|---|
| 法人税 | 1,000 | 法人税 | 1,200 | 法人税 | 1,300 |
| 住民税 | 150 | 住民税 | 70 | 住民税 | 100 |
| 事業税 | 250 | 事業税 | 200 | 事業税 | 300 |
| 計 | 1,400 | 計 | 1,470 | 計 | 1,700 |

### ② 別表四の記載

当期中間分と確定分の未払法人税等の引当額(3,170)を別表四「損金経理をした納税充当金」で加算「留保②」します。

別表四　所得の金額の計算に関する明細書

| 区分 | | 総額 ① | 処分 留保 ② | 社外流出 ③ | |
|---|---|---|---|---|---|
| 当期利益又は当期欠損の額 | | 7,280 | 7,280 | 配当 | |
| | | | | その他 | |
| 加算 | 損金経理をした法人税 | | | | |
| | 損金経理をした住民税 | | | | |
| | 損金経理をした納税充当金 | 3,170 | 3,170 | | |
| | 小計 | 3,170 | 3,170 | | |
| 減算 | 納税充当金から支出した事業税等 | 450 | 450 | | |
| | 小計 | 450 | 450 | 外※ | |
| 仮計 | | 10,000 | 10,000 | 外※ | |
| 法人税額から控除される所得税額 | | | | その他 | |
| 所得金額又は欠損金額 | | 10,000 | 10,000 | 外※ | |

### ③ 別表五(一)の純資産

未払法人税等を取り崩して納付した法人税等の前期確定分（1,400）と当期中間分（1,470）の合計額（2,870）は納税充当金の「減②」に、期末引当額（3,170）は「増③」に記載します。

期末納税充当金（1,700）が税務の純資産に含まれる一方で、当期確定分の未納法人税（△1,300）と未納住民税（△100）が税務の純資産から控除されます。当期確定分の事業税（300）は、会計では未払計上しますが、税務では現金主義で損金算入されるため未納計上しません。

その結果、税務の純資産は会計の純資産より未払事業税（300）に相当する額だけ大きいという記録が残ります。

別表四の留保所得10,000

**別表五(一)　利益積立金額の計算に関する明細書**

| Ⅰ　利益積立金額の計算に関する明細書 | | | | | | |
|---|---|---|---|---|---|---|
| 区　　分 | | 期首現在利益積立金額 | 当期の増減 | | | 差引翌期首現在利益積立金額 |
| | | | 減 | 増 | | |
| | | ① | ② | ③ | | ④ |
| 利益準備金 | | | | | | |
| | | | | | | |
| 繰越損益金（損は赤） | | 252,740 | 252,740 | | 260,020 | 260,020 |
| 納税充当金 | | 1,400 | 2,870 | | 3,170 | 1,700 |
| 未納法人税等 | 未納法人税（附帯税を除く） | △　1,000 | △　1,000 | 中間 | △　1,200 | △　1,300 |
| | | | △　1,200 | 確定 | △　1,300 | |
| | 未納道府県民税（均等割額を含む） | △　150 | △　150 | 中間 | △　70 | △　100 |
| | | | △　70 | 確定 | △　100 | |
| | 未納市町村民税（均等割額を含む） | △ | △ | 中間 | △ | △ |
| | | | | 確定 | △ | |
| 差引合計額 | | 252,990 | 253,190 | | 260,520 | 260,320 |

 注意　実際の別表五(一)の未納法人税等「減②」は合計して１行で記載します。

### ④　もう１つの別表四の記載方法＜総額表示＞

別表四の記載方法には、法人税等の動きを別表五(一)と合わせる形で、以下のように総額で表示する方法もあります。

この場合は、前期確定分の法人税等（1,400）と当期中間分の法人税等（1,470）の合計額（2,870）を「納税充当金から支出した事業税等」で減算したうえで、損金に算入されない法人税（2,200）と住民税（220）、損金経理をした納税充当金（3,170）を加算します。

別表四　所得の金額の計算に関する明細書

| 区分 | | 総額 | 処分 | | |
|---|---|---|---|---|---|
| | | | 留保 | 社外流出 | |
| | | ① | ② | ③ | |
| 当期利益又は当期欠損の額 | | 7,280 | 7,280 | 配当 | |
| | | | | その他 | |
| 加算 | 損金経理をした法人税 | 2,200 | 2,200 | | |
| | 損金経理をした住民税 | 220 | 220 | | |
| | 損金経理をした納税充当金 | 3,170 | 3,170 | | |
| | 小計 | 5,590 | 5,590 | | |
| 減算 | 納税充当金から支出した事業税等 | 2,870 | 2,870 | | |
| | 小計 | 2,870 | 2,870 | 外※ | |
| 仮計 | | 10,000 | 10,000 | 外※ | |
| 法人税額から控除される所得税額 | | | | その他 | |
| 所得金額又は欠損金額 | | 10,000 | 10,000 | 外※ | |

法人税等に関する税務調整を別表四で総額表示すれば、
別表五（一）の当期の増減とピッタリ合います。

## ⑤　別表五(二)の記載

当期確定分の未納法人税（1,300）と未納住民税（100）は、「期末現在未納税額⑥」として翌期に引き継がれます。

事業税は現金主義で支払日に損金算入され、税務では未納計上しないため、当期確定分の記載欄はありません。

会計の未払法人税等（1,700）を期末納税充当金として翌期に引き継ぎます。

別表五(二)　租税公課の納付状況等に関する明細書

| 税目及び事業年度 | | 期首現在未納税額 | 当期発生税　額 | 当期中の納付税額<br>充当金取崩しによる納付 | 当期中の納付税額<br>仮払経理による納付 | 当期中の納付税額<br>損金経理による納付 | 期末現在未納税額①＋②－③－④－⑤ |
|---|---|---|---|---|---|---|---|
| | | ① | ② | ③ | ④ | ⑤ | ⑥ |
| 法人税 | 前期分 | 1,000 | | 1,000 | | | 0 |
| | 当期分中間 | | 1,200 | 1,200 | | | 0 |
| | 当期分確定 | | 1,300 | | | | 1,300 |
| | 計 | 1,000 | 2,500 | 2,200 | | | 1,300 |
| 住民税 | 前期分 | 150 | | 150 | | | 0 |
| | 当期分中間 | | 70 | 70 | | | 0 |
| | 当期分確定 | | 100 | | | | 100 |
| | 計 | 150 | 170 | 220 | | | 100 |
| 事業税 | 前期分 | | 250 | 250 | | | 0 |
| | 当期中間分 | | 200 | 200 | | | 0 |
| | 計 | | 450 | 450 | | | 0 |

納税充当金の計算

| | | | | | |
|---|---|---|---|---|---|
| 期首納税充当金 | | 1,400 | 取崩額 | その他　損金算入のもの | |
| 繰入額 | 損金経理をした納税充当金 | 3,170 | 取崩額 | その他　損金不算入のもの | |
| 繰入額 | | | 取崩額 | その他 | |
| 繰入額 | 計 | 3,170 | 取崩額 | その他　仮払税金消却 | |
| 取崩額 | 法人税と住民税 | 2,420 | 取崩額 | 計 | 2,870 |
| 取崩額 | 事　業　税 | 450 | 期末納税充当金 | | 1,700 |

## ⑥　税金勘定の動きとタックス・プルーフ

### ◆　当期の税金勘定の動き　◆

（　）は貸方

（法人税等の合計税率：31.5％、実効税率：30％とする）

| | | 未払法人税等(B/S) | 法人税等(P/L) |
|---|---|---|---|
| 期　首 | | (1,400) | |
| 前期確定分支払 | 法人税 | 1,000 | |
| | 住民税 | 150 | |
| | 事業税 | 250 | |
| 中間納付 | 法人税 | 1,200 | |
| | 住民税 | 70 | |
| | 事業税 | 200 | |
| 期末引当計上 | | (3,170) | 3,170 |
| 合　計 | | (1,700) | 3,170 |

未払事業税の期中増減額にかかる一時差異と均等割を考慮に入れると、税引前当期純利益と法人税等は実効税率30％で対応しています。

### ◆　タックス・プルーフ　◆

| | 調整額 | | | 金　額 | 税　率 |
|---|---|---|---|---|---|
| 税引前当期純利益 | | | | 10,450 | 100.00% |
| 法人税等 | | | | 3,170 | 30.335% |
| 永久差異による調整 | | | | 0 | 0 |
| 期間差異項目 | 期首 | 期末 | 差 | | |
| 未払事業税 | 250 | 300 | 50 | △　15（注） | |
| 均等割 | | | | △　20 | |
| 合　計 | | | | 3,135 | 30.00% |

（注）未払事業税の期中増加額　50×30％＝15

# 5 中間分を未払法人税等の引当てと取崩しで納付、当期確定分を未払法人税等に計上する

## （1）中間分を未払法人税等（納税充当金）の引当てと取崩しで納付

### ①　会計処理

中間決算で未払法人税等を計上し、取り崩して納付します。

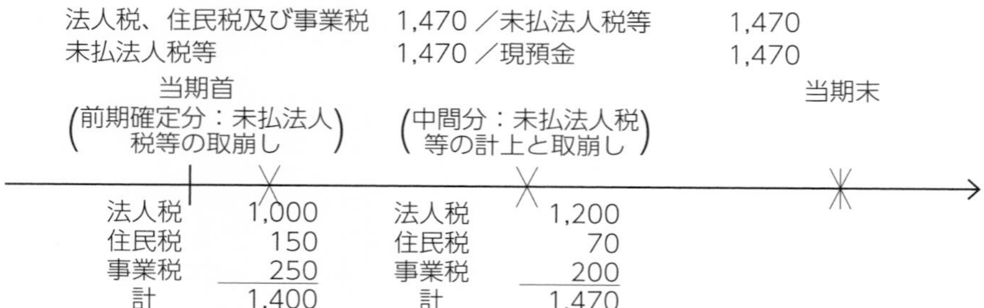


### ②　別表四の記載〈純額表示〉

この段階では、法人税等についてのみ記載します。

別表四　所得の金額の計算に関する明細書

| 区分 | | 総額 ① | 処分 留保 ② | 処分 社外流出 ③ | |
|---|---|---|---|---|---|
| 当期利益又は当期欠損の額 | | | | 配当 | |
| | | | | その他 | |
| 加算 | 損金経理をした法人税 | | | | |
| | 損金経理をした住民税 | | | | |
| | 損金経理をした納税充当金 | 1,470 | 1,470 | | |
| | 小計 | 1,470 | 1,470 | | |
| 減算 | 納税充当金から支出した事業税等 | 450 | 450 | | |
| | 小計 | 450 | 450 | 外※ | |
| 仮計 | | 1,020 | 1,020 | 外※ | |
| 法人税額から控除される所得税額 | | | | その他 | |
| 所得金額又は欠損金額 | | 1,020 | 1,020 | 外※ | |

中間納付分の未払法人税等（1,470）の計上額は損金不算入なので、別表四の「損金経理をした納税充当金」で加算「留保②」します。

一方で、未払法人税等を取り崩して支払った事業税の前期確定分（250）と中間分（200）の合計額（450）は、「納税充当金から支出した事業税等」として減算「留保②」することで損金に算入されます。

結果として、別表四の留保所得は（1,020）増加します。

### ③　別表五(一)の純資産

中間分の未払法人税等（1,470）の計上を納税充当金の「増③」に、法人税等の前期確定分（1,400）と中間分（1,470）の納付による取崩額（2,870）を「減②」に記載することで税務の純資産は（1,400）減少します。一方で、前期確定分の未納法人税（△1,000）と未納住民税（△150）の納付により、未納法人税等が減少（1,150）、税務の純資産のマイナスが取り消されます。

中間分の未納法人税と未納住民税は発生と納付を両建てで記載するため、結果的に、純資産の残高には影響を及ぼしません。

別表四の留保所得1,020

別表五(一)　利益積立金額の計算に関する明細書

| Ⅰ　利益積立金額の計算に関する明細書 | | | | | | |
|---|---|---|---|---|---|---|
| 区分 | | 期首現在利益積立金額 | 当期の増減 | | | 差引翌期首現在利益積立金額 |
| | | | 減 | 増 | | |
| | | ① | ② | ③ | | ④ |
| 利益準備金 | | | | | | |
| | | | | | | |
| 繰越損益金（損は赤） | | | | | | |
| 納税充当金 | | 1,400 | 2,870 | | 1,470 | 0 |
| 未納法人税等 | 未納法人税（附帯税を除く） | △ 1,000 | △ 1,000<br>△ 1,200 | 中間<br>確定 | △ 1,200<br>△ | △ 0 |
| | 未納道府県民税（均等割額を含む） | △ 150 | △ 150<br>△ 70 | 中間<br>確定 | △ 70<br>△ | △ 0 |
| | 未納市町村民税（均等割額を含む） | △ | △ | 中間<br>確定 | △<br>△ | △ |
| 差引合計額 | | 250 | 450 | | 200 | 0 |

注意　実際の別表五(一)の未納法人税等「減②」は合計して１行で記載します。

### ④　別表五(二)の記載

別表五(二)では、法人税等の前期確定分と中間分をともに、「充当金取崩しによる納付③」に記載します。

別表五(二)　租税公課の納付状況等に関する明細書

| 税目及び事業年度 | | 期首現在未納税額 ① | 当期発生税額 ② | 当期中の納付税額 充当金取崩しによる納付 ③ | 仮払経理による納付 ④ | 損金経理による納付 ⑤ | 期末現在未納税額①＋②－③－④－⑤ ⑥ |
|---|---|---|---|---|---|---|---|
| 法人税 | 前期分 | 1,000 | | 1,000 | | | 0 |
| | 当期分中間 | | 1,200 | 1,200 | | | 0 |
| | 当期分確定 | | | | | | |
| | 計 | 1,000 | 1,200 | 2,200 | | | 0 |
| 住民税 | 前期分 | 150 | | 150 | | | 0 |
| | 当期分中間 | | 70 | 70 | | | 0 |
| | 当期分確定 | | | | | | |
| | 計 | 150 | 70 | 220 | | | 0 |
| 事業税 | 前期分 | | 250 | 250 | | | 0 |
| | 当期中間分 | | 200 | 200 | | | 0 |
| | 計 | | 450 | 450 | | | 0 |

納税充当金の計算

| | | | | | | |
|---|---|---|---|---|---|---|
| 期首納税充当金 | | 1,400 | 取崩額 | その他 | 損金算入のもの | |
| 繰入額 | 損金経理をした納税充当金 | 1,470 | | | 損金不算入のもの | |
| | | | | | | |
| | 計 | 1,470 | | | 仮払税金消却 | |
| 取崩 | 法人税と住民税 | 2,420 | | 計 | | 2,870 |
| | 事業税 | 450 | 期末納税充当金 | | | 0 |

## ⑤　決算の確定と法人税等の計算

この段階の当期純利益を基に、税金引当前の別表四で課税所得（10,000）、当期確定分の要納付額を計算し、未払法人税等を引き当てます。

「税金引当前の別表四→課税所得の計算→未払法人税等の引当て→貸借対照表・損益計算書・別表四を完成！」の作業は第５章を参照してください。

「未払法人税等」引当前の貸借対照表

| 資産の部 | | 負債の部 | |
|---|---|---|---|
| 流動資産 | 300,000 | 未払法人税等 | 0 |
| ： | ： | その他の負債 | 488,280 |
| | | 負債合計 | 488,280 |
| 固定資産 | 500,000 | 純資産の部 | |
| ： | ： | 資本金 | 50,000 |
| | | 繰越利益剰余金 | 261,720 |
| | | 純資産合計 | 311,720 |
| 資産合計 | 800,000 | 負債純資産合計 | 800,000 |

（注）期首の繰越利益剰余金　252,740

「未払法人税等」引当前の損益計算書

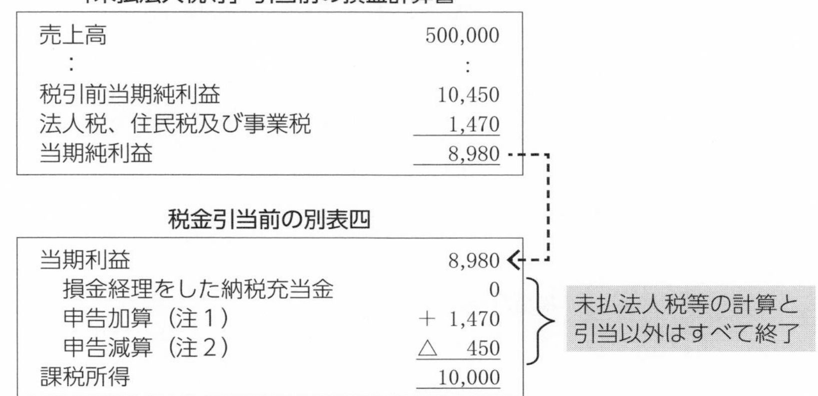

| | |
|---|---|
| 売上高 | 500,000 |
| ： | ： |
| 税引前当期純利益 | 10,450 |
| 法人税、住民税及び事業税 | 1,470 |
| 当期純利益 | 8,980 |

税金引当前の別表四

| | |
|---|---|
| 当期利益 | 8,980 |
| 損金経理をした納税充当金 | 0 |
| 申告加算（注１） | ＋ 1,470 |
| 申告減算（注２） | △　450 |
| 課税所得 | 10,000 |



（注１）損金経理をした納税充当金
（注２）納税充当金から支出した事業税の前期確定分（250）と中間分（200）

## ◆　法人税等の計算　◆

| | |
|---|---|
| 法人税（地方法人税を含む） | 10,000×　25%＝2,500 |
| 住民税（都民税）法人税割 | 2,500×　6%＝　150 |
| （課税所得に対して1.5%） | |
| 均等割 | 20／年 |
| 事業税 | 10,000×　5%＝　500 |
| 年税額 | 3,170 |

| 税　目 | 年税額 | 中間納付額 | 確定納付額 |
|---|---|---|---|
| 法人税 | 2,500 | 1,200 | 1,300 |
| 住民税 | 170 | 70 | 100 |
| 事業税 | 500 | 200 | 300 |
| 合　計 | 3,170 | 1,470 | 1,700 |

## ◆　未払法人税等引当後の決算書　◆

### 貸借対照表

| 資産の部 | | 負債の部 | |
|---|---|---|---|
| 流動資産 | 300,000 | 未払法人税等 | 1,700 |
| ： | ： | その他の負債 | 488,280 |
| | | 負債合計 | 489,980 |
| 固定資産 | 500,000 | 純資産の部 | |
| ： | ： | 資本金 | 50,000 |
| | | 繰越利益剰余金 | 260,020 |
| | | 純資産合計 | 310,020 |
| 資産合計 | 800,000 | 負債純資産合計 | 800,000 |

（注）前期末の繰越利益剰余金　252,740

### 損益計算書

| | |
|---|---|
| 売上高 | 500,000 |
| ： | ： |
| 税引前当期純利益 | 10,450 |
| 法人税、住民税及び事業税 | 3,170 |
| 当期純利益 | 7,280 |

## （2）当期確定分を未払法人税等（納税充当金）に計上する

### ①　会計処理

法人税、住民税及び事業税　1,700 ／未払法人税等　1,700

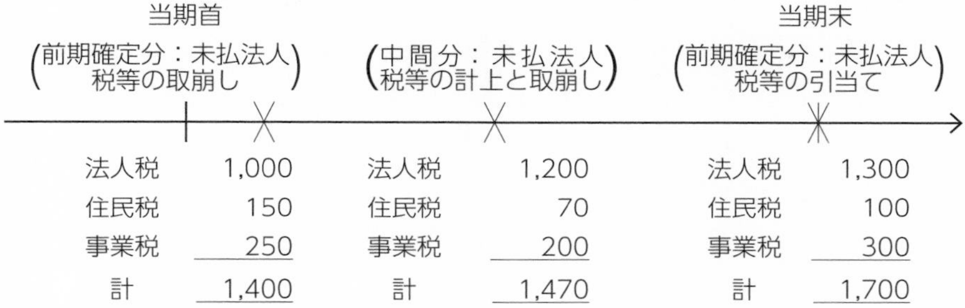

| 当期首（前期確定分：未払法人税等の取崩し） | | （中間分：未払法人税等の計上と取崩し） | | 当期末（前期確定分：未払法人税等の引当て） | |
|---|---|---|---|---|---|
| 法人税 | 1,000 | 法人税 | 1,200 | 法人税 | 1,300 |
| 住民税 | 150 | 住民税 | 70 | 住民税 | 100 |
| 事業税 | 250 | 事業税 | 200 | 事業税 | 300 |
| 計 | 1,400 | 計 | 1,470 | 計 | 1,700 |

### ②　別表四の記載（4　中間分を未払法人税等の取崩しで納付したケースと同じ）

未払法人税等の引当額は損金に算入されないため、中間分（1,470）と当期確定分（1,700）の合計額（3,170）を別表四「損金経理をした納税充当金」で加算「留保②」します。

未払法人税等を取り崩して納付した事業税の前期確定分（250）と、中間分（200）の合計額（450）は減算「留保②」で損金算入されます。

**別表四　所得の金額の計算に関する明細書**

| 区分 | | 総額 | 処分 | | |
|---|---|---|---|---|---|
| | | | 留保 | 社外流出 | |
| | | ① | ② | ③ | |
| 当期利益又は当期欠損の額 | | 7,280 | 7,280 | 配当 | |
| | | | | その他 | |
| 加算 | 損金経理をした法人税 | | | | |
| | 損金経理をした住民税 | | | | |
| | 損金経理をした納税充当金 | 3,170 | 3,170 | | |
| | 小計 | 3,170 | 3,170 | | |
| 減算 | 納税充当金から支出した事業税等 | 450 | 450 | | |
| | 小計 | 450 | 450 | 外※ | |
| 仮計 | | 10,000 | 10,000 | 外※ | |
| 法人税額から控除される所得税額 | | | | その他 | |
| 所得金額又は欠損金額 | | 10,000 | 10,000 | 外※ | |

### ③ 別表五(一)の純資産（4　中間分を未払法人税等の取崩しで納付したケースと同じ）

当期中間分の法人税等（1,470）にかかる未払法人税等の引当てと取り崩しは納税充当金の「減②」と「増③」に両建てで記載します。

期末納税充当金（1,700）が税務の純資産に含まれる一方で、当期確定分の未納法人税（△1,300）と未納住民税（△100）が税務の純資産から控除されます。当期確定分の事業税（300）は、会計では未払計上しますが、税務では現金主義で損金算入されるため未納計上しません。

その結果、税務の純資産は会計の純資産より未払事業税（300）に相当する額だけ大きいという記録が残ります。

別表四の留保所得10,000

**別表五(一)　利益積立金額の計算に関する明細書**

| Ⅰ　利益積立金額の計算に関する明細書 | | | | | | |
|---|---|---|---|---|---|---|
| 区分 | | 期首現在利益積立金額 | 当期の増減 減 | 当期の増減 増 | | 差引翌期首現在利益積立金額 |
| | | ① | ② | ③ | | ④ |
| 利益準備金 | | | | | | |
| | | | | | | |
| 繰越損益金（損は赤） | | 252,740 | 252,740 | | 260,020 | 260,020 |
| 納税充当金 | | 1,400 | 2,870 | | 3,170 | 1,700 |
| 未納法人税等 | 未納法人税（附帯税を除く） | △ 1,000 | △ 1,000 | 中間 | △ 1,200 | △ 1,300 |
| | | | △ 1,200 | 確定 | △ 1,300 | |
| | 未納道府県民税（均等割額を含む） | △ 150 | △ 150 | 中間 | △ 70 | △ 100 |
| | | | △ 70 | 確定 | △ 100 | |
| | 未納市町村民税（均等割額を含む） | △ | △ | 中間 | △ | △ |
| | | | | 確定 | △ | |
| 差引合計額 | | 252,990 | 253,190 | | 260,520 | 260,320 |

注意　実際の別表五(一)の未納法人税等「減②」は合計して１行で記載します。

### ④ もう１つの別表四の記載方法〈総額表示〉（4 中間分を未払法人税等の取崩しで納付したケースと同じ）

別表四の記載方法には、法人税等の動きを別表五(一)と合わせる形で、以下のように総額で表示する方法もあります。

この場合は、前期確定分の法人税等（1,400）と当期中間分の法人税等（1,470）の合計額（2,870）を「納税充当金から支出した事業税等」で減算したうえで、損金に算入されない法人税（2,200）と住民税（220）、損金経理をした納税充当金（3,170）を加算します。

別表四 所得の金額の計算に関する明細書

| 区分 | | 総額 | 処分 | | |
|---|---|---|---|---|---|
| | | | 留保 | 社外流出 | |
| | | ① | ② | ③ | |
| 当期利益又は当期欠損の額 | | 7,280 | 7,280 | 配当 | |
| | | | | その他 | |
| 加算 | 損金経理をした法人税 | 2,200 | 2,200 | | |
| | 損金経理をした住民税 | 220 | 220 | | |
| | 損金経理をした納税充当金 | 3,170 | 3,170 | | |
| | 小計 | 5,590 | 5,590 | | |
| 減算 | 納税充当金から支出した事業税等 | 2,870 | 2,870 | | |
| | 小計 | 2,870 | 2,870 | 外※ | |
| 仮計 | | 10,000 | 10,000 | 外※ | |
| 法人税額から控除される所得税額 | | | | その他 | |
| 所得金額又は欠損金額 | | 10,000 | 10,000 | 外※ | |

**法人税等に関する税務調整を別表四で総額表示すれば別表五（一）の当期の増減とピッタリ合います。**

### ⑤　別表五(二)の記載（4．中間分を未払法人税等の取崩しで納付したケースと同じ）

当期確定分の未納法人税（1,300）と未納住民税（100）は、「期末現在未納税額⑥」として翌期に引き継がれます。

事業税は現金主義で支払日に損金算入され、税務では未納計上しないため、当期確定分の記載欄はありません。

会計の未払法人税等（1,700）を期末納税充当金として翌期に引き継ぎます。

別表五(二)　租税公課の納付状況等に関する明細書

| 税目及び事業年度 | | 期首現在未納税額 | 当期発生税額 | 当期中の納付税額 充当金取崩しによる納付 | 仮払経理による納付 | 損金経理による納付 | 期末現在未納税額①＋②－③－④－⑤ |
|---|---|---|---|---|---|---|---|
| | | ① | ② | ③ | ④ | ⑤ | ⑥ |
| 法人税 | 前期分 | 1,000 | | 1,000 | | | 0 |
| | 当期分中間 | | 1,200 | 1,200 | | | 0 |
| | 当期分確定 | | 1,300 | | | | 1,300 |
| | 計 | 1,000 | 2,500 | 2,200 | | | 1,300 |
| 住民税 | 前期分 | 150 | | 150 | | | 0 |
| | 当期分中間 | | 70 | 70 | | | 0 |
| | 当期分確定 | | 100 | | | | 100 |
| | 計 | 150 | 170 | 220 | | | 100 |
| 事業税 | 前期分 | | 250 | 250 | | | 0 |
| | 当期中間分 | | 200 | 200 | | | 0 |
| | 計 | | 450 | 450 | | | 0 |

納税充当金の計算

|  | |  |  | |  |
|---|---|---|---|---|---|
| 期首納税充当金 | | 1,400 | 取崩額 その他 | 損金算入のもの | |
| 繰入額 | 損金経理をした納税充当金 | 3,170 | | 損金不算入のもの | |
| | | | | | |
| | 計 | 3,170 | | 仮払税金消却 | |
| 取崩 | 法人税と住民税 | 2,420 | | 計 | 2,870 |
| | 事　業　税 | 450 | 期末納税充当金 | | 1,700 |

## ⑥　税金勘定の動きとタックス・プルーフ

### ◆　当期の税金勘定の動き　◆

（　）は貸方

（法人税等の合計税率：31.5%、実効税率：30%とする）

| | | 未払法人税等(B/S) | 法人税等(P/L) |
|---|---|---|---|
| 期　首 | | (1,400) | |
| 前期確定分支払 | 法人税 | 1,000 | |
| | 住民税 | 150 | |
| | 事業税 | 250 | |
| 中間納付 | 法人税 | 1,200 | |
| | 住民税 | 70 | |
| | 事業税 | 200 | |
| 期末引当計上 | | (3,170) | 3,170 |
| 合　計 | | (1,700) | 3,170 |

未払事業税の期中増減額にかかる一時差異と均等割を考慮に入れると、税引前当期純利益と法人税等は実効税率30%で対応しています。

### ◆　タックス・プルーフ　◆

| | 調整額 | | | 金　額 | 税　率 |
|---|---|---|---|---|---|
| 税引前当期純利益 | | | | 10,450 | 100.00% |
| 法人税等 | | | | 3,170 | 30.335% |
| 永久差異による調整 | | | | 0 | 0 |
| 期間差異項目 | 期首 | 期末 | 差 | | |
| 未払事業税 | 250 | 300 | 50 | △　15（注） | |
| 均等割 | | | | △　20 | |
| 合　計 | | | | 3,135 | 30.00% |

（注）未払事業税の期中増加額50×30%＝15

# 6 中間納付分を仮払金に計上し、期末に法人税等へ振り替え後、当期確定分を未払法人税等に計上する

## （1）中間納付分を仮払金に計上する

### ① 会計処理

仮払金　1,470 ／現預金　1,470

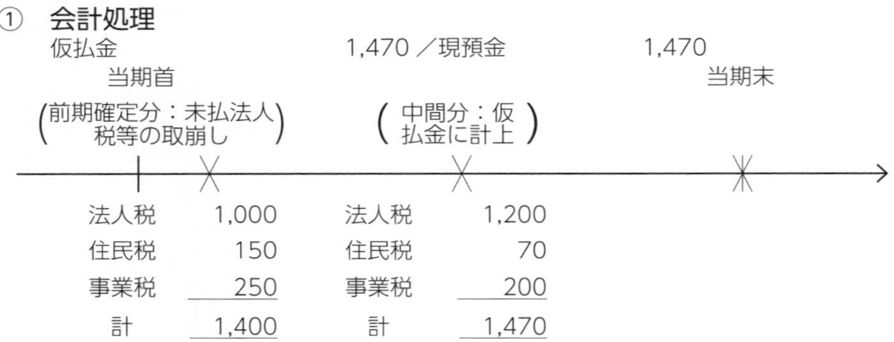


### ② 別表四の記載

この段階では、法人税等についてのみ記載します。

別表四　所得の金額の計算に関する明細書

| 区分 | | 総額 ① | 処分 留保 ② | 社外流出 ③ | |
|---|---|---|---|---|---|
| 当期利益又は当期欠損の額 | | | | 配当 | |
| | | | | その他 | |
| 加算 | 損金経理をした法人税 | 1,200 | 1,200 | | |
| | 損金経理をした住民税 | 70 | 70 | | |
| | 損金経理をした納税充当金 | | | | |
| | 小計 | 1,270 | 1,270 | | |
| 減算 | 納税充当金から支出した事業税等 | 250 | 250 | | |
| | 仮払税金認定損 | 1,470 | 1,470 | | |
| | 小計 | 1,720 | 1,720 | 外※ | |
| 仮計 | | △ 450 | △ 450 | 外※ | |
| 法人税額から控除される所得税額 | | | | その他 | |
| 所得金額又は欠損金額 | | △ 450 | △ 450 | 外※ | |

仮払計上した中間分の法人税等を仮払税金認定損（1,470）で減算「留保②」で損金算入するとともに、そのうち損金に算入されない法人税（1,200）と住民税（70）の納付額を加算「留保②」します。

未払法人税等（納税充当金）の取崩しにより納付した前期確定分の事業税は、別表四の「納税充当金から支出した事業税等」の減算「留保②」により税務の損金として取り扱われます。その結果、事業税の前期確定分と中間分の合計額（450）が損金算入されます。

### ③　別表五(一)への記載

会計で資産計上した仮払税金（1,470）を税務では資産として認識せず、純資産のマイナス項目として「増③」に△印を付けて記載します。

別表五(一)　利益積立金額の計算に関する明細書

| Ⅰ　利益積立金額の計算に関する明細書 | | | | | | |
|---|---|---|---|---|---|---|
| 区分 | | 期首現在<br>利益積立金額 | 当期の増減 | | | 差引翌期首現在<br>利益積立金額 |
| | | | 減 | 増 | | |
| | | ① | ② | ③ | | ④ |
| 利益準備金 | | | | | | |
| | | | | | | |
| 仮払税金 | | | | | △　1,470 | △　1,470 |
| 繰越損益金（損は赤） | | | | | | |
| 納税充当金 | | 1,400 | 1,400 | | | 0 |
| 未納法人税等 | 未納法人税<br>（附帯税を除く） | △　1,000 | △　1,000<br>△　1,200 | 中間<br>確定 | △　1,200<br>△ | △　0 |
| | 未納道府県民税<br>（均等割額を含む） | △　150 | △　150<br>△　70 | 中間<br>確定 | △　70<br>△ | △　0 |
| | 未納市町村民税<br>（均等割額を含む） | △ | △ | 中間<br>確定 | △<br>△ | △ |
| 差引合計額 | | 250 | △　1,020 | | △　2,740 | △　1,470 |

注意　実際の別表五(一)の未納法人税等「減②」は合計して１行で記載します。

### ④　別表五(二)への記載

仮払計上した中間分の法人税等は「仮払経理による納付④」に記載します。

別表五(二)　租税公課の納付状況等に関する明細書

| 税目及び事業年度 | | 期首現在未納税額 | 当期発生税額 | 当期中の納付税額 | | | 期末現在未納税額①＋②－③－④－⑤ |
|---|---|---|---|---|---|---|---|
| | | | | 充当金取崩しによる納付 | 仮払経理による納付 | 損金経理による納付 | |
| | | ① | ② | ③ | ④ | ⑤ | ⑥ |
| 法人税 | 前期分 | 1,000 | | 1,000 | | | 0 |
| | 当期分中間 | | 1,200 | | 1,200 | | 0 |
| | 当期分確定 | | | | | | |
| | 計 | 1,000 | 1,200 | 1,000 | 1,200 | | 0 |
| 住民税 | 前期分 | 150 | | 150 | | | 0 |
| | 当期分中間 | | 70 | | 70 | | 0 |
| | 当期分確定 | | | | | | |
| | 計 | 150 | 70 | 150 | 70 | | 0 |
| 事業税 | 前期分 | | 250 | 250 | | | 0 |
| | 当期中間分 | | 200 | | 200 | | 0 |
| | 計 | | 450 | 250 | 200 | | 0 |

納税充当金の計算

| | | | | | | |
|---|---|---|---|---|---|---|
| 期首納税充当金 | | 1,400 | 取崩額 | その他 | 損金算入のもの | |
| 繰入額 | 損金経理をした納税充当金 | | | | 損金不算入のもの | |
| | | | | | | |
| | 計 | | | | 仮払税金消却 | |
| 取崩 | 法人税と住民税 | 1,150 | | 計 | | 1,400 |
| | 事業税 | 250 | 期末納税充当金 | | | 0 |

### ⑤　決算の確定と法人税等の計算

この段階の当期純利益を基に、税金引当前の別表四で課税所得10,000、当期確定分の要納付額を計算し、未払法人税等を引き当てます。

「税金引当前の別表四→課税所得の計算→未払法人税等の引当て→貸借対照表・損益計算書・別表四を完成！」の作業は第５章を参照してください。

「未払法人税等」引当前の貸借対照表

| 資産の部 | | 負債の部 | |
|---|---|---|---|
| 流動資産 | 301,470 | 未払法人税等 | 0 |
| ： | ： | その他の負債 | 488,280 |
| 仮払税金 | 1,470 | 負債合計 | 488,280 |
| その他の資産 | 300,000 | 純資産の部 | |
| 固定資産 | 500,000 | 資本金 | 50,000 |
| ： | ： | 繰越利益剰余金 | 263,190 |
| | | 純資産合計 | 313,190 |
| 資産合計 | 801,470 | 負債純資産合計 | 801,470 |

（注）期首の繰越利益剰余金　252,740

「未払法人税等」引当前の損益計算書

|  |  |
|---|---|
| 売上高 | 500,000 |
| ： | ： |
| 税引前当期純利益 | 10,450 |
| 法人税、住民税及び事業税 | 0 |
| 当期純利益 | 10,450 |

税金引当前の別表四

|  |  |
|---|---|
| 当期利益 | 10,450 |
| 損金経理をした納税充当金 | 0 |
| 申告加算（注１） | ＋ 1,270 |
| 申告減算（注２） | △ 1,720 |
| 課税所得 | 10,000 |



（注１）損金経理した法人税（1,200）と損金経理した住民税（70）
（注２）納税充当金から支出した事業税（250）と仮払税金認定損（1,470）

## ◆　法人税等の計算　◆

| | |
|---|---|
| 法人税（地方法人税を含む） | 10,000×　25％＝2,500 |
| 住民税（都民税）法人税割<br>（課税所得に対して1.5％） | 2,500×　6％＝　150 |
| 均等割 | 20 ／年 |
| 事業税 | 10,000×　5％＝　500 |
| 年税額 | 3,170 |

| 税　目 | 年税額 | 中間納付額 | 確定納付額 |
|---|---|---|---|
| 法人税 | 2,500 | 1,200 | 1,300 |
| 住民税 | 170 | 70 | 100 |
| 事業税 | 500 | 200 | 300 |
| 合　計 | 3,170 | 1,470 | 1,700 |

## ◆　未払法人税等引当後の決算書　◆

### 貸借対照表

| 資産の部 | | 負債の部 | |
|---|---|---|---|
| 流動資産 | 300,000 | 未払法人税等 | 1,700 |
| ： | ： | その他の負債 | 488,280 |
| | | 負債合計 | 489,980 |
| 固定資産 | 500,000 | 純資産の部 | |
| ： | ： | 資本金 | 50,000 |
| | | 繰越利益剰余金 | 260,020 |
| | | 純資産合計 | 310,020 |
| 資産合計 | 800,000 | 負債純資産合計 | 800,000 |

（注）前期末の繰越利益剰余金　252,740

### 損益計算書

| | |
|---|---|
| 売上高 | 500,000 |
| ： | ： |
| 税引前当期純利益 | 10,450 |
| 法人税、住民税及び事業税 | 3,170 |
| 当期純利益 | 7,280 |

## （2）仮払計上した中間納付額を法人税等に計上したうえで、未払法人税等（納税充当金）を計上する

### ①　会計処理

法人税、住民税及び事業税　1,470 ／仮払税金　1,470
法人税、住民税及び事業税　1,700 ／未払法人税等　1,700

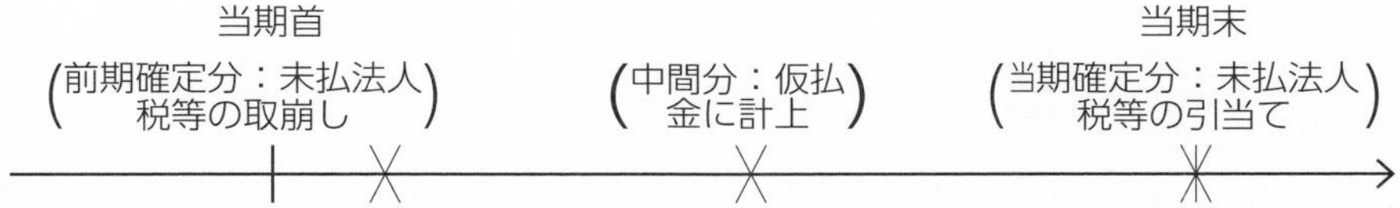

| 当期首（前期確定分：未払法人税等の取崩し） | | （中間分：仮払金に計上） | | 当期末（当期確定分：未払法人税等の引当て） | |
|---|---|---|---|---|---|
| 法人税 | 1,000 | 法人税 | 1,200 | 法人税 | 1,300 |
| 住民税 | 150 | 住民税 | 70 | 住民税 | 100 |
| 事業税 | 250 | 事業税 | 200 | 事業税 | 300 |
| 計 | 1,400 | 計 | 1,470 | 計 | 1,700 |

### ②　別表四の記載

仮払税金（1,470）の法人税等への振替計上額を「仮払税金消却不算入額」で加算「留保②」するとともに、未払法人税等の引当額（1,700）も損金不算入として加算「留保②」します。

別表四　所得の金額の計算に関する明細書

| 区分 | | 総額 ① | 処分 留保 ② | 処分 社外流出 ③ | |
|---|---|---|---|---|---|
| 当期利益又は当期欠損の額 | | 7,280 | 7,280 | 配当 | |
| | | | | その他 | |
| 加算 | 損金経理をした法人税 | 1,200 | 1,200 | | |
| | 損金経理をした住民税 | 70 | 70 | | |
| | 損金経理をした納税充当金 | 1,700 | 1,700 | | |
| | 仮払税金消却不算入額 | 1,470 | 1,470 | | |
| | 小計 | 4,440 | 4,440 | | |
| 減算 | 納税充当金から支出した事業税等 | 250 | 250 | | |
| | 仮払税金認定損 | 1,470 | 1,470 | | |
| | 小計 | 1,720 | 1,720 | 外※ | |
| 仮計 | | 10,000 | 10,000 | 外※ | |
| 法人税額から控除される所得税額 | | | | その他 | |
| 所得金額又は欠損金額 | | 10,000 | 10,000 | 外※ | |

なお、中間納付額を仮払計上した会計仕訳に忠実に両建処理をした別表記載としていますが、別表五（二）で仮払経理による納付としない場合には、中間納付額を損金経理した場合の別表（159～162頁）と同じになります。

### ③　別表五(一)の純資産

当期中間分の法人税等（1,470）にかかる仮払税金への計上は「増③」に、振替は「減②」に両建てで記載します。

納税充当金（1,700）が税務の純資産に含まれる一方で、当期確定分の未納法人税（△1,300）と未納住民税（△100）は税務の純資産から控除されます。当期確定分の事業税（300）は、会計では未払計上しますが、税務では現金主義で損金算入されるため未納計上しません。

その結果、税務の純資産は会計の純資産よりも、未払事業税（300）に相当する額だけ大きいという記録が残ります。

別表四の留保所得10,000

別表五(一)　利益積立金額の計算に関する明細書

| Ⅰ　利益積立金額の計算に関する明細書 | | | | | | |
|---|---|---|---|---|---|---|
| 区分 | | 期首現在利益積立金額 | 当期の増減 | | | 差引翌期首現在利益積立金額 |
| | | | 減 | 増 | | |
| | | ① | ② | ③ | | ④ |
| 利益準備金 | | | | | | |
| | | | | | | |
| 仮払税金 | | | △　1,470 | △　1,470 | | 0 |
| 繰越損益金（損は赤） | | 252,740 | 252,740 | 260,020 | | 260,020 |
| 納税充当金 | | 1,400 | 1,400 | 1,700 | | 1,700 |
| 未納法人税等 | 未納法人税（附帯税を除く） | △　1,000 | △　1,000<br>△　1,200 | 中間 | △　1,200 | △　1,300 |
| | | | | 確定 | △　1,300 | |
| | 未納道府県民税（均等割額を含む） | △　150 | △　150<br>△　70 | 中間 | △　70 | △　100 |
| | | | | 確定 | △　100 | |
| | 未納市町村民税（均等割額を含む） | △ | △ | 中間 | △ | △ |
| | | | | 確定 | △ | |
| 差引合計額 | | 252,990 | 250,250 | 257,580 | | 260,320 |

注意　実際の別表五(一)の未納法人税等「減②」は合計して１行で記載します。

## ④　もう一つの別表四の記載方法〈総額表示〉

別表四の記載方法には、別表五(一)の法人税等の動きと合わせる形で、以下のように総額表示により記載する方法もあります。

この場合は、前期確定分の法人税等（1,400）を「納税充当金から支出した事業税等」で、仮払金に計上した当期中間分の法人税等（1,470）を「仮払税金認定損」で減算したうえで、損金に算入されない法人税（2,200）と住民税（220）、損金経理をした納税充当金（1,700）、そして仮払税金消却不算入額（1,470）を加算します。

別表四　所得の金額の計算に関する明細書

| 区分 | | 総額 ① | 処分 留保 ② | 処分 社外流出 ③ | |
|---|---|---|---|---|---|
| 当期利益又は当期欠損の額 | | 7,280 | 7,280 | 配当 | |
| | | | | その他 | |
| 加算 | 損金経理をした法人税 | 2,200 | 2,200 | | |
| | 損金経理をした住民税 | 220 | 220 | | |
| | 損金経理をした納税充当金 | 1,700 | 1,700 | | |
| | 仮払税金消却不算入額 | 1,470 | 1,470 | | |
| | 小計 | 5,590 | 5,590 | | |
| 減算 | 納税充当金から支出した事業税等 | 1,400 | 1,400 | | |
| | 仮払税金認定損 | 1,470 | 1,470 | | |
| | 小計 | 2,870 | 2,870 | 外※ | |
| 仮計 | | 10,000 | 10,000 | 外※ | |
| 法人税額から控除される所得税額 | | | | その他 | |
| 所得金額又は欠損金額 | | 10,000 | 10,000 | 外※ | |

法人税等に関する税務調整を別表四で総額表示すれば、別表五(一)の当期の増減とピッタリ合います。

### ⑤ 別表五(二)への記載

当期確定分の未納法人税（1,300）と未納住民税（100）は「期末現在未納税額⑥」として翌期に引き継がれます。事業税は現金主義で支払日に損金算入され、税務では未納計上しないため当期確定分の記載欄はありません。

会計の未払法人税等（1,700）を期末納税充当金として翌期に引き継ぎます。

別表五(二)　租税公課の納付状況等に関する明細書

| 税目及び事業年度 | | 期首現在未納税額 | 当期発生税額 | 当期中の納付税額 充当金取崩しによる納付 | 仮払経理による納付 | 損金経理による納付 | 期末現在未納税額①＋②－③－④－⑤ |
|---|---|---|---|---|---|---|---|
| | | ① | ② | ③ | ④ | ⑤ | ⑥ |
| 法人税 | 前期分 | 1,000 | | 1,000 | | | 0 |
| | 当期分中間 | | 1,200 | | 1,200 | | 0 |
| | 当期分確定 | | 1,300 | | | | 1,300 |
| | 計 | 1,000 | 2,500 | 1,000 | 1,200 | | 1,300 |
| 住民税 | 前期分 | 150 | | 150 | | | 0 |
| | 当期分中間 | | 70 | | 70 | | 0 |
| | 当期分確定 | | 100 | | | | 100 |
| | 計 | 150 | 170 | 150 | 70 | | 100 |
| 事業税 | 前期分 | | 250 | 250 | | | 0 |
| | 当期中間分 | | 200 | | 200 | | 0 |
| | 計 | | 450 | 250 | 200 | | 0 |

納税充当金の計算

| | | | | | | |
|---|---|---|---|---|---|---|
| 期首納税充当金 | | 1,400 | 取崩額 | その他 | 損金算入のもの | |
| 繰入額 | 損金経理をした納税充当金 | 1,700 | | | 損金不算入のもの | |
| | | | | | | |
| | 計 | 1,700 | | | | |
| 取崩 | 法人税と住民税 | 1,150 | | 計 | | 1,400 |
| | 事業税 | 250 | 期末納税充当金 | | | 1,700 |

## ⑥　税金勘定の動きとタックス・プルーフ

### ◆　当期の税金勘定の動き　◆

（　）は貸方

（法人税等の合計税率：31.5％、実効税率：30％とする）

| | | 未払法人税等(B/S) | 仮払金(B/S) | 法人税等(P/L) |
|---|---|---|---|---|
| 期　首 | | (1,400) | | |
| 前期確定分支払 | 法人税 | 1,000 | | |
| | 住民税 | 150 | | |
| | 事業税 | 250 | | |
| 中間納付 | 法人税 | | 1,200 | |
| | 住民税 | | 70 | |
| | 事業税 | | 200 | |
| 期末引当計上 | | (1,700) | (1,470) | 3,170 |
| 合　計 | | (1,700) | 0 | 3,170 |

未払事業税の期中増減額にかかる一時差異と均等割を考慮に入れると、税引前当期純利益と法人税等は実効税率30％で対応しています。

### ◆　タックス・プルーフ　◆

| | 調整額 | | | 金　額 | 税　率 |
|---|---|---|---|---|---|
| 税引前当期純利益 | | | | 10,450 | 100.00％ |
| 法人税等 | | | | 3,170 | 30.335％ |
| 永久差異による調整 | | | | 0 | 0 |
| 期間差異項目 | 期首 | 期末 | 差 | | |
| 未払事業税 | 250 | 300 | 50 | △　15（注） | |
| 均等割 | | | | △　20 | |
| 合　計 | | | | 3,135 | 30.00％ |

（注）未払事業税の期中増加額50×30％＝15

## Column 申告書の作成とともに健全な税金対策を！～会社を守り、会社を伸ばすための節税策を～

会社の節税策には、次の５つのタイプがあります。

### 1．課税の繰延べ

法人税等の納税時期を翌期以後に遅らせる節税であり、通期での納税額は変わりません。ただ、好況時に所得を圧縮させる効果があります。

（例）減価償却資産の特別償却、固定資産の圧縮記帳

### 2．期末の駆け込み策

事務用消耗品等の購入、生命保険の年払い、地代家賃の年払いなどの応急処置的な節税。納税額は減少しますが、資金流出も伴います。

（例）短期前払費用の損金算入の特例、従業員への決算賞与の通知

### 3．永久的な減免

税制優遇措置、税法の特例を受けることによる節税で課税の減免です。

（例）試験研究費や給料引上げ等の税額控除、受取配当等の益金不算入

### 4．財務構造（B/S）の見直しを伴う節税

業績に貢献していない不要資産等の売却など、財務構造の健全化を図るとともに損失計上により税額が軽減する節税策。資金流出を伴いません。

（例）不良資産の売却、評価損、貸倒引当金の個別引当て、貸倒損失の計上

### 5．将来投資を伴う節税

将来の利益の源泉となる人材、新製品開発、新市場開拓のために積極的に投資するとともに、今の利益を圧縮させる長期戦略での節税策。

（例）人材教育費、研究開発費、企業イメージ戦略、広告宣伝費

キャッシュを残しながら、会社を発展させるために、将来の利益計画・資金繰りも考慮した長期的視野での税金対策が大切です。本当の節税策は「将来の企業価値を高め、業績を伸ばす！」効果があるはずです。

# 第7章

# 「法人税等」の還付と別表四、五(一)、五(二)

～中間納付の法人税等、源泉所得税
欠損金の繰戻しによる法人税額の還付～

# 1 中間分を損金経理により納付、全額が還付となり当期確定分を未収計上する

## （1）中間分の法人税等を「損金経理」により納付する

### ① 会計処理

法人税、住民税及び事業税　1,470 ／現預金　1,470

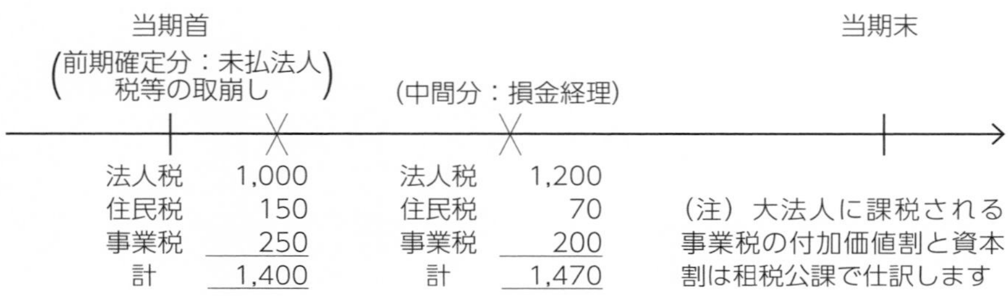


### ② 別表四の記載

この段階では、法人税等についてのみ記載します。

別表四　所得の金額の計算に関する明細書

| 区分 | | 総額 ① | 処分 留保 ② | 処分 社外流出 ③ | |
|---|---|---|---|---|---|
| 当期利益又は当期欠損の額 | | | | 配当 | |
| | | | | その他 | |
| 加算 | 損金経理をした法人税 | 1,200 | 1,200 | | |
| | 損金経理をした住民税 | 70 | 70 | | |
| | 損金経理をした納税充当金 | | | | |
| | 小計 | 1,270 | 1,270 | | |
| 減算 | 納税充当金から支出した事業税等 | 250 | 250 | | |
| | 小計 | 250 | 250 | 外※ | |
| 仮計 | | 1,020 | 1,020 | 外※ | |
| 法人税額から控除される所得税額 | | | | その他 | |
| 所得金額又は欠損金額 | | 1,020 | 1,020 | 外※ | 0 |

損金経理により納付した中間分の法人税（1,200）と住民税（70）は損金不算入のため加算「留保②」し、別表四の留保所得は（1,020）となります。

### ③　別表五(一)の記載

未納法人税等の「減②」は、前期確定分と中間分の納付による未納法人税等の減少の合計額を記載します。未納法人税等（税務の純資産の△項目）が減少することは、純資産のマイナスが取り消されることを意味します。

中間分の法人税と住民税は、発生を未納法人税等の増加として「増③」に、納付を未納法人税等の減少として「減②」に記載します。増減を両建てで記載しますので、結果的に純資産の残高には影響を及ぼしません。

一方、事業税の中間分は支払日に損金算入され、会計でも費用処理しているため、税務調整は不要です。

別表四の留保所得1,020

**別表五(一)　利益積立金額の計算 に関する明細書**

| Ⅰ　利益積立金額の計算に関する明細書 | | | | | |
|---|---|---|---|---|---|
| 区　分 | | 期首現在利益積立金額 | 当期の増減 | | 差引翌期首現在利益積立金額 |
| | | | 減 | 増 | |
| | | ① | ② | ③ | ④ |
| 利益準備金 | | | | | |
| | | | | | |
| 繰越損益金（損は赤） | | | | | |
| 納税充当金 | | 1,400 | 1,400 | | 0 |
| 未納法人税等 | 未納法人税<br>(附帯税を除く) | △　1,000 | △　1,000<br>△　1,200 | 中間　△　1,200<br>確定　△ | △　0 |
| | 未納道府県民税<br>(均等割額を含む) | △　150 | △　150<br>△　70 | 中間　△　70<br>確定　△ | △　0 |
| | 未納市町村民税<br>(均等割額を含む) | △ | △ | 中間　△<br>確定　△ | △ |
| 差引合計額 | | 250 | △　1,020 | △　1,270 | 0 |

注意　実際の別表五(一)の未納法人税等「減②」は合計して１行で記載します。

### ④　別表五(二)の記載

中間分の法人税等は「損金経理による納付⑤」に記載します。

別表五(二)　租税公課の納付状況等に関する明細書

| 税目及び事業年度 | | 期首現在未納税額 | 当期発生税額 | 当期中の納付税額 | | | 期末現在未納税額①＋②－③－④－⑤ |
|---|---|---|---|---|---|---|---|
| | | | | 充当金取崩しによる納付 | 仮払経理による納付 | 損金経理による納付 | |
| | | ① | ② | ③ | ④ | ⑤ | ⑥ |
| 法人税 | 前期分 | 1,000 | | 1,000 | | | 0 |
| | 当期分中間 | | 1,200 | | | 1,200 | 0 |
| | 当期分確定 | | | | | | |
| | 計 | 1,000 | 1,200 | 1,000 | | 1,200 | 0 |
| 住民税 | 前期分 | 150 | | 150 | | | 0 |
| | 当期分中間 | | 70 | | | 70 | 0 |
| | 当期分確定 | | | | | | |
| | 計 | 150 | 70 | 150 | | 70 | 0 |
| 事業税 | 前期分 | | 250 | 250 | | | 0 |
| | 当期中間分 | | 200 | | | 200 | 0 |
| | 計 | | 450 | 250 | | 200 | 0 |

納税充当金の計算

| | | | | | | |
|---|---|---|---|---|---|---|
| 期首納税充当金 | | 1,400 | 取崩額 | その他 | 損金算入のもの | |
| 繰入額 | 損金経理をした納税充当金 | | | | 損金不算入のもの | |
| | | | | | | |
| | 計 | | | | 仮払税金消却 | |
| 取崩 | 法人税と住民税 | 1,150 | | 計 | | 1,400 |
| | 事　業　税 | 250 | 期末納税充当金 | | | 0 |

## ⑤　決算の確定と法人税等の計算

この段階の当期純利益を基に、税金引当前の別表四で課税所得△5,430、当期確定分の要納付額と還付税額を計算します。

「税金引当前の別表四→課税所得の計算→未払法人税等の引き当て→貸借対照表・損益計算書・別表四を完成！」の作業は第５章を参照してください。

「法人税等」整理前の貸借対照表

| 資産の部 | | 負債の部 | |
|---|---|---|---|
| 流動資産 | 298,540 | 未払法人税等 | 0 |
| ： | ： | その他の負債 | 502,250 |
| | | 負債合計 | 502,250 |
| 固定資産 | 500,000 | 純資産の部 | |
| ： | ： | 資本金 | 50,000 |
| | | 繰越利益剰余金 | 246,290 |
| | | 純資産合計 | 296,290 |
| 資産合計 | 798,540 | 負債純資産合計 | 798,540 |

(注) 期首の繰越利益剰余金　252,740

「法人税等」整理前の損益計算書

| | |
|---|---|
| 売上高 | 500,000 |
| ： | ： |
| 税引前当期純損失 | 4,980 |
| 法人税、住民税及び事業税 | 1,470 |
| 当期純損失 | 6,450 |

税金引当前の別表四

| | |
|---|---|
| 当期利益（△欠損） | △ 6,450 |
| 損金経理をした納税充当金 | 0 |
| 申告加算（注１） | ＋ 1,270 |
| 申告減算（注２） | △ 250 |
| 課税所得 | △ 5,430 |

未払法人税等の計算と
引当以外はすべて終了

(注１) 損金経理した法人税 (1,200) と損金経理した住民税 (70)
(注２) 納税充当金から支出した事業税 (250)

## ◆ 法人税等の計算 ◆

| | | | |
|---|---|---|---|
| 法人税（地方法人税を含む） | 0× | 25%＝ | 0 |
| 住民税（都民税）法人税割 | 0× | 6%＝ | 0 |
| 均等割 | | | 20／年（中間 10） |
| 事業税 | 0× | 5%＝ | 0 |
| | | 年税額 | 20 |

| 税　目 | 年税額 | 中間納付額 | 還付（納付）額 |
|---|---|---|---|
| 法人税 | 0 | 1,200 | 1,200 |
| 住民税 | 20 | 70 | 60（10）（注） |
| 事業税 | 0 | 200 | 200 |
| 合　計 | 20 | 1,470 | 1,460（10） |

（注）住民税は法人税割（60）還付、均等割（10）納付

## ◆ 未収還付法人税等と未払法人税等を計上後の決算書 ◆

### 貸借対照表

| 資産の部 | | 負債の部 | |
|---|---|---|---|
| 流動資産 | 300,000 | 未払法人税等 | 10 |
| : | : | その他の負債 | 502,250 |
| 未収還付法人税等 | 1,460 | 負債合計 | 502,260 |
| その他の資産 | 298,540 | 純資産の部 | |
| : | : | 資本金 | 50,000 |
| 固定資産 | 500,000 | 繰越利益剰余金 | 247,740 |
| : | : | 純資産合計 | 297,740 |
| 資産合計 | 800,000 | 負債純資産合計 | 800,000 |

（注）前期末の繰越利益剰余金　252,740

### 損益計算書

| | |
|---|---|
| 売上高 | 500,000 |
| : | : |
| 税引前当期純損失 | 4,980 |
| 法人税、住民税及び事業税 | 20 |
| 当期純損失 | 5,000 |

## （２）当期確定分を未収還付法人税等と未払法人税等に計上する

### ①　会計処理

当期決算で赤字（△5,000）となり、均等割以外の中間分（1,460）を未収還付法人税等、確定分の均等割（10）を未払法人税等に計上した。

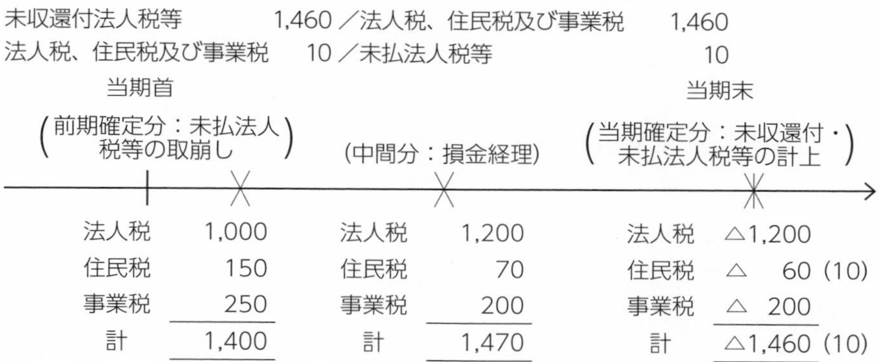


### ②　税務調整

別表四では、中間納付額を「損金経理をした法人税」と「損金経理をした住民税」で加算「留保②」したうえで、未収還付法人税等（1,460）を「仮払税金認定損」として減算「留保②」します。

会計で計上した未収還付法人税等を税務では「仮払税金」と呼称し、税務の資産と認識せず、別表五(一)で純資産からマイナスします。

その一方で、申告により還付される確定税額を「未収還付法人税」と「未収還付住民税」として別表五(一)の純資産に含めます。

なお、別表五(一)で還付税額を「未収還付法人税」と「未収還付住民税」ではなく、「~~△~~未納法人税（△未納法人税のマイナス、つまり未収)」と「~~△~~未納住民税（△未納住民税のマイナス、つまり未収)」という形で、税務の純資産として表示することもできます。

事業税は、税務では還付を受ける翌期の益金に算入されるため未収税額を計上しません。

### ③　別表四の記載

未収還付法人税等（仮払税金）に計上した中間分の法人税等は「仮払税金認定損」で減算「留保②」により損金算入するとともに、そのうち損金不算入の法人税（1,200）と住民税（70）を加算「留保②」します。

当期確定分の住民税均等割（10）の未払法人税等への引当額は、「損金経理をした納税充当金」で加算「留保②」します。

別表四　所得の金額の計算に関する明細書

| 区分 | | 総額 | 処分 | | |
|---|---|---|---|---|---|
| | | | 留保 | 社外流出 | |
| | | ① | ② | ③ | |
| 当期利益又は当期欠損の額 | | △　5,000 | △　5,000 | 配当 | |
| | | | | その他 | |
| 加算 | 損金経理をした法人税 | 1,200 | 1,200 | | |
| | 損金経理をした住民税 | 70 | 70 | | |
| | 損金経理をした納税充当金 | 10 | 10 | | |
| | 小計 | 1,280 | 1,280 | | |
| 減算 | 納税充当金から支出した事業税等 | 250 | 250 | | |
| | 仮払税金認定損 | 1,460 | 1,460 | | |
| | 小計 | 1,710 | 1,710 | 外※ | |
| 仮計 | | △　5,430 | △　5,430 | 外※ | |
| 法人税額から控除される所得税額 | | | | その他 | |
| 所得金額又は欠損金額 | | △　5,430 | △　5,430 | 外※ | |

### ④　別表五(一)の純資産

会計で資産計上した未収還付法人税等を、税務では仮払税金と呼称し税務の資産とは認識せず、別表五(一)の純資産からマイナスします。

その一方で、申告により還付される確定税額を「未収還付法人税」と「未収還付住民税」として別表五(一)の純資産に含めます。

申告書作成ソフトは、一般的に、この形で表示されます。

この記載方法によると、本来は別表四「留保」の計算に含めない確定分の未収還付法人税（1,200）と未収還付住民税（60）が別表五(一)「増③」に含まれてしまうため、別表五(一)と別表四の留保所得がストレートに一致しません。別表五(一)の太枠内の金額（△4,170）から、当期確定分の未収還付法人税（1,200）と未収還付住民税（60）を差し引いた金額が別表四の留保所得（△5,430）と一致します。

| | |
|---|---|
| 別表五(一)の太枠内の金額 | △ 4,170 |
| 未収還付法人税 | △ 1,200 |
| 未収還付住民税 | △ 60 |
| 別表四の留保所得 | △ 5,430 |

**別表五(一)　利益積立金額の計算に関する明細書**

| Ⅰ　利益積立金額の計算に関する明細書 | | | | | | |
|---|---|---|---|---|---|---|
| 区分 | | 期首現在利益積立金額 | 当期の増減 減 | 当期の増減 増 | | 差引翌期首現在利益積立金額 |
| | | ① | ② | ③ | | ④ |
| 利益準備金 | | | | | | |
| 仮払税金 | | | | △ 1,460 | | △ 1,460 |
| 未収還付法人税 | | | | 1,200 | | 1,200 |
| 未収還付住民税 | | | | 60 | | 60 |
| 繰越損益金（損は赤） | | 252,740 | 252,740 | 247,740 | | 247,740 |
| 納税充当金 | | 1,400 | 1,400 | 10 | | 10 |
| 未納法人税等 | 未納法人税（附帯税を除く） | △ 1,000 | △ 1,000<br>△ 1,200 | 中間 | △ 1,200 | △ 0 |
| | | | | 確定 | △ 0 | |
| | 未納道府県民税（均等割額を含む） | △ 150 | △ 150<br>△ 70 | 中間 | △ 70 | △ 10 |
| | | | | 確定 | △ 10 | |
| | 未納市町村民税（均等割額を含む） | △ | △ | 中間 | △ | |
| | | | | 確定 | △ | |
| 差引合計額 | | 252,990 | 251,720 | 246,270 | | 247,540 |

注意　実際の別表五(一)の未納法人税等「減②」は合計して１行で記載します。

### ⑤ もう１つの別表五(一)の“しぶい”記載方法

確定申告による還付税額を、未納法人税等の欄で「△印」を二重線で取り消す形で、「~~△~~未納法人税」（△未納法人税のマイナス、つまり未収法人税）と「~~△~~未納住民税」（△未納住民税のマイナス、つまり未収住民税）として記載することもできます。

会計で資産計上した未収還付法人税等（仮払税金）を別表五(一)の純資産からマイナスする一方で、申告により還付される確定税額を「~~△~~未納法人税」と「~~△~~未納住民税」で税務の純資産に含めます。この記載方法では、別表五(一)の太枠内の金額と別表四の留保所得が一致します。

会計では、中間分の事業税（200）を未収計上しますが、税務では現金主義で益金算入するため未収計上しません。その結果、税務の純資産は、会計の純資産より未収事業税（200）に相当する額だけ小さくなります。

別表四の留保所得　△5,430

**別表五(一)　利益積立金額の計算に関する明細書**

<table>
<tr><th colspan="7">Ⅰ　利益積立金額の計算に関する明細書</th></tr>
<tr><th colspan="2" rowspan="3">区　　分</th><th rowspan="2">期首現在<br>利益積立金額</th><th colspan="3">当期の増減</th><th rowspan="2">差引翌期首現在<br>利益積立金額</th></tr>
<tr><th>減</th><th colspan="2">増</th></tr>
<tr><th>①</th><th>②</th><th colspan="2">③</th><th>④</th></tr>
<tr><td colspan="2">利益準備金</td><td></td><td></td><td colspan="2"></td><td></td></tr>
<tr><td colspan="2"></td><td></td><td></td><td colspan="2"></td><td></td></tr>
<tr><td colspan="2">仮払税金</td><td></td><td></td><td colspan="2">△ 1,460</td><td>△ 1,460</td></tr>
<tr><td colspan="2">繰越損益金（損は赤）</td><td>252,740</td><td>252,740</td><td colspan="2">247,740</td><td>247,740</td></tr>
<tr><td colspan="2">納税充当金</td><td>1,400</td><td>1,400</td><td colspan="2">10</td><td>10</td></tr>
<tr><td rowspan="6">未納法人税等</td><td rowspan="2">未納法人税<br>（附帯税を除く）</td><td rowspan="2">△ 1,000</td><td rowspan="2">△ 1,000<br>△ 1,200</td><td>中間</td><td>△ 1,200</td><td rowspan="2">~~△~~ 1,200</td></tr>
<tr><td>確定</td><td>~~△~~ 1,200</td></tr>
<tr><td rowspan="2">未納道府県民税<br>（均等割額を含む）</td><td rowspan="2">△ 150</td><td rowspan="2">△ 150<br>△ 70</td><td>中間</td><td>△ 70</td><td rowspan="2">~~△~~ 60<br>△ 10</td></tr>
<tr><td>確定</td><td>~~△~~ 50</td></tr>
<tr><td rowspan="2">未納市町村民税<br>（均等割額を含む）</td><td rowspan="2">△</td><td rowspan="2">△</td><td>中間</td><td>△</td><td rowspan="2"></td></tr>
<tr><td>確定</td><td>△</td></tr>
<tr><td colspan="2">差引合計額</td><td>252,990</td><td>251,720</td><td colspan="2">246,270</td><td>247,540</td></tr>
</table>

注意　実際の別表五(一)の未納法人税等「減②」は合計して１行で記載します。住民税の法人税割~~△~~60と均等割10は相殺後の金額~~△~~50で表示します。

## ⑥　もう１つの別表四の記載方法〈総額表示〉

別表四の記載方法には、別表五(一)の法人税等の動きと合わせる形で、以下のように総額表示により記載する方法もあります。

この場合は、前期分の法人税等（1,400）を「納税充当金から支出した事業税等」で減算したうえで、損金不算入の法人税2,200（前期確定分1,000と中間分1,200の合計額）と住民税220（前期確定分150と中間分70の合計額）を加算します。あわせて、当期確定分の住民税均等割（10）の未払法人税等への引当額も加算します。

別表四　所得の金額の計算に関する明細書

| 区分 | | 総額 | 処分 | | |
|---|---|---|---|---|---|
| | | | 留保 | 社外流出 | |
| | | ① | ② | ③ | |
| 当期利益又は当期欠損の額 | | △　5,000 | △　5,000 | 配当 | |
| | | | | その他 | |
| 加算 | 損金経理をした法人税 | 2,200 | 2,200 | | |
| | 損金経理をした住民税 | 220 | 220 | | |
| | 損金経理をした納税充当金 | 10 | 10 | | |
| | 小計 | 2,430 | 2,430 | | |
| 減算 | 納税充当金から支出した事業税等 | 1,400 | 1,400 | | |
| | 仮払税金認定損 | 1,460 | 1,460 | | |
| | 小計 | 2,860 | 2,860 | 外※ | |
| 仮計 | | △　5,430 | △　5,430 | 外※ | |
| 法人税額から控除される所得税額 | | | | その他 | |
| 所得金額又は欠損金額 | | △　5,430 | △　5,430 | 外※ | |

法人税等に関する税務調整を別表四で総額表示すれば別表五(一)の当期の増減とピッタリ合います。

### ⑦ 別表五(二)の記載

中間分の法人税と住民税は「損金経理による納付⑤」に記載し、当期確定分は「当期発生税額②」と「期末現在未納税額⑥」に「△印」を付けて記載します。別表五(二)の期末未納税額の△表示は申告により還付される確定税額、つまり未収税額を意味します。

法人税と住民税の「△期末未納税額」は翌期に引き継ぎますが、事業税は現金主義で益金算入するため期末の記載欄はありません。

住民税均等割の確定要納付額（10）のみ未納税額として計上されます。

会計の未払法人税等（10）を期末納税充当金として翌期に引き継ぎます。

別表五(二)　租税公課の納付状況等に関する明細書

| 税目及び事業年度 | | 期首現在未納税額 | 当期発生税額 | 当期中の納付税額 | | | 期末現在未納税額①＋②－③－④－⑤ |
|---|---|---|---|---|---|---|---|
| | | | | 充当金取崩しによる納付 | 仮払経理による納付 | 損金経理による納付 | |
| | | ① | ② | ③ | ④ | ⑤ | ⑥ |
| 法人税 | 前期分 | 1,000 | | 1,000 | | | 0 |
| | 当期分中間 | | 1,200 | | | 1,200 | 0 |
| | 当期分確定 | | △ 1,200 | | | | △ 1,200 |
| | 計 | 1,000 | 0 | 1,000 | | 1,200 | △ 1,200 |
| 住民税 | 前期分 | 150 | | 150 | | | 0 |
| | 当期分中間 | | 70 | | | 70 | 0 |
| | 当期分確定 | | △ 60<br>10 | | | | △ 60<br>10 |
| | 計 | 150 | 20 | 150 | | 70 | △ 50 |
| 事業税 | 前期分 | | 250 | 250 | | | 0 |
| | 当期中間分 | | 200 | | | 200 | 0 |
| | 計 | | 450 | 250 | | 200 | 0 |

納税充当金の計算

| | | | | | |
|---|---|---|---|---|---|
| 期首納税充当金 | | 1,400 | 取崩額 | その他　損金算入のもの | |
| 繰入額 | 損金経理をした納税充当金 | 10 | | その他　損金不算入のもの | |
| | | | | | |
| | 計 | 10 | | その他　仮払税金消却 | |
| 取崩 | 法人税と住民税 | 1,150 | | 計 | 1,400 |
| | 事業税 | 250 | 期末納税充当金 | | 10 |

## ⑧　税金勘定の動きとタックス・プルーフ

### ◆　当期の税金勘定の動き　◆

（　　）は貸方

(法人税等の合計税率：31.5%、実効税率：30%とする)

| | | 未払法人税等(B/S) | 未収還付法人税等(B/S) | 法人税等(P/L) |
|---|---|---|---|---|
| 期　首 | | (1,400) | | |
| 前期確定分支払 | 法人税 | 1,000 | | |
| | 住民税 | 150 | | |
| | 事業税 | 250 | | |
| 中間納付 | 法人税 | | | 1,200 |
| | 住民税 | | | 70 |
| | 事業税 | | | 200 |
| 決算整理 | | | 1,460 | (1,460) |
| 期末引当計上 | | (　10) | | 10 |
| 合　計 | | (　10) | 1,460 | 20 |

未払事業税の期中増減額、繰越欠損金の期中増減額にかかる一時差異と均等割を考慮に入れると、税引前当期純利益と法人税等は実効税率30%で対応しています。

### ◆　タックス・プルーフ　◆

| | 期首 | 期末 | 差 | 金額 | | 税率 |
|---|---|---|---|---|---|---|
| 税引前当期純損失 | | | | △ 4,980 | | 100.00% |
| 法人税等 | | | | 20 | | △0.4016% |
| 永久差異による調整 | | | | 0 | | 0 |
| 期間差異項目 | 期首 | 期末 | 差 | | | |
| 未払事業税 | 250 | (200) | (450) | 135 | (注1) | |
| 繰越欠損金 | | 5,430 | 5,430 | △ 1,629 | (注2) | |
| 均等割 | | | | △ 20 | | |
| 合 計 | | | | △ 1,494 | | 30.00% |

(注１) 未払事業税の期中減少額 450 × 30% = 135
(注２) 欠損金の期中増加額 5,430 × 30% = 1,629

## （3）翌期に当期中間納付分が還付される

### ①　会計処理

翌期において当期中間分の法人税等1,460が還付され未収還付法人税等を消去するとともに、住民税均等割10を支払った。

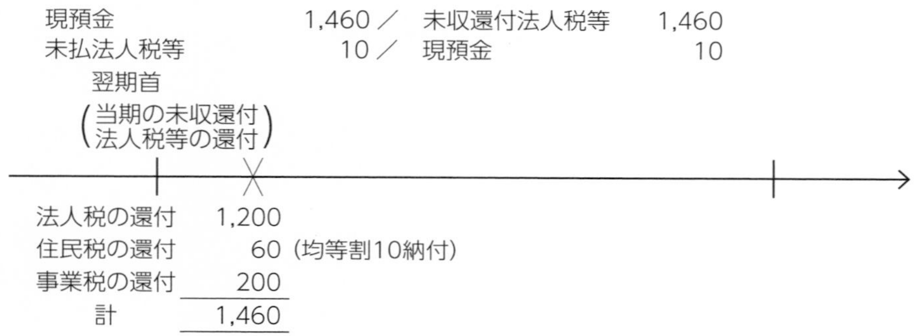


### ②　別表四の記載

別表四　所得の金額の計算に関する明細書

| 区分 | | 総額 ① | 処分 留保 ② | 処分 社外流出 ③ | |
|---|---|---|---|---|---|
| 当期利益又は当期欠損の額 | | | | 配当<br>その他 | |
| 加算 | 損金経理をした法人税 | | | | |
| | 損金経理をした住民税 | | | | |
| | 損金経理をした納税充当金 | | | | |
| | 仮払税金還付額 | 1,460 | 1,460 | | |
| | 小　計 | 1,460 | 1,460 | | |
| 減算 | 納税充当金から支出した事業税等 | | | | |
| | 法人税等の中間納付額及び過誤納に係る還付金額 | 1,260 | 1,260 | | |
| | 小　計 | 1,260 | 1,260 | 外※ | |
| 仮　計 | | 200 | 200 | 外※ | |
| 法人税額から控除される所得税額 | | | | その他 | |
| 所得金額又は欠損金額 | | 200 | 200 | 外※ | |

当期決算で計上した未収還付法人税等の還付額（1,460）を「仮払税金還付額」で加算「留保②」して益金算入するとともに、そのうち益金に算入されない法人税（1,200）と住民税（60）の合計額（1,260）を減算「留保②」で益金不算入とします。

その結果、還付を受けた日に現金主義で益金算入される事業税（200）だけが翌期の課税所得に含まれます。

### ③　別表五(一)の純資産

法人税等の還付を受けることで、会計で資産計上した未収還付法人税等(仮払税金)（△1,460）が消去され、税務の資産である未収還付法人税（1,200）と未収還付住民税（60）も消去されます。

結果として、翌期の純資産は（200）増加するため、税務と会計の純資産の差異は解消されます。

別表四の留保所得　200

別表五(一)　利益積立金額の計算に関する明細書

| Ⅰ　利益積立金額の計算に関する明細書 | | | | | | |
|---|---|---|---|---|---|---|
| 区分 | | 期首現在利益積立金額 | 当期の増減 | | | 差引翌期首現在利益積立金額 |
| | | | 減 | 増 | | |
| | | ① | ② | ③ | | ④ |
| 利益準備金 | | | | | | |
| 仮払税金 | | △　1,460 | △　1,460 | | | |
| 未収還付法人税 | | 1,200 | 1,200 | | | |
| 未収還付住民税 | | 60 | 60 | | | |
| 繰越損益金（損は赤） | | | | | | |
| 納税充当金 | | 10 | 10 | | | |
| 未納法人税等 | 未納法人税(附帯税を除く) | △　0 | △　0 | 中間 | △ | △ |
| | | | | 確定 | △ | |
| | 未納道府県民税(均等割額を含む) | △　10 | △　10 | 中間 | △ | △ |
| | | | | 確定 | △ | |
| | 未納市町村民税(均等割額を含む) | △ | △ | 中間 | △ | |
| | | | | 確定 | △ | |
| 差引合計額 | | △　200 | △　200 | | | |

### ④　別表五(一)のもう１つの“しぶい”記載方法を引き継いだ場合

会計で資産計上した未収還付法人税等（仮払税金）を消去することで、税務の純資産は（1,460）増えます。その一方で、税務の資産である~~△~~未納法人税（1,200）、~~△~~未納住民税（50）、納税充当金（10）が消去されるため、税務の純資産は（1,260）減少します。

結果として、翌期の純資産は（200）増加するため、税務と会計の純資産の差異は解消されます。

別表四の留保所得　200

**別表五(一)　利益積立金額の計算に関する明細書**

| Ⅰ　利益積立金額の計算に関する明細書 | | | | | | |
|---|---|---|---|---|---|---|
| 区分 | | 期首現在利益積立金額 | 当期の増減 減 | 当期の増減 増 | | 差引翌期首現在利益積立金額 |
| | | ① | ② | ③ | | ④ |
| 利益準備金 | | | | | | |
| | | | | | | |
| 仮払税金 | | △ 1,460 | △ 1,460 | | | |
| 繰越損益金（損は赤） | | | | | | |
| 納税充当金 | | 10 | 10 | | | |
| 未納法人税等 | 未納法人税（附帯税を除く） | ~~△~~ 1,200 | ~~△~~ 1,200 | 中間 | △ | △ |
| | | | | 確定 | △ | |
| | 未納道府県民税（均等割額を含む） | ~~△~~ 60<br>△ 10 | ~~△~~ 60<br>△ 10 | 中間 | △ | △ |
| | | | | 確定 | △ | |
| | 未納市町村民税（均等割額を含む） | △ | △ | 中間 | △ | |
| | | | | 確定 | △ | |
| 差引合計額 | | △ 200 | △ 200 | | | |

注意　実際の別表五（一）の未納法人税等「減②」は合計して１行で記載します。
住民税の法人税割~~△~~60と均等割10は相殺後の金額~~△~~50で表示します。

## ⑤　別表五(二)への記載

法人税と住民税の「△期首現在未納税額①」つまり未収税額を「仮払経理による納付④」の欄に記載することで消去します。

別表五(二)　租税公課の納付状況等に関する明細書

| 税目及び事業年度 | | 期首現在未納税額 | 当期発生税額 | 当期中の納付税額 | | | 期末現在未納税額①＋②－③－④－⑤ |
|---|---|---|---|---|---|---|---|
| | | | | 充当金取崩しによる納付 | 仮払経理による納付 | 損金経理による納付 | |
| | | ① | ② | ③ | ④ | ⑤ | ⑥ |
| 法人税 | 前期分 | △　1,200 | | | △　1,200 | | |
| | 当期分中間 | | | | | | |
| | 当期分確定 | | | | | | |
| | 計 | △　1,200 | | | △　1,200 | | |
| 住民税 | 前期分 | △　50 | | 10 | △　60 | | |
| | 当期分中間 | | | | | | |
| | 当期分確定 | | | | | | |
| | 計 | △　50 | | 10 | △　60 | | |
| 事業税 | 前期分 | | △　200 | | △　200 | | |
| | 当期中間分 | | | | | | |
| | 計 | | △　200 | | △　200 | | |

納税充当金の計算

| | | | | | | |
|---|---|---|---|---|---|---|
| 期首納税充当金 | | 10 | 取崩額 | その他 | 損金算入のもの | |
| 繰入額 | 損金経理をした納税充当金 | | | | 損金不算入のもの | |
| | | | | | | |
| | 計 | | | | 仮払税金消却 | |
| 取崩 | 法人税と住民税 | 10 | | 計 | | 10 |
| | 事業税 | | 期末納税充当金 | | | 0 |

# 2 中間分を損金経理で納付、一部が還付となり未収計上する

## （1）中間分の法人税等を「損金経理」により納付する

### ①　会計処理

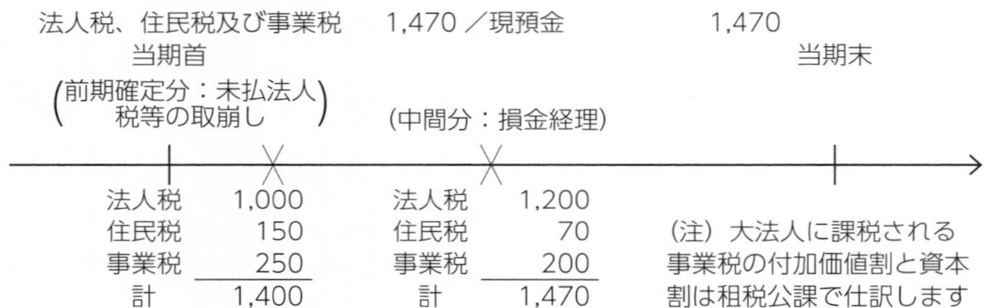


### ②　別表四の記載　※この段階では、法人税等についてのみ記載※

損金経理により納付した中間分の法人税（1,200）と住民税（70）は損金不算入のため加算「留保②」し、税務上の留保所得は（1,020）となります。

別表四　所得の金額の計算に関する明細書

| 区分 | | 総額 | 処分 | | |
|---|---|---|---|---|---|
| | | | 留保 | 社外流出 | |
| | | ① | ② | ③ | |
| 当期利益又は当期欠損の額 | | | | 配当 | |
| | | | | その他 | |
| 加算 | 損金経理をした法人税 | 1,200 | 1,200 | | |
| | 損金経理をした住民税 | 70 | 70 | | |
| | 損金経理をした納税充当金 | | | | |
| | 小計 | 1,270 | 1,270 | | |
| 減算 | 納税充当金から支出した事業税等 | 250 | 250 | | |
| | 小計 | 250 | 250 | 外※ | |
| 仮計 | | 1,020 | 1,020 | 外※ | |
| 法人税額から控除される所得税額 | | | | その他 | |
| 所得金額又は欠損金額 | | 1,020 | 1,020 | 外※ | |

### ③　別表五(一)の純資産

未納法人税等の「減②」は、前期確定分と中間分の納付による未納法人税等の減少の合計額を記載します。未納法人税等（税務の純資産の△項目）が減少することは、純資産のマイナスが取り消されることを意味します。

中間分の法人税と住民税は、発生を未納法人税等の増加として「増③」に、納付を未納法人税等の減少として「減②」に記載します。増減を両建てで記載しますので、結果として、純資産の残高には影響を及ぼしません。

一方、支払日に損金算入される事業税の中間分は、会計でも費用処理しているため、税務調整は不要です。

別表四の留保所得　1,020

別表五(一)　利益積立金額の計算に関する明細書

| Ⅰ　利益積立金額の計算に関する明細書 | | | | | |
|---|---|---|---|---|---|
| 区分 | | 期首現在利益積立金額 | 当期の増減 | | 差引翌期首現在利益積立金額 |
| | | | 減 | 増 | |
| | | ① | ② | ③ | ④ |
| 利益準備金 | | | | | |
| | | | | | |
| 繰越損益金（損は赤） | | | | | |
| 納税充当金 | | 1,400 | 1,400 | | 0 |
| 未納法人税等 | 未納法人税（附帯税を除く） | △　1,000 | △　1,000<br>△　1,200 | 中間　△　1,200<br>確定　△ | △　0 |
| | 未納道府県民税（均等割額を含む） | △　150 | △　150<br>△　70 | 中間　△　70<br>確定　△ | △　0 |
| | 未納市町村民税（均等割額を含む） | △ | △ | 中間　△<br>確定　△ | △ |
| 差引合計額 | | 250 | △　1,020 | △　1,270 | 0 |

注意　実際の別表五(一)の未納法人税等「減②」は合計して１行で記載します。

## ④　別表五(二)の記載

中間分の法人税等は「損金経理による納付⑤」に記載します。

別表五(二)　租税公課の納付状況等に関する明細書

| 税目及び事業年度 | | 期首現在未納税額 | 当期発生税額 | 当期中の納付税額<br>充当金取崩しによる納付 | 仮払経理による納付 | 損金経理による納付 | 期末現在未納税額①＋②－③－④－⑤ |
|---|---|---|---|---|---|---|---|
| | | ① | ② | ③ | ④ | ⑤ | ⑥ |
| 法人税 | 前期分 | 1,000 | | 1,000 | | | 0 |
| | 当期分中間 | | 1,200 | | | 1,200 | 0 |
| | 当期分確定 | | | | | | |
| | 計 | 1,000 | 1,200 | 1,000 | | 1,200 | 0 |
| 住民税 | 前期分 | 150 | | 150 | | | 0 |
| | 当期分中間 | | 70 | | | 70 | 0 |
| | 当期分確定 | | | | | | |
| | 計 | 150 | 70 | 150 | | 70 | 0 |
| 事業税 | 前期分 | | 250 | 250 | | | 0 |
| | 当期中間分 | | 200 | | | 200 | 0 |
| | 計 | | 450 | 250 | | 200 | 0 |

納税充当金の計算

| | | | | | | |
|---|---|---|---|---|---|---|
| 期首納税充当金 | | 1,400 | 取崩額 | その他 | 損金算入のもの | |
| 繰入額 | 損金経理をした納税充当金 | | | | 損金不算入のもの | |
| | | | | | | |
| | 計 | | | | 仮払税金消却 | |
| 取崩 | 法人税と住民税 | 1,150 | | 計 | | 1,400 |
| | 事業税 | 250 | 期末納税充当金 | | | 0 |

### ⑤　決算の確定と法人税等の計算

この段階の当期純利益を基に、税金引当前の別表四で課税所得（1,000）、当期確定分の要納付額と還付税額を計算します。

「税金引当前の別表四→課税所得の計算→未払法人税等の引当て→貸借対照表・損益計算書・別表四を完成！」の作業は第５章を参照してください。

「法人税等」整理前の貸借対照表

| 資産の部 | | 負債の部 | |
|---|---|---|---|
| 流動資産 | 298,855 | 未払法人税等 | 0 |
| ： | ： | その他の負債 | 496,135 |
| | | 負債合計 | 496,135 |
| 固定資産 | 500,000 | 純資産の部 | |
| ： | ： | 資本金 | 50,000 |
| | | 繰越利益剰余金 | 252,720 |
| | | 純資産合計 | 302,720 |
| 資産合計 | 798,855 | 負債純資産合計 | 798,855 |

（注）　期首の繰越利益剰余金　252,740

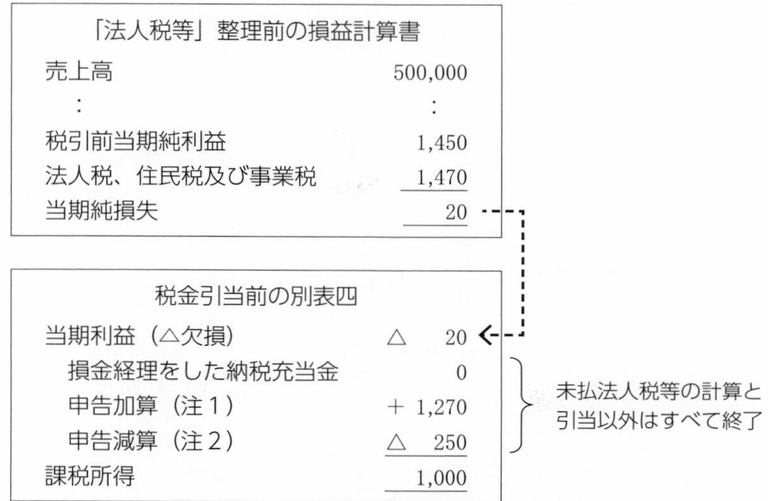

| 「法人税等」整理前の損益計算書 | |
|---|---|
| 売上高 | 500,000 |
| ： | ： |
| 税引前当期純利益 | 1,450 |
| 法人税、住民税及び事業税 | 1,470 |
| 当期純損失 | 20 |

| 税金引当前の別表四 | |
|---|---|
| 当期利益（△欠損） | △　20 |
| 損金経理をした納税充当金 | 0 |
| 申告加算（注１） | ＋ 1,270 |
| 申告減算（注２） | △　250 |
| 課税所得 | 1,000 |

未払法人税等の計算と
引当以外はすべて終了

（注１）損金経理した法人税（1,200）と損金経理した住民税（70）
（注２）納税充当金から支出した事業税（250）

## ◆ 法人税等の計算 ◆

| | | |
|---|---|---|
| 法人税（地方法人税を含む） | 1,000 × 25％＝ | 250 |
| 住民税法人税割 | 250 × 6％＝ | 15 |
| (課税所得に対して 1.5％) | | |
| 均等割 | | 20／年（中間 10） |
| 事業税 | 1,000 × 5％＝ | 50 |
| | 年税額 | 335 |

| 税　目 | 年税額 | 中間納付額 | 還付額 | 要納付額 |
|---|---|---|---|---|
| 法人税 | 250 | 1,200 | 950 | 0 |
| 住民税 | 35 | 70 | 45 | 10 |
| 事業税 | 50 | 200 | 150 | 0 |
| 合　計 | 335 | 1,470 | 1,145 | 10 |

## ◆ 未収還付法人税等と未払法人税等を計上後の決算書 ◆

### 貸借対照表

| 資産の部 | | 負債の部 | |
|---|---|---|---|
| 流動資産 | 300,000 | 未払法人税等 | 10 |
| ： | ： | その他の負債 | 496,135 |
| 未収還付法人税等 | 1,145 | 負債合計 | 496,145 |
| その他の資産 | 298,855 | 純資産の部 | |
| ： | ： | 資本金 | 50,000 |
| 固定資産 | 500,000 | 繰越利益剰余金 | 253,855 |
| ： | ： | 純資産合計 | 303,855 |
| 資産合計 | 800,000 | 負債純資産合計 | 800,000 |

(注) 前期末の繰越利益剰余金　252,740

### 損益計算書

| | |
|---|---|
| 売上高 | 500,000 |
| ： | ： |
| 税引前当期純利益 | 1,450 |
| 法人税、住民税及び事業税 | 335 |
| 当期純利益 | 1,115 |

## (2) 当期確定分を未収還付法人税等と未払法人税等に計上する

### ①　会計処理

当期決算で利益1,115となり、中間納付分（1,470）のうち還付される税額（1,145）を未収還付法人税等に、確定分の均等割の要納付額（10）を未払法人税等に計上した。

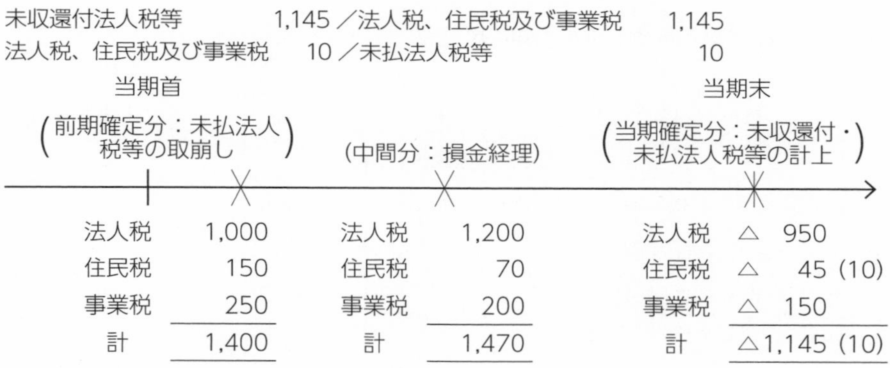


### ②　税務調整

別表四では、中間納付額を「損金経理をした法人税」と「損金経理をした住民税」で加算「留保②」したうえで、未収還付法人税等（1,145）を「仮払税金認定損」として減算「留保②」します。

会計で資産計上した未収還付法人税等を税務では「仮払税金」と呼称し税務の資産と認識せず、別表五(一)で純資産からマイナスします。

その一方で、申告により還付される確定税額を「未収還付法人税」と「未収還付住民税」として税務の純資産に含めます。

なお別表五(一)で、還付税額を「未収還付法人税」と「未収還付住民税」ではなく、「≙未納法人税（△未納法人税のマイナス、つまり未収）」と「≙未納住民税（△未納住民税のマイナス、つまり未収）」という形で、税務の純資産として表示することもできます。

事業税は、税務では還付を受ける翌期の益金に算入されるため未収税額を計上しません。

### ③　別表四の留保所得

未収還付法人税等（仮払税金）に計上した中間分の法人税等（△1,145）は「仮払税金認定損」で減算「留保②」により損金算入するとともに、損金不算入の法人税（1,200）と住民税（70）を加算「留保②」します。

当期確定分の住民税均等割（10）の未払法人税等への引当額は、「損金経理をした納税充当金」で加算「留保②」します。

別表四　所得の金額の計算に関する明細書

| 区分 | | 総額 | 処分 | | |
|---|---|---|---|---|---|
| | | | 留保 | 社外流出 | |
| | | ① | ② | ③ | |
| 当期利益又は当期欠損の額 | | 1,115 | 1,115 | 配当<br>その他 | |
| 加算 | 損金経理をした法人税 | 1,200 | 1,200 | | |
| | 損金経理をした住民税 | 70 | 70 | | |
| | 損金経理をした納税充当金 | 10 | 10 | | |
| | 小計 | 1,280 | 1,280 | | |
| 減算 | 納税充当金から支出した事業税等 | 250 | 250 | | |
| | 仮払税金認定損 | 1,145 | 1,145 | | |
| | 小計 | 1,395 | 1,395 | 外※ | |
| 仮計 | | 1,000 | 1,000 | 外※ | |
| 法人税額から控除される所得税額 | | | | その他 | |
| 所得金額又は欠損金額 | | 1,000 | 1,000 | 外※ | 0 |

### ④　別表五(一)の純資産

会計で資産計上した未収還付法人税等を、税務では仮払税金と呼称し、税務の資産と認識せず別表五(一)の純資産からマイナスします。

その一方で、申告により還付される確定税額を「未収還付法人税」と「未収還付住民税」として別表五(一)の純資産に含めます。

申告書作成ソフトは、一般的に、この形で表示されます。

この記載方法によると、本来は別表四「留保」の計算に含めない確定分の未収還付法人税（950）と未収還付住民税（45）が別表五(一)「増③」に含まれてしまうため、別表五(一)と別表四の留保所得がストレートに一致しません。別表五(一)の太枠内の金額（1,995）から、当期確定分の未収還付法人税（950）と未収還付住民税（45）を差し引いた金額が別表四の留保所得（1,000）と一致します。

| | |
|---|---|
| 別表五(一)の太枠内の金額 | 1,995 |
| 未収還付法人税 | △　950 |
| 未収還付住民税 | △　45 |
| 別表四の留保所得 | 1,000 |

**別表五(一)　利益積立金額の計算に関する明細書**

| Ⅰ　利益積立金額の計算に関する明細書 | | | | | |
|---|---|---|---|---|---|
| 区　分 | | 期首現在利益積立金額 | 当期の増減 | | 差引翌期首現在利益積立金額 |
| | | | 減 | 増 | |
| | | ① | ② | ③ | ④ |
| 利益準備金 | | | | | |
| 仮払税金 | | | | △　1,145 | △　1,145 |
| 未収還付法人税 | | | | 950 | 950 |
| 未収還付住民税 | | | | 45 | 45 |
| 繰越損益金（損は赤） | | 252,740 | 252,740 | 253,855 | 253,855 |
| 納税充当金 | | 1,400 | 1,400 | 10 | 10 |
| 未納法人税等 | 未納法人税（附帯税を除く） | △　1,000 | △　1,000<br>△　1,200 | 中間 △　1,200<br>確定 △ | △ |
| | 未納道府県民税（均等割額を含む） | △　150 | △　150<br>△　70 | 中間 △　70<br>確定 △　10 | △　10 |
| | 未納市町村民税（均等割額を含む） | △ | △ | 中間 △<br>確定 △ | |
| 差引合計額 | | 252,990 | 251,720 | 252,435 | 253,705 |

注意　実際の別表五(一)の未納法人税等「減②」は合計して１行で記載します。

### ⑤　もう１つの別表五(一)の“しぶい”記載方法

確定申告による還付税額を、未納法人税等の欄で「△印」を二重線で取り消す形で、「~~△~~未納法人税」（△未納法人税のマイナス、つまり未収法人税）と「~~△~~未納住民税」（△未納住民税のマイナス、つまり未収住民税）として記載することもできます。

会計で資産計上した未収還付法人税等（仮払税金）を別表五(一)の純資産からマイナスする一方で、申告により還付される確定税額を「~~△~~未納法人税」と「~~△~~未納住民税」で税務の純資産に含めます。この記載方法では、別表五(一)の太枠内の金額と別表四の留保所得が一致します。

なお会計では、中間分の事業税（150）を未収計上しますが、税務では現金主義で益金算入するため未収計上しません。その結果、税務の純資産は会計の純資産より未収事業税（150）に相当する額だけ小さくなります。

別表四の留保所得 1,000

別表五(一)　利益積立金額の計算に関する明細書

<table>
<tr><th colspan="8">Ⅰ　利益積立金額の計算に関する明細書</th></tr>
<tr><th colspan="2" rowspan="3">区　　分</th><th rowspan="2">期首現在<br>利益積立金額</th><th colspan="3">当期の増減</th><th rowspan="2">差引翌期首現在<br>利益積立金額</th></tr>
<tr><th>減</th><th colspan="2">増</th></tr>
<tr><th>①</th><th>②</th><th colspan="2">③</th><th>④</th></tr>
<tr><td colspan="2">利益準備金</td><td></td><td></td><td colspan="2"></td><td></td></tr>
<tr><td colspan="2">仮払税金</td><td></td><td></td><td colspan="2">△ 1,145</td><td>△ 1,145</td></tr>
<tr><td colspan="2">繰越損益金（損は赤）</td><td>252,740</td><td>252,740</td><td colspan="2">253,855</td><td>253,855</td></tr>
<tr><td colspan="2">納税充当金</td><td>1,400</td><td>1,400</td><td colspan="2">10</td><td>10</td></tr>
<tr><td rowspan="6">未納法人税等</td><td rowspan="2">未納法人税<br>（附帯税を除く）</td><td rowspan="2">△ 1,000</td><td rowspan="2">△ 1,000<br>△ 1,200</td><td>中間</td><td>△ 1,200</td><td rowspan="2">~~△~~ 950</td></tr>
<tr><td>確定</td><td>~~△~~ 950</td></tr>
<tr><td rowspan="2">未納道府県民税<br>（均等割額を含む）</td><td rowspan="2">△ 150</td><td rowspan="2">△ 150<br>△ 70</td><td>中間</td><td>△ 70</td><td rowspan="2">~~△~~ 45<br>△ 10</td></tr>
<tr><td>確定</td><td>~~△~~ 35</td></tr>
<tr><td rowspan="2">未納市町村民税<br>（均等割額を含む）</td><td rowspan="2">△</td><td rowspan="2">△</td><td>中間</td><td>△</td><td rowspan="2"></td></tr>
<tr><td>確定</td><td>△</td></tr>
<tr><td colspan="2">差引合計額</td><td>252,990</td><td>251,720</td><td colspan="2">252,435</td><td>253,705</td></tr>
</table>

注意　実際の別表五(一)の未納法人税等「減②」は合計して１行で記載します。
住民税の法人税割~~△~~45と均等割10は相殺後の金額~~△~~35で表示します。

## ⑥　もう１つの別表四の記載方法〈総額表示〉

別表四の記載方法には、別表五(一)の法人税等の動きと合わせる形で、以下のような総額表示による記載方法もあります。

この場合は、前期分の法人税等（1,400）を「納税充当金から支出した事業税等」で減算したうえで、損金不算入の法人税2,200（前期確定分1,000と中間分1,200の合計額）と住民税220（前期確定分150と中間分70の合計額）を加算します。あわせて、当期確定分の住民税均等割（10）の未払法人税等への引当額も加算します。

別表四　所得の金額の計算に関する明細書

| 区分 | | 総額 | 処分 | | |
|---|---|---|---|---|---|
| | | | 留保 | 社外流出 | |
| | | ① | ② | ③ | |
| 当期利益又は当期欠損の額 | | 1,115 | 1,115 | 配当<br>その他 | |
| 加算 | 損金経理をした法人税 | 2,200 | 2,200 | | |
| | 損金経理をした住民税 | 220 | 220 | | |
| | 損金経理をした納税充当金 | 10 | 10 | | |
| | 小計 | 2,430 | 2,430 | | |
| 減算 | 納税充当金から支出した事業税等 | 1,400 | 1,400 | | |
| | 仮払税金認定損 | 1,145 | 1,145 | | |
| | 小計 | 2,545 | 2,545 | 外※ | |
| 仮計 | | 1,000 | 1,000 | 外※ | |
| 法人税額から控除される所得税額 | | | | その他 | |
| 所得金額又は欠損金額 | | 1,000 | 1,000 | 外※ | |

法人税等に関する税務調整を別表四で総額表示すれば別表五(一)の当期の増減とピッタリ合います。

## ⑦　別表五(二)への記載

中間納付分の法人税等は「損金経理による納付⑤」に記載し、そのうち還付される法人税と住民税を当期確定分の「当期発生税額②」と「期末現在未納税額⑥」に「△印」を付けて記載します。別表五(二)の期末未納税額の△表示は申告により還付される確定税額つまり未収税額を意味します。

法人税と住民税の「△期末未納税額」は翌期に引き継ぎますが、事業税は現金主義で益金算入するため期末の記載欄はありません。

住民税均等割の確定要納付額（10）のみ未納税額として計上されます。

会計の未払法人税等（10）を期末納税充当金として翌期に引き継ぎます。

**別表五(二)　租税公課の納付状況等に関する明細書**

| 税目及び事業年度 | | 期首現在未納税額 | 当期発生税額 | 当期中の納付税額 | | | 期末現在未納税額①＋②－③－④－⑤ |
|---|---|---|---|---|---|---|---|
| | | | | 充当金取崩しによる納付 | 仮払経理による納付 | 損金経理による納付 | |
| | | ① | ② | ③ | ④ | ⑤ | ⑥ |
| 法人税 | 前期分 | 1,000 | | 1,000 | | | 0 |
| | 当期分中間 | | 1,200 | | | 1,200 | 0 |
| | 当期分確定 | | △ 950 | | | | △ 950 |
| | 計 | 1,000 | 250 | 1,000 | | 1,200 | △ 950 |
| 住民税 | 前期分 | 150 | | 150 | | | 0 |
| | 当期分中間 | | 70 | | | 70 | 0 |
| | 当期分確定 | | △ 45<br>10 | | | | △ 45<br>10 |
| | 計 | 150 | 35 | 150 | | 70 | △ 35 |
| 事業税 | 前期分 | | 250 | 250 | | | 0 |
| | 当期中間分 | | 200 | | | 200 | 0 |
| | 計 | | 450 | 250 | | 200 | 0 |

納税充当金の計算

| | | | | | | |
|---|---|---|---|---|---|---|
| 期首納税充当金 | | 1,400 | 取崩額 | その他 | 損金算入のもの | |
| 繰入額 | 損金経理をした納税充当金 | 10 | | | 損金不算入のもの | |
| | | | | | | |
| | 計 | 10 | | | 仮払税金消却 | |
| 取崩 | 法人税と住民税 | 1,150 | | 計 | | 1,400 |
| | 事業税 | 250 | 期末納税充当金 | | | 10 |

## ⑧　税金勘定の動きとタックス・プルーフ

### ◆　当期の税金勘定の動き　◆

（　　）は貸方

(法人税等の合計税率：31.5％、実効税率：30％とする)

| | | 未払法人税等(B/S) | 未収還付法人税等(B/S) | 法人税等 (P/L) |
|---|---|---|---|---|
| 期　首 | | (1,400) | | |
| 前期確定分支払 | 法人税 | 1,000 | | |
| | 住民税 | 150 | | |
| | 事業税 | 250 | | |
| 中間納付 | 法人税 | | | 1,200 |
| | 住民税 | | | 70 |
| | 事業税 | | | 200 |
| 決算整理 | | | 1,145 | (1,145) |
| 期末引当計上 | | (　　10) | | 10 |
| 合　計 | | (　　10) | 1,145 | 335 |

未払事業税の期中増減額にかかる一時差異と均等割を考慮に入れると、税引前当期純利益と法人税等は実効税率30％で対応しています。

### ◆　タックス・プルーフ◆

| | 調整額 | | | 金額 | | 税率 |
|---|---|---|---|---|---|---|
| 税引前当期純利益 | | | | 1,450 | | 100.00％ |
| 法人税等 | | | | 335 | | 23.103％ |
| 永久差異による調整 | | | | 0 | | 0 |
| 期間差異項目 | 期首 | 期末 | 差 | | | |
| 未払事業税 | 250 | (150) | (400) | 120 | (注) | |
| 均等割 | | | | △　20 | | |
| 合 計 | | | | 435 | | 30.00％ |

(注) 未払事業税の期中減少額　400×30％＝120

## （3）翌期に中間納付分の一部が還付されたとき

### ①　会計処理

翌期になり当期の法人税等（1,145）が還付されたときに未収還付法人税等を消去するとともに、住民税均等割10を支払った。

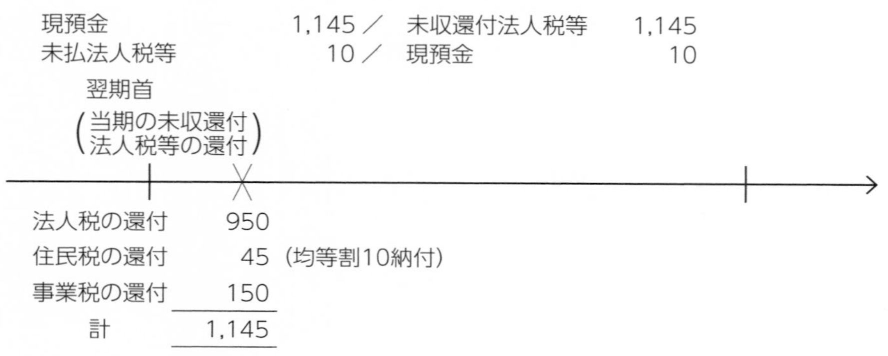


### ②　別表四の記載

**別表四　所得の金額の計算に関する明細書**

| 区分 | | 総額 ① | 処分 留保 ② | 処分 社外流出 ③ | |
|---|---|---|---|---|---|
| 当期利益又は当期欠損の額 | | | | 配当 | |
| | | | | その他 | |
| 加算 | 損金経理をした法人税 | | | | |
| | 損金経理をした住民税 | | | | |
| | 損金経理をした納税充当金 | | | | |
| | 仮払税金還付額 | 1,145 | 1,145 | | |
| | 小計 | 1,145 | 1,145 | | |
| 減算 | 納税充当金から支出した事業税等 | | | | |
| | 法人税等の中間納付額及び過誤納に係る還付金額 | 995 | 995 | | |
| | 小計 | 995 | 995 | 外※ | |
| 仮計 | | 150 | 150 | 外※ | |
| 法人税額から控除される所得税額 | | | | その他 | |
| 所得金額又は欠損金額 | | 150 | 150 | 外※ | 0 |

当期決算で計上した未収還付法人税等の還付額1,145を「仮払税金還付額」として加算「留保②」で益金算入するとともに、そのうち益金不算入である法人税（950）と住民税（45）を減算「留保②」します。

その結果、還付を受けた日に現金主義で益金算入される事業税（150）だけが翌期の課税所得に含まれます。

### ③　別表五(一)の純資産

法人税等の還付を受けることで、会計で資産計上した未収還付法人税等（仮払税金）（△1,145）が消去され、税務の資産である未収還付法人税（950）と未収還付住民税（45）も消去されます。

結果として、翌期の純資産は（150）増加するため、税務と会計の純資産の差異は解消されます。

別表四の留保所得 150

**別表五(一)　利益積立金額の計算に関する明細書**

| Ⅰ　利益積立金額の計算に関する明細書 | | | | | | |
|---|---|---|---|---|---|---|
| 区　分 | | 期首現在利益積立金額 | 当期の増減 | | | 差引翌期首現在利益積立金額 |
| | | | 減 | 増 | | |
| | | ① | ② | ③ | | ④ |
| 利益準備金 | | | | | | |
| 仮払税金 | | △　1,145 | △　1,145 | | | |
| 未収還付法人税 | | 950 | 950 | | | |
| 未収還付住民税 | | 45 | 45 | | | |
| 繰越損益金（損は赤） | | | | | | |
| 納税充当金 | | 10 | 10 | | | |
| 未納法人税等 | 未納法人税（附帯税を除く） | △　0 | △　0 | 中間 | △ | △ |
| | | | | 確定 | △ | |
| | 未納道府県民税（均等割額を含む） | △　10 | △　10 | 中間 | △ | △ |
| | | | | 確定 | △ | |
| | 未納市町村民税（均等割額を含む） | △ | △ | 中間 | △ | |
| | | | | 確定 | △ | |
| 差引合計額 | | △　150 | △　150 | | | |

### ④　もう１つの別表五(一)の“しぶい”記載方法を引き継いだ場合

会計で資産計上した未収還付法人税等（仮払税金）を消去することで、税務の純資産は（1,145）増えます。その一方で、税務の資産である△̶未納法人税（950）、△̶未納住民税（35）、納税充当金（10）が消去されます。

結果として、翌期の純資産は（150）増加するため、税務と会計の純資産の差異は解消します。

別表四の留保所得　150

**別表五(一)　利益積立金額の計算に関する明細書**

| Ⅰ　利益積立金額の計算に関する明細書 | | | | | | |
|---|---|---|---|---|---|---|
| 区分 | | 期首現在利益積立金額 | 当期の増減 | | | 差引翌期首現在利益積立金額 |
| | | | 減 | 増 | | |
| | | ① | ② | ③ | | ④ |
| 利益準備金 | | | | | | |
| | | | | | | |
| 仮払税金 | | △　1,145 | △　1,145 | | | |
| 繰越損益金（損は赤） | | | | | | |
| 納税充当金 | | 10 | 10 | | | |
| 未納法人税等 | 未納法人税（附帯税を除く） | △̶　950 | △̶　950 | 中間 | △ | △ |
| | | | | 確定 | △ | |
| | 未納道府県民税（均等割額を含む） | △̶　45<br>△　10 | △̶　35 | 中間 | △ | △ |
| | | | | 確定 | △ | |
| | 未納市町村民税（均等割額を含む） | △ | △ | 中間 | △ | |
| | | | | 確定 | △ | |
| 差引合計額 | | △　150 | △　150 | | | |

## ⑤　別表五(二)への記載

法人税と住民税の「△期首現在未納税額①」つまり未収税額を「仮払経理による納付④」の欄に記載することで消去します。

別表五(二)　租税公課の納付状況等に関する明細書

| 税目及び事業年度 | | 期首現在未納税額 | 当期発生税額 | 当期中の納付税額 | | | 期末現在未納税額①＋②－③－④－⑤ |
|---|---|---|---|---|---|---|---|
| | | | | 充当金取崩しによる納付 | 仮払経理による納付 | 損金経理による納付 | |
| | | ① | ② | ③ | ④ | ⑤ | ⑥ |
| 法人税 | 前期分 | △　950 | | | △　950 | | |
| | 当期分中間 | | | | | | |
| | 当期分確定 | | | | | | |
| | 計 | △　950 | | | △　950 | | |
| 住民税 | 前期分 | △　45<br>10 | | 10 | △　45 | | |
| | 当期分中間 | | | | | | |
| | 当期分確定 | | | | | | |
| | 計 | △　35 | | 10 | △　45 | | |
| 事業税 | 前期分 | | △　150 | | △　150 | | |
| | 当期中間分 | | | | | | |
| | 計 | | △　150 | | △　150 | | |

納税充当金の計算

| | | | | | |
|---|---|---|---|---|---|
| 期首納税充当金 | | 10 | 取崩額 | その他 損金算入のもの | |
| 繰入額 | 損金経理をした納税充当金 | | | その他 損金不算入のもの | |
| 繰入額 | | | | その他 | |
| 繰入額 | 計 | | | その他 仮払税金消却 | |
| 取崩 | 法人税と住民税 | 10 | 取崩額 | 計 | 10 |
| 取崩 | 事業税 | | 期末納税充当金 | | 0 |

# 3　欠損金の繰越控除と繰戻しによる法人税の還付

## (1)「繰越控除」と「繰戻し還付」の基本をおさらい

税務ではマイナスの所得金額（赤字）を「欠損金」といいます。

欠損金については、繰越控除と繰戻し還付の２つの特例があります。

### ①　青色欠損金の繰越控除

青色申告書を提出した事業年度に生じた欠損金がある場合は、その後10年間（2018年３月31日以前に開始する事業年度に生じた欠損金は９年間）にわたり繰り越して、各年度の所得金額から控除して所得金額を計算します。

資本金１億円超の大法人（更生手続開始の決定等があった日または新設法人の設立日から７年を経過する日までの期間内の事業年度を除く）に対する欠損金の繰越控除は、各年の所得金額の50％相当額を限度とします。

### ②　欠損金の繰戻し還付と「還付請求書」〈中小事業者等が対象〉

青色申告法人である中小企業者等（注）は、欠損金が生じた事業年度（欠損事業年度）の開始前１年以内に開始した事業年度（還付所得事業年度）の所得に対する法人税額の還付を請求することができます。

欠損事業年度の欠損金のうち、繰戻し請求の対象にならなかった金額は、繰越欠損金の損金算入の適用を受けることとなります。

（注）期末資本金１億円以下の普通法人（資本金５億円以上の法人の完全支配関係にある中小法人を除く）

$$\text{還付請求できる額} = \text{還付所得事業年度の法人税額（注１）} \times \frac{\text{欠損事業年度の欠損金額（注２）}}{\text{還付所得事業年度の所得金額}}$$

（注１）所得税額等控除前の金額。法人税額の還付請求により地方法人税も合わせて還付される

（注２）欠損事業年度の欠損金額（分子）が還付所得事業年度の所得金額（分母）を超えるときは、分母の額を限度とする

欠損金の繰戻し還付の適用を受けるためには、欠損金が生じた事業年度について青色申告書である確定申告書を期限内に提出し、かつ、その確定申告書の提出と同時に、納税地の所轄税務署長に対して「還付請求書」を提出する必要があります。

なお、欠損金の繰戻しによる還付請求を行った場合には、原則として、税務調査の対象とされることとなっています。ただ、欠損金の生じた事業年度以後10年間の課税所得でその欠損金が控除しきれないと見込まれる場合は繰戻し還付の適用を受けておかないと不利になります。

## (２)〈事例で確認〉「黒字→赤字→黒字」での法人税申告書

### ①　第１期から第３期の所得金額と法人税等の推移

新規設立した中小法人の所得金額が（10,000→△20,000→14,000）と推移し、第２期には「欠損金（10,000）の繰戻し還付」の請求を行い、残額の欠損金（20,000－10,000＝10,000）を第３期に繰越控除します。

| 第１期 | | 第２期 | | 第３期 | |
|---|---|---|---|---|---|
| 課税所得 | 10,000 | 課税所得 | △20,000 | 課税所得 | 14,000 |
| 繰戻し還付 | △10,000 | | | 繰越控除 | △10,000 |
| | | | | 法人税 | 2,500還付 |
| 法人税 | 2,500 | 法人税 | 0 | 法人税 | 1,000 |
| 住民税 | 170 | 住民税 | 20 | 住民税 | 20 |
| 事業税 | 500 | 事業税 | 0 | 事業税 | 0 |
| 計 | 3,170 | 計 | 20 | 計 | 1,020 |

### ②　繰戻し還付は法人税のみ

欠損金の繰戻し還付は法人税および地方法人税についてのみ認められる制度で、住民税と事業税について同制度は適用されません。

今回の事例で見ると、住民税の計算では欠損金の繰戻しで還付を受けた法人税額（2,500）を翌年以後10年間にわたり法人税割額から控除します。

事業税の計算では、繰戻し還付を受けなかったものとして翌年以後10年間にわたり、所得割から欠損金（20,000）を繰越控除します。

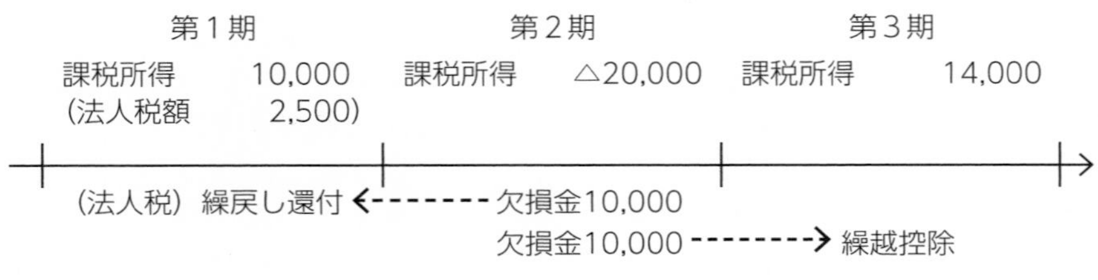


繰越控除の適用を受ける部分の欠損金は、法人税と地方税（住民税と事業税）で同時に減税効果を受けます。繰戻し還付の適用を受ける部分の欠損金は、法人税額は還付により一時に減税効果を受ける一方で、地方税は翌年以後10年間の繰越控除により減税効果を受けます。

そのためタックス・プルーフの計算において、繰越控除を受ける欠損金の期中増減額は法人税等の実効税率30％分の影響額を考慮し、繰戻し還付を受ける欠損金の期中増減額は実効税率から法人税率を控除した税率５％（注）分の影響額を考慮することとなります。（あくまで、第６章と同じ仮に設定した税率です／148頁）

（注）５％　＝　実効税率30％－法人税率25％
　　　　　　＝　住民税率（課税所得に対して1.5％）
　　　　　　　　＋事業税率（５％）－事業税率（５％）×実効税率30％
　※あくまで当事例での仮に設定した税率をベースにした計算です※

欠損金の繰戻し還付および繰越控除を受ける場合の法人税等の計算方法、別表の記載について、第１期から第３期まで順を追って見ていきましょう。

## ③　第１期の決算データ〈黒字〉（注）各税目の税率は第６章と同じ仮定の税率

### ◆　第１期の法人税等の計算と決算書　◆

| | | | |
|---|---|---|---|
| 法人税（地方法人税を含む） | 10,000 × | 25%＝ | 2,500 |
| 住民税（都民税）法人税割<br>（課税所得に対して1.5%） | 2,500 × | 6%＝ | 150 |
| 均等割 | | | 20／年 |
| 事業税 | 10,000 × | 5%＝ | 500 |
| | | 年税額 | 3,170 |

上記の申告による納付すべき確定税額を未払法人税等に計上する
法人税、住民税及び事業税　3,170　／未払法人税等　3,170

**貸借対照表**

| 資産の部 | | 負債の部 | |
|---|---|---|---|
| 流動資産 | 300,000 | 未払法人税等 | 3,170 |
| ： | ： | その他の負債 | 740,000 |
| | | 負債合計 | 743,170 |
| 固定資産 | 500,000 | 純資産の部 | |
| ： | ： | 資本金 | 50,000 |
| | | 繰越利益剰余金 | 6,830 |
| | | 純資産合計 | 56,830 |
| 資産合計 | 800,000 | 負債純資産合計 | 800,000 |

**損益計算書**

| | |
|---|---|
| 売上高 | 500,000 |
| ： | ： |
| 税引前当期純利益 | 10,000 |
| 法人税、住民税及び事業税 | 3,170 |
| 当期純利益 | 6,830 |

### ④　第１期の別表四

別表四は税引後当期純利益（6,830）からスタートして，損金経理をした未払法人税等（納税充当金）の引当額（3,170）を加算します。

別表四　所得の金額の計算に関する明細書

| 区分 | | 総額 | 処分 | | |
|---|---|---|---|---|---|
| | | | 留保 | 社外流出 | |
| | | ① | ② | ③ | |
| 当期利益又は当期欠損の額 | | 6,830 | 6,830 | 配当 | |
| | | | | その他 | |
| 加算 | 損金経理をした法人税 | | | | |
| | 損金経理をした住民税 | | | | |
| | 損金経理をした納税充当金 | 3,170 | 3,170 | | |
| | 小計 | 3,170 | 3,170 | | |
| 減算 | 納税充当金から支出した事業税等 | | | | |
| | | | | ※ | |
| | 小計 | | | 外※ | |
| 仮計 | | 10,000 | 10,000 | 外※ | |
| 欠損金の当期控除額 | | | | ※ | |
| 所得金額又は欠損金額 | | 10,000 | 10,000 | 外※ | 0 |

### ⑤ 第１期の別表五(一)の純資産

納税充当金（3,170）が税務の純資産に含まれる一方で、当期確定分の未納法人税（△2,500）と未納住民税（△170）は純資産から控除されます。

当期確定分の事業税（500）につき、会計は未払計上しますが、税務では現金主義で翌期に損金算入されるため未納計上しません。

その結果、税務の純資産は会計の純資産よりも未払事業税（500）に相当する額だけ大きいという記録を第２期に引き継ぎます。

別表四の留保所得　10,000

別表五(一)　利益積立金額の計算に関する明細書

| Ⅰ　利益積立金額の計算に関する明細書 | | | | | | |
|---|---|---|---|---|---|---|
| 区分 | | 期首現在利益積立金額 | 当期の増減 | | | 差引翌期首現在利益積立金額 |
| | | | 減 | 増 | | |
| | | ① | ② | ③ | | ④ |
| 利益準備金 | | | | | | |
| | | | | | | |
| 繰越損益金（損は赤） | | | | | 6,830 | 6,830 |
| 納税充当金 | | | | | 3,170 | 3,170 |
| 未納法人税等 | 未納法人税（附帯税を除く） | △ | △ | 中間 | △ | △ 2,500 |
| | | | | 確定 | △ 2,500 | |
| | 未納道府県民税（均等割額を含む） | △ | △ | 中間 | △ | △ 170 |
| | | | | 確定 | △ 170 | |
| | 未納市町村民税（均等割額を含む） | △ | △ | 中間 | △ | △ |
| | | | | 確定 | △ | |
| 差引合計額 | | | 0 | | 7,330 | 7,330 |

| | |
|---|---|
| 税務の期末利益積立金額 | 7,330 |
| 事業税の未払計上額 | △ 500 |
| 会計の期末利益剰余金 | 6,830 |

### ⑥　第１期の別表五(二)の記載

当期確定分の未納法人税（2,500）と未納住民税（170）は「期末現在未納税額⑥」として翌期に引き継がれます。事業税は現金主義で支払日に損金算入され、税務では未納計上しないため当期確定分の記載欄はありません。

会計の未払法人税等（3,170）を期末納税充当金として翌期に引き継ぎます。

別表五(二)　租税公課の納付状況等に関する明細書

| 税目及び事業年度 | | 期首現在未納税額 | 当期発生税額 | 当期中の納付税額 充当金取崩しによる納付 | 当期中の納付税額 仮払経理による納付 | 当期中の納付税額 損金経理による納付 | 期末現在未納税額①＋②－③－④－⑤ |
|---|---|---|---|---|---|---|---|
| | | ① | ② | ③ | ④ | ⑤ | ⑥ |
| 法人税 | 前期分 | | | | | | |
| | 当期分中間 | | | | | | |
| | 当期分確定 | | 2,500 | | | | 2,500 |
| | 計 | | 2,500 | | | | 2,500 |
| 住民税 | 前期分 | | | | | | |
| | 当期分中間 | | | | | | |
| | 当期分確定 | | 170 | | | | 170 |
| | 計 | | 170 | | | | 170 |
| 事業税 | 前期分 | | | | | | |
| | 当期中間分 | | | | | | |
| | 計 | | | | | | |

納税充当金の計算

| | | | | | |
|---|---|---|---|---|---|
| 期首納税充当金 | | | 取崩額 その他 | 損金算入のもの | |
| 繰入額 | 損金経理をした納税充当金 | 3,170 | | 損金不算入のもの | |
| | | | | | |
| | 計 | 3,170 | | 仮払税金消却 | |
| 取崩 | 法人税と住民税 | | | 計 | |
| | 事業税 | | 期末納税充当金 | | 3,170 |

## ⑦　税金勘定の動きとタックス・プルーフ

### ◆　第１期の税金勘定の動き　◆

(　　)は貸方

(法人税等の合計税率：31.5%、実効税率：30%とする)

| | | 未払法人税等(B/S) | 法人税等(P/L) |
|---|---|---|---|
| 期　首 | | 0 | |
| 前期確定分支払 | 法人税 | | |
| | 住民税 | | |
| | 事業税 | | |
| 中間納付 | 法人税 | | |
| | 住民税 | | |
| | 事業税 | | |
| 決算整理 | | | |
| 期末引当計上 | | (　3,170) | 3,170 |
| 合　計 | | (　3,170) | 3,170 |

未払事業税の期中増減額にかかる一時差異と均等割を考慮に入れると、税引前当期純利益と法人税等は実効税率30%で対応しています。

### ◆　第１期のタックス・プルーフ　◆

| | 調整額 | | | 金額 | 税率 |
|---|---|---|---|---|---|
| 税引前当期純利益 | | | | 10,000 | 100.00% |
| 法人税等（P/L) | | | | 3,170 | 31.7% |
| 期間差異項目 | 期首 | 期末 | 差 | | |
| 未払事業税 | 0 | 500 | 500 | △　150 (注) | |
| 均等割 | | | | △　20 | |
| 合 計 | | | | 3,000 | 30.00% |

(注) 未払事業税の期中増加額500×30%＝150

### ⑧　第２期の決算データ　〈赤字〉

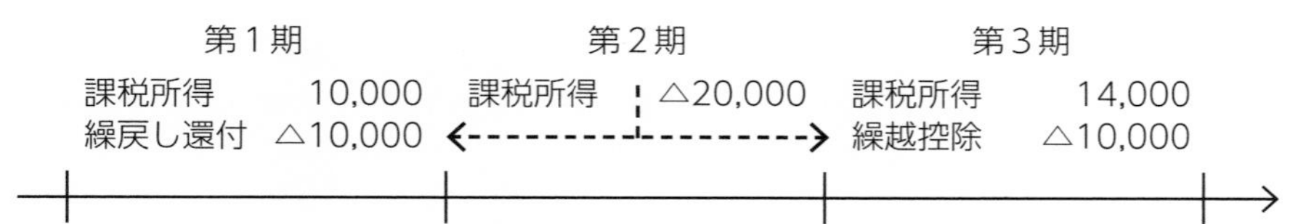


第１期確定分（3,170）は未払法人税等の取崩しにより納付、第２期中間分は仮決算を行い、均等割（10）のみ損金経理により納付しています。

第２期の欠損金（△20,000）のうち（△10,000）を繰戻し還付の対象とし、残額（△10,000）は第３期に繰り越して控除します。

法人税の還付請求額（2,500）は未収還付法人税等で貸借対照表（B/S）に計上するとともに、法人税等（法人税、住民税及び事業税）のマイナスで損益計算書（P/L）に計上します。

#### ◆　第２期の法人税等の計算　◆

| | | |
|---|---|---|
| 法人税（地方法人税を含む） | 0× 25%＝ | 0 |
| 住民税法人税割 | 0× 6%＝ | 0 |
| 均等割 | | 20／年 |
| 事業税 | 0× 5%＝ | 0 |
| | 年税額 | 20 |

| 第２期首（未払法人税等の取崩し） | | （中間分：損金経理） | | 第２期末（未収還付・未払法人税等の計上） | |
|---|---|---|---|---|---|
| 法人税 | 2,500 | 法人税 | 0 | 法人税 | △2,500 還付請求 |
| 住民税 | 170 | 住民税 | 10 | 住民税 | 10 |
| 事業税 | 500 | 事業税 | 0 | 事業税 | 0 |
| 計 | 3,170 | 計 | 10 | 計 | △2,490 |

## ◆　第２期の会計処理と決算書　◆

| 借方 | 金額 | 貸方 | 金額 |
|---|---|---|---|
| 未払法人税等 | 3,170 | 現預金 | 3,170 |
| 法人税、住民税及び事業税 | 10 | 現預金 | 10 |
| 法人税、住民税及び事業税 | 10 | 未払法人税等 | 10 |
| 未収還付法人税等 | 2,500 | 法人税、住民税及び事業税<br>(還付法人税等) | 2,500 |

### 第２期の損益計算書

|  |  |
|---|---|
| 売上高 | 500,000 |
| ： | ： |
| 税引前当期純損失 | 19,500 |
| 法人税、住民税及び事業税 | 20 |
| 還付法人税等 | △2,500 |
| 当期純損失 | 17,020 |

### 第２期末の貸借対照表

| 資産の部 | | 負債の部 | |
|---|---|---|---|
| 流動資産 | 300,000 | 未払法人税等 | 10 |
| ： | ： | その他の負債 | 760,180 |
| 未収還付法人税等 | 2,500 | 負債合計 | 760,190 |
| その他の資産 | 297,500 | 純資産の部 | |
| 固定資産 | 500,000 | 資本金 | 50,000 |
| ： | ： | 繰越利益剰余金 | △ 10,190 |
| | | 純資産合計 | 39,810 |
| 資産合計 | 800,000 | 負債純資産合計 | 800,000 |

（注）期首の繰越利益剰余金　6,830

### ⑨　第２期の別表四

会計では、欠損金の繰戻しによる法人税の還付税額を「△法人税等」で費用のマイナス（＝収益）に計上しています。税務では、法人税の還付額は益金不算入であるため、還付請求額（2,500）を「仮払税金認定損」で減算「留保②」します。

別表四　所得の金額の計算に関する明細書

| 区分 | | 総額 | 処分 | | |
|---|---|---|---|---|---|
| | | | 留保 | 社外流出 | |
| | | ① | ② | ③ | |
| 当期利益又は当期欠損の額 | | △　17,020 | △　17,020 | 配当 | |
| | | | | その他 | |
| 加算 | 損金経理をした法人税 | 0 | 0 | | |
| | 損金経理をした住民税 | 10 | 10 | | |
| | 損金経理をした納税充当金 | 10 | 10 | | |
| | 小計 | 20 | 20 | | |
| 減算 | 納税充当金から支出した事業税等 | 500 | 500 | | |
| | 仮払税金認定損 | 2,500 | 2,500 | | |
| | 所得税額等及び欠損金の繰戻しによる還付金額等 | | | ※ | |
| | 小計 | 3,000 | 3,000 | 外※ | |
| 仮計 | | △　20,000 | △　20,000 | 外※ | |
| 欠損金の当期控除額 | | | | ※ | |
| 所得金額又は欠損金額 | | △　20,000 | △　20,000 | 外※ | 0 |

## ⑩　第２期の別表五(一)の純資産

会計で資産計上した未収還付法人税等を、税務では仮払税金と呼称し、資産と認識せず、別表五(一)「増③」で純資産からマイナスします。

第２期末は、未収還付法人税の額（2,500）だけ税務と会計の純資産に差異が生じます。

別表五(一)　利益積立金額の計算に関する明細書

<table>
<tr><td colspan="7">Ⅰ　利益積立金額の計算に関する明細書</td></tr>
<tr><td colspan="2" rowspan="3">区　　分</td><td rowspan="2">期首現在<br>利益積立金額</td><td colspan="3">当期の増減</td><td rowspan="2">差引翌期首現在<br>利益積立金額</td></tr>
<tr><td>減</td><td colspan="2">増</td></tr>
<tr><td>①</td><td>②</td><td colspan="2">③</td><td>④</td></tr>
<tr><td colspan="2">利益準備金</td><td></td><td></td><td colspan="2"></td><td></td></tr>
<tr><td colspan="2"></td><td></td><td></td><td colspan="2"></td><td></td></tr>
<tr><td colspan="2">仮払税金</td><td></td><td></td><td colspan="2">△　2,500</td><td>△　2,500</td></tr>
<tr><td colspan="2">繰越損益金（損は赤）</td><td>6,830</td><td>6,830</td><td colspan="2">△　10,190</td><td>△　10,190</td></tr>
<tr><td colspan="2">納税充当金</td><td>3,170</td><td>3,170</td><td colspan="2">10</td><td>10</td></tr>
<tr><td rowspan="6">未納法人税等</td><td rowspan="2">未納法人税<br>（附帯税を除く）</td><td rowspan="2">△　2,500</td><td rowspan="2">△　2,500</td><td>中間</td><td>△</td><td rowspan="2">△</td></tr>
<tr><td>確定</td><td>△</td></tr>
<tr><td rowspan="2">未納道府県民税<br>（均等割額を含む）</td><td rowspan="2">△　170</td><td rowspan="2">△　170<br>△　10</td><td>中間</td><td>△　10</td><td rowspan="2">△　10</td></tr>
<tr><td>確定</td><td>△　10</td></tr>
<tr><td rowspan="2">未納市町村民税<br>（均等割額を含む）</td><td rowspan="2">△</td><td rowspan="2">△</td><td>中間</td><td>△</td><td rowspan="2"></td></tr>
<tr><td>確定</td><td>△</td></tr>
<tr><td colspan="2">差引合計額</td><td>7,330</td><td>7,320</td><td colspan="2">△　12,700</td><td>△　12,690</td></tr>
</table>

注意　実際の別表五(一)の未納法人税等「減②」は合計して１行で記載します。

| | |
|---|---:|
| 税務の期末利益積立金額 | △12,690 |
| 仮払税金 | 2,500 |
| 会計の期末利益剰余金 | △10,190 |

### ⑪　第２期の別表五(二)

第１期（前期）の法人税等の納付を「充当金取崩しによる納付③」に、中間分の住民税均等割（10）を「損金経理による納付⑤」に記載します。

確定分の住民税均等割（10）が第２期末の未納税額として第３期に引き継がれます。

別表五(二)　租税公課の納付状況等に関する明細書

| 税目及び事業年度 | | 期首現在未納税額 | 当期発生税額 | 当期中の納付税額 | | | 期末現在未納税額①＋②－③－④－⑤ |
|---|---|---|---|---|---|---|---|
| | | | | 充当金取崩しによる納付 | 仮払経理による納付 | 損金経理による納付 | |
| | | ① | ② | ③ | ④ | ⑤ | ⑥ |
| 法人税 | 前期分 | 2,500 | | 2,500 | | | 0 |
| | 当期分中間 | | 0 | | | | 0 |
| | 当期分確定 | | 0 | | | | 0 |
| | 計 | 2,500 | 0 | 2,500 | | | 0 |
| 住民税 | 前期分 | 170 | | 170 | | | 0 |
| | 当期分中間 | | 10 | | | 10 | 0 |
| | 当期分確定 | | 10 | | | | 10 |
| | 計 | 170 | 20 | 170 | | 10 | 10 |
| 事業税 | 前期分 | | 500 | 500 | | | 0 |
| | 当期中間分 | | 0 | | | | 0 |
| | 計 | | 500 | 500 | | | 0 |

納税充当金の計算

| | | | | | |
|---|---|---|---|---|---|
| 期首納税充当金 | | 3,170 | 取崩額 | その他　損金算入のもの | |
| 繰入額 | 損金経理をした納税充当金 | 10 | | その他　損金不算入のもの | |
| | | | | その他 | |
| | 計 | 10 | | その他　仮払税金消却 | |
| 取崩 | 法人税と住民税 | 2,670 | | 計 | 3,170 |
| | 事業税 | 500 | 期末納税充当金 | | 10 |

## ⑫ 税金勘定の動きとタックス・プルーフ

### ◆ 第２期の税金勘定の動き ◆

（　）は貸方

(法人税等の合計税率：31.5%、実効税率：30%とする)

| | | 未払法人税等(B/S) | 未収還付法人税等(B/S) | 法人税等 (P/L) |
|---|---|---|---|---|
| 期　首 | | (3,170) | | |
| 前期確定分支払 | 法人税 | 2,500 | | |
| | 住民税 | 170 | | |
| | 事業税 | 500 | | |
| 中間納付 | 法人税 | | | 0 |
| | 住民税 | | | 10 |
| | 事業税 | | | 0 |
| 決算整理 | | | 2,500 | (2,500) |
| 期末引当計上 | | (　10) | | 10 |
| 合　計 | | (　10) | 2,500 | (2,480) |

未払事業税の期中増減額にかかる一時差異と均等割、欠損金の期中増減額に対する税効果を考慮に入れると、税引前当期純利益と法人税等は実効税率30%で対応しています。

### ◆ 第２期のタックス・プルーフ ◆

| | 調整額 | | | 金額 | | 税率 |
|---|---|---|---|---|---|---|
| 税引前当期純損失 | | | | △19,500 | | 100.00% |
| 法人税等（P/L） | | | | △2,480 | | 12.718% |
| 期間差異項目 | 期首 | 期末 | 差 | | | |
| 未払事業税 | 500 | 0 | (500) | 150 | (注１) | |
| 繰越欠損金（全体分） | 0 | 10,000 | 10,000 | △　3,000 | (注２) | |
| 繰越欠損金(地方税分) | 0 | 10,000 | 10,000 | △　500 | (注３) | |
| 均等割 | | | | △　20 | | |
| 合 計 | | | | △　5,850 | | 30.00% |

(注１) 未払事業税の期中減少額500×30%＝150
(注２) 繰越欠損金（全体分）の期中増加額10,000×30%＝3,000
(注３) 繰越欠損金（地方税分）の期中増加額10,000×５%＝500

### ⑬　第３期の決算データ〈黒字〉

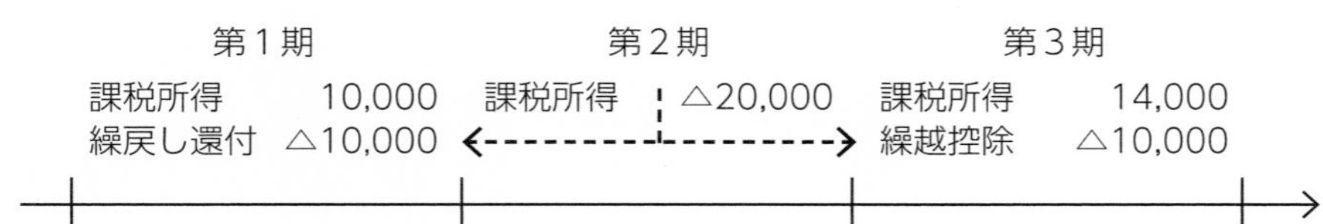


第２期の住民税均等割10は未払法人税等を取り崩して納付し、欠損金の繰戻しで法人税額（2,500）の還付を受けました。

第２期の法人税額が20万円以下であるため、中間分の納税は０円です。

法人税は、繰戻し還付の対象とならない第２期の欠損金（10,000）を繰越控除することで課税所得は4,000となります。事業税は、欠損金の繰戻し還付を受けなかったものとして翌10年間にわたり欠損金20,000を繰越控除するため、第３期の課税所得は０です。住民税は、欠損金の繰戻しにより還付を受けた法人税額（2,500）を翌10年間にわたり課税標準から控除して法人税割の税額を計算するため、第３期の法人税割額は０、均等割20のみ納付が必要となります。

#### ◆　第３期の法人税等の計算　◆

| | | | | |
|---|---|---|---|---|
| 法人税（地方法人税を含む） | 4,000 | × | 25％＝ | 1,000 |
| 住民税法人税割 法人税額 | 1,000 | | | |
| 控除対象還付法人税額 | △1,000 | | | |
| 法人税割 | 0 | × | 6％＝ | 0 |
| 均等割 | | | | 20 ／年 |
| 事業税 | 0 | × | 5％＝ | 0 |
| | | | 年税額 | 1,020 |

（注１）住民税の控除対象還付法人税額の翌期繰越額1,500（＝2,500－1,000）
（注２）事業税の欠損金の翌期繰越額6,000（＝20,000－14,000）

## ◆　第３期の会計処理と決算書　◆

| 第３期首 | | （予定申告） | | 第３期末（未払法人税等の計上） | |
|---|---|---|---|---|---|
| 法人税 | △2,500 | 法人税 | 0 | 法人税 | 1,000 |
| 住民税 | 10 | 住民税 | 0 | 住民税 | 20 |
| 事業税 | 0 | 事業税 | 0 | 事業税 | 0 |
| 計 | △2,490 | 計 | 0 | 計 | 1,020 |

| 借方 | 金額 | 貸方 | 金額 |
|---|---|---|---|
| 未払法人税等 | 10 | 現預金 | 10 |
| 現預金 | 2,500 | 未収還付法人税等 | 2,500 |
| 法人税、住民税及び事業税 | 1,020 | 未払法人税等 | 1,020 |

### 第３期の損益計算書

|  |  |
|---|---|
| 売上高 | 500,000 |
| ： | ： |
| 税引前当期純利益 | 14,000 |
| 法人税、住民税及び事業税 | 1,020 |
| 当期純利益 | 12,980 |

### 第３期末の貸借対照表

| 資産の部 | | 負債の部 | |
|---|---|---|---|
| 流動資産 | 300,000 | 未払法人税等 | 1,020 |
| ： | ： | その他の負債 | 746,190 |
| | | 負債合計 | 747,210 |
| 固定資産 | 500,000 | 純資産の部 | |
| ： | ： | 資本金 | 50,000 |
| | | 繰越利益剰余金 | 2,790 |
| | | 純資産合計 | 52,790 |
| 資産合計 | 800,000 | 負債純資産合計 | 800,000 |

（注）期首の繰越利益剰余金　△10,190

### ⑭　第３期の別表四

欠損金の繰戻しによる還付税額はいったん「仮払税金消却不算入額」で加算「留保②」するとともに、「所得税額等及び欠損金の繰戻しによる還付金額等」で減算「※社外流出③」します。「社外流出」で「※」印を付けて減算する項目は「課税外収入」と呼ばれ、欠損金の繰戻し還付のように収入を受け取っているが課税されないものです。

第２期から繰り越された欠損金は「欠損金の当期控除額」で減算「※社外流出③」します。

別表四　所得の金額の計算に関する明細書

| 区分 | | 総額 | 処分 | | |
|---|---|---|---|---|---|
| | | | 留保 | 社外流出 | |
| | | ① | ② | ③ | |
| 当期利益又は当期欠損の額 | | 12,980 | 12,980 | 配当 | |
| | | | | その他 | |
| 加算 | 損金経理をした法人税 | | | | |
| | 損金経理をした住民税 | | | | |
| | 損金経理をした納税充当金 | 1,020 | 1,020 | | |
| | 仮払税金消却不算入額 | 2,500 | 2,500 | | |
| | 小計 | 3,520 | 3,520 | | |
| 減算 | 納税充当金から支出した事業税等 | | | | |
| | 所得税額等及び欠損金の繰戻しによる還付金額等 | 2,500 | | ※ | 2,500 |
| | 小計 | 2,500 | 0 | 外※ | 2,500 |
| 仮計 | | 14,000 | 0 | 外※ | △ 2,500 |
| 欠損金の当期控除額 | | △ 10,000 | | ※ | △ 10,000 |
| 所得金額又は欠損金額 | | 4,000 | 16,500 | 外※ | △ 12,500<br>0 |

## ⑮　第３期の別表五(一)

別表五(一)では、第２期より引き継ぐ仮払税金（△2,500）を消却します。第３期末は税務と会計の純資産に差異はありません。

別表五(一)　利益積立金額の計算に関する明細書

| Ⅰ　利益積立金額の計算に関する明細書 | | | | | | |
|---|---|---|---|---|---|---|
| 区分 | | 期首現在利益積立金額 | 当期の増減 | | | 差引翌期首現在利益積立金額 |
| | | | 減 | 増 | | |
| | | ① | ② | ③ | | ④ |
| 利益準備金 | | | | | | |
| | | | | | | |
| 仮払税金 | | △ 2,500 | △ 2,500 | | | |
| 繰越損益金（損は赤） | | △ 10,190 | △ 10,190 | 2,790 | | 2,790 |
| 納税充当金 | | 10 | 10 | 1,020 | | 1,020 |
| 未納法人税等 | 未納法人税（附帯税を除く） | △ | △ | 中間 | △ | △ 1,000 |
| | | | | 確定 | △ 1,000 | |
| | 未納道府県民税（均等割額を含む） | △ 10 | △ 10 | 中間 | △ | △ 20 |
| | | | | 確定 | △ 20 | |
| | 未納市町村民税（均等割額を含む） | △ | △ | 中間 | △ | |
| | | | | 確定 | △ | |
| 差引合計額 | | △ 12,690 | △ 12,690 | 2,790 | | 2,790 |

会計の期末利益剰余金 2,790＝税務の期末利益積立金額 2,790

### ⑯　第３期の別表五(二)

第３期中の法人税等の納付は、第２期確定分の住民税均等割（10）のみです。未払法人税等を取り崩して納付したので、「充当金取崩しによる納付③」に記載します。

当期確定分の法人税（1,000）と住民税均等割（20）の未納税額を「当期発生税額②」と「期末現在未納税額⑥」に記載して引き継いでいきます。

別表五(二)　租税公課の納付状況等に関する明細書

| 税目及び事業年度 | | 期首現在未納税額 | 当期発生税額 | 当期中の納付税額 | | | 期末現在未納税額①＋②－③－④－⑤ |
|---|---|---|---|---|---|---|---|
| | | | | 充当金取崩しによる納付 | 仮払経理による納付 | 損金経理による納付 | |
| | | ① | ② | ③ | ④ | ⑤ | ⑥ |
| 法人税 | 前期分 | | | | | | |
| | 当期分中間 | | | | | | |
| | 当期分確定 | | 1,000 | | | | 1,000 |
| | 計 | | 1,000 | | | | 1,000 |
| 住民税 | 前期分 | 10 | | 10 | | | 0 |
| | 当期分中間 | | | | | | |
| | 当期分確定 | | 20 | | | | 20 |
| | 計 | 10 | 20 | 10 | | | 20 |
| 事業税 | 前期分 | | | | | | |
| | 当期中間分 | | | | | | |
| | 計 | | | | | | |

納税充当金の計算

| | | | | | |
|---|---|---|---|---|---|
| 期首納税充当金 | | 10 | 取崩額 | その他 損金算入のもの | |
| 繰入額 | 損金経理をした納税充当金 | 1,020 | | 損金不算入のもの | |
| | | | | | |
| | 計 | 1,020 | | 仮払税金消却 | |
| 取崩 | 法人税と住民税 | 10 | | 計 | 10 |
| | 事　業　税 | | 期末納税充当金 | | 1,020 |

## ⑰ 税金勘定の動きとタックス・プルーフ

### ◆ 第３期の税金勘定の動き ◆

（　　）は貸方

(法人税等の合計税率：31.5%、実効税率：30%とする)

| | | 未払法人税等(B/S) | 未収還付法人税等(B/S) | 法人税等(P/L) |
|---|---|---|---|---|
| 期　首 | | (10) | 2,500 | |
| 前期確定分支払 | 法人税 | | | |
| | 住民税 | 10 | | |
| | 事業税 | | | |
| 中間納付 | 法人税 | | | |
| | 住民税 | | | |
| | 事業税 | | | |
| 欠損金の繰戻し還付 | | | (2,500) | |
| 期末引当計上 | | (　1,020) | | 1,020 |
| 合　計 | | (　1,020) | 0 | 1,020 |

繰越欠損金の期中増減額にかかる一時差異と均等割に対する税効果を考慮に入れると、税引前当期純利益と法人税等は実効税率30%で対応しています。

### ◆ 第３期のタックス・プルーフ◆

| | 調整額 | | | 金額 | 税率 |
|---|---|---|---|---|---|
| 税引前当期純利益 | | | | 14,000 | 100.00% |
| 法人税等（P/L） | | | | 1,020 | 7.286% |
| 期間差異項目 | 期首 | 期末 | 差 | | |
| 未払事業税 | 0 | 0 | 0 | | |
| 繰越欠損金（全体分） | 10,000 | 0 | (10,000) | 3,000（注１） | |
| 繰越欠損金（地方税分） | 10,000 | 6,000 | (　4,000) | 200（注２） | |
| 均等割 | | | | △　20 | |
| 合 計 | | | | 4,200 | 30.00% |

（注１）繰越欠損金（全体分）の期中減少額　10,000×30%＝3,000
（注２）繰越欠損金（地方税分）の期中減少額　4,000×　5%＝　200

## (3) もう1つの「現金主義」での別表記載

### ① 会計規則では発生主義が原則

会計基準では、税務上の欠損金の繰戻しによる還付を請求する法人税額を当期の損益に計上することとされています。

そのため重要性が乏しい場合を除き、欠損金の繰戻し還付による還付税額は「法人税、住民税及び事業税」の次に、「還付法人税等」など、その内容を示す科目をもって表示します。

また、還付請求をした税額は貸借対照表の流動資産の区分に「未収還付法人税等」など、その内容を示す科目をもって表示します(企業会計基準第27号「法人税、住民税及び事業税等に関する会計基準」企業会計基準委員会)。

そのため、上記の会計処理および税務調整が適切といえます。

### ② 現金主義による税務調整と別表

欠損金の繰戻し還付を現金主義により会計処理する場合の税務調整と、別表記載についても、参考のために触れておきます。

この場合は、欠損金の繰戻し還付請求を行う第2期の決算書では「未収還付法人税等」を計上しません。

また税務調整もないため、第2期の申告書別表四、別表五(一)への記載はありません。

第3期に法人税額が還付されたときに雑収入等で受け入れる会計処理を行い、別表四の「所得税額等及び欠損金の繰戻しによる還付金額等」で減算「社外流出③」で益金不算入とします。

こちらの方が別表への記載そのものは簡素になります。

### ③　〈第３期：現金主義での記載〉　法人税の還付と別表四

第３期に雑収入で受け入れた法人税の還付額は別表四の「所得税額等及び欠損金の繰戻しによる還付金額等」で減算「※社外流出③」することで、課税所得からマイナスされます。現金主義により別表を作成する場合は、欠損金の繰戻しに関する別表五(一)と別表五(二)への記載はありません。

別表四　所得の金額の計算に関する明細書

| 区　分 | | 総　額 | 処　分 | | |
|---|---|---|---|---|---|
| | | | 留　保 | 社外流出 | |
| | | ① | ② | ③ | |
| 当期利益又は当期欠損の額 | | 15,480 | 15,480 | 配　当 | |
| | | | | その他 | |
| 加算 | 損金経理をした法人税 | | | | |
| | 損金経理をした住民税 | | | | |
| | 損金経理をした納税充当金 | 1,020 | 1,020 | | |
| | 損金経理をした附帯税及び過怠税 | | | その他 | |
| | 小　計 | 1,020 | 1,020 | | |
| 減算 | 納税充当金から支出した事業税等 | | | | |
| | 所得税額等及び欠損金の繰戻しによる還付金額等 | 2,500 | | ※ | 2,500 |
| | 小　計 | 2,500 | | 外※ | 2,500 |
| 仮　計 | | 14,000 | 16,500 | 外※ | △　2,500 |
| 欠損金の当期控除額 | | △　10,000 | | ※ | △　10,000 |
| 所得金額又は欠損金額 | | 4,000 | 16,500 | 外※ | △　12,500<br>0 |

(注) 当期利益
・・・第２期に未収還付法人税等（2,500）を計上した場合の
第３期の当期純利益（12,980）＋雑収入（2,500）

# 4 受取利息から源泉徴収された所得税を取り戻す

## ① 会計処理

利息の受け取り時には収入金額に対して所得税15%、復興特別所得税0.315%が源泉徴収されます。

源泉徴収された所得税は、申告書の提出により納付すべき法人税額から控除され、納付すべき法人税額がないときは還付されます。所得税と法人税が二重に課税されることがないように、税額控除または還付により精算されるしくみです。源泉徴収された所得税は法人税の前払いといえるため、「法人税、住民税及び事業税（法人税等）」で仕訳しておきます。たとえば、普通預金口座に利息84,685が振り込まれた場合の会計処理は次のとおりです。

| 借方 | | 貸方 | |
|---|---|---|---|
| 普通預金 | 84,685 | 受取利息 | 100,000 |
| 法人税、住民税及び事業税<br>(所得税15,000、復興特別所得税315) | 15,315 | | |

## ② 税額控除を受ける所得税と別表六(一)

預貯金の利子、公社債の利子等から源泉徴収された所得税は、預入期間に関わりなく、その全額を法人税額から控除できます。

源泉所得税について税額控除または還付を受ける場合は、利息等の収入金額および課された所得税額の明細を別表六(一)に記載します。

別表六(一)　所得税額の控除に関する明細書

| 区　分 | 収入金額<br>① | ①について課される所得税額<br>② | ②のうち控除を受ける所得税額<br>③ |
|---|---|---|---|
| 公社債及び預貯金の利子等 | 100,000 | 15,315 | 15,315 |
| 剰余金の配当、利益の配当等 | | | |
| 計 | 100,000 | 15,315 | 15,315 |

### ③　所得税と別表四

税額控除を受ける所得税は損金不算入の税金として、別表四の「法人税額から控除される所得税額」で加算します。所得税が源泉徴収されることでお金が流出しており、また、当期限りで課税関係が終了する税務調整なので「社外流出③」に記載します。

源泉徴収された所得税（15,315）が手取り額（84,685）に加算されることで課税所得は源泉税込みの利息（100,000）とされます。

別表四　所得の金額の計算に関する明細書

| 区分 | | 総額 | 処分 | | |
|---|---|---|---|---|---|
| | | | 留保 | 社外流出 | |
| | | ① | ② | ③ | |
| 当期利益又は当期欠損の額 | | 84,685 | 84,685 | 配当 | |
| | | | | その他 | |
| 加算 | 損金経理をした法人税 | | | | |
| | 損金経理をした住民税 | | | | |
| | 損金経理をした納税充当金 | | | | |
| | 損金経理をした附帯税及び過怠税 | | | その他 | |
| | 小計 | | | | |
| 減算 | 納税充当金から支出した事業税等 | | | | |
| | 受取配当等の益金不算入額 | | | ※ | |
| | 小計 | | | 外※ | |
| 仮計 | | 84,685 | 84,685 | 外※ | |
| 法人税額から控除される所得税額 | | 15,315 | | その他 | 15,315 |
| 所得金額又は欠損金額 | | 100,000 | 84,685 | 外※ | 0<br>15,315 |

### ④ 所得税と別表五(二)

源泉徴収された所得税は、別表五(二)のその他（租税公課）の損金不算入の欄に、その会計処理に応じて記載します。

税額控除を受ける所得税を、法人税等（法人税、住民税及び事業税）で費用処理した場合は、「損金経理による納付⑤」の欄に記載します。

別表五(二)　租税公課の納付状況等に関する明細書

| 税目及び事業年度 | | | 期首現在未納税額 | 当期発生税額 | 当期中の納付税額 充当金取崩しによる納付 | 仮払経理による納付 | 損金経理による納付 | 期末現在未納税額①＋②－③－④－⑤ |
|---|---|---|---|---|---|---|---|---|
| | | | ① | ② | ③ | ④ | ⑤ | ⑥ |
| 法人税 | 前期分 | | | | | | | |
| | 当期分中間 | | | | | | | |
| | 当期分確定 | | | | | | | |
| | 計 | | | | | | | |
| | | | ① | ② | ③ | ④ | ⑤ | ⑥ |
| その他 | 損金算入 | 利子税 | | | | | | |
| | | 延滞金 | | | | | | |
| | | 固定資産税 | | | | | | |
| | | 印紙税 | | | | | | |
| | 損金不算入 | 加算税 | | | | | | |
| | | 延滞税 | | | | | | |
| | | 延滞金 | | | | | | |
| | | 過怠税 | | | | | | |
| | | 源泉所得税 | | 15,315 | | | 15,315 | |

別表四で加算「社外流出③」

### ⑤「所得税額控除」を受けないと損！

源泉徴収された所得税については、損金算入で課税完了とすることも可能ですが、法人税等の前払い（損金不算入）として税額控除または還付を受ける方が有利です。

たとえば、受取利息100,000、源泉所得税15,315である場合において、損金算入を選択すると納税額は25,405である一方で、損金不算入として税額控除を受けると納税額は14,685となります。

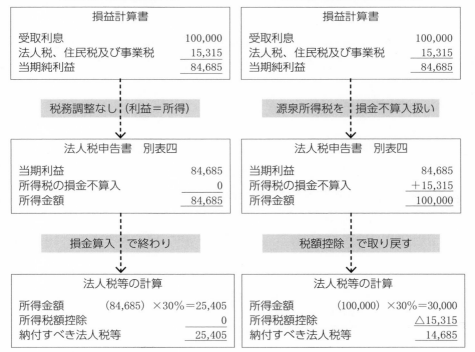

～法人税等の実効税率を30％と仮定～

＜所得税を損金算入する＞

| 損益計算書 | |
|---|---|
| 受取利息 | 100,000 |
| 法人税、住民税及び事業税 | 15,315 |
| 当期純利益 | 84,685 |

税務調整なし（利益＝所得）

| 法人税申告書　別表四 | |
|---|---|
| 当期利益 | 84,685 |
| 所得税の損金不算入 | 0 |
| 所得金額 | 84,685 |

損金算入で終わり

| 法人税等の計算 | | |
|---|---|---|
| 所得金額 | （84,685）×30％＝ | 25,405 |
| 所得税額控除 | | 0 |
| 納付すべき法人税等 | | 25,405 |

＜所得税を損金不算入とする＞

| 損益計算書 | |
|---|---|
| 受取利息 | 100,000 |
| 法人税、住民税及び事業税 | 15,315 |
| 当期純利益 | 84,685 |

源泉所得税を損金不算入扱い

| 法人税申告書　別表四 | |
|---|---|
| 当期利益 | 84,685 |
| 所得税の損金不算入 | ＋15,315 |
| 所得金額 | 100,000 |

税額控除で取り戻す

| 法人税等の計算 | | |
|---|---|---|
| 所得金額 | （100,000）×30％＝ | 30,000 |
| 所得税額控除 | | △15,315 |
| 納付すべき法人税等 | | 14,685 |

源泉徴収された所得税は税額控除または還付で取り戻す

# 受取配当金から源泉徴収された所得税を取り戻す

## ①　会計処理

上場株式等の配当等は所得税15％と復興特別所得税0.315％、上場株式等以外の配当等は所得税20％と復興特別所得税0.42％が源泉徴収されます。

| 区　　分 | 所得税 | 復興特別所得税 | 合　計 |
|---|---|---|---|
| 上場株式等の配当等 | 15% | 0.315% | 15.315% |
| 上場株式等以外の配当等 | 20% | 0.42% | 20.42% |

源泉徴収された所得税は、申告書の提出により納付すべき法人税額から控除され、納付すべき法人税額がないときは還付されます。所得税と法人税が二重に課税されることがないように、税額控除または還付により精算されるしくみです。源泉徴収された所得税は法人税の前払いといえるため、「法人税、住民税及び事業税（法人税等）」で仕訳しておきます。

なお、受取配当等の全額が益金不算入となる完全子法人株式等にかかる配当等および配当等の基準日において発行済株式等の３分の１超の株式等を保有する株式等にかかる配当等は所得税の源泉徴収を行いません。

たとえば、持株比率25％のその他株式等から配当金795,800（源泉徴収後の手取り額）が当座預金口座に振り込まれた場合の会計処理は次のとおりです。

| 借方 | 金額 | 貸方 | 金額 |
|---|---|---|---|
| 当座預金 | 795,800 | 受取配当金 | 1,000,000 |
| 法人税、住民税及び事業税<br>(所得税200,000、復興特別所得税4,200) | 204,200 | | |

### ②　税額控除を受ける所得税と別表六(一)

剰余金の配当、利益の配当または証券投資信託にかかる収益の分配等から源泉徴収された所得税は、その元本の所有期間に対応する部分に限り、法人税額から控除できます。

配当等にかかる元本の所有期間に対応する部分の所得税額の計算方法には原則的な方法（個別法）と簡便法があり、事業年度ごとにいずれかを選択することができます。

#### ＜個別法＞

元本の銘柄ごと、所有期間の月数ごとに次の算式により計算します。

$$\text{所得税額} \times \frac{\text{元本を所有していた期間の月数}}{\text{配当等の計算の基礎となった期間の月数}}$$

#### ＜簡便法＞

元本を株式および出資と集団投資信託の受益権とに区分し、さらに配当等の計算期間が１年を超えるものと１年以下のものとに区分して、その区分に属するすべての元本について、その銘柄ごとに次の算式により計算します。

$$\text{所得税額} \times \frac{\text{計算期間の期首所有元本数②} + (\text{①} - \text{②}) \times 1/2\ \text{(注)}}{\text{計算期間の期末所有元本数①}}$$

（注）配当等の計算期間が１年を超えるものは1/12とする

源泉所得税について税額控除または還付を受ける場合は、配当等の収入金額および課された所得税額の明細を別表六(一)に記載します。

別表六(一)　所得税額の控除に関する明細書

| 区　分 | 収入金額 | ①について課される所得税額 | ②のうち控除を受ける所得税額 |
|---|---|---|---|
| | ① | ② | ③ |
| 公社債及び預貯金の利子等 | | | |
| 剰余金の配当、利益の配当等 | 1,000,000 | 204,200 | 204,200 |
| 計 | 1,000,000 | 204,200 | 204,200 |

### ③　所得税と別表四

税額控除を受ける所得税は損金不算入の税金として、別表四で「法人税額から控除される所得税額」で加算します。所得税が源泉徴収されることでお金が流出しており、また、当期限りで課税関係が終了する税務調整なので「社外流出③」に記載します。

源泉所得税（204,200）が手取り額（795,800）に加算されることにより、源泉税込みの配当金（1,000,000）が所得に含まれることとなります。

その他株式等からの配当金（1,000,000）は、その50%が益金不算入として減算「※社外流出③」されるため、課税所得は500,000円となります。（受取配当等の益金不算入については、82ページ参照）

別表四　所得の金額の計算に関する明細書

| 区分 | | 総額 | 処分 | | |
|---|---|---|---|---|---|
| | | | 留保 | 社外流出 | |
| | | ① | ② | ③ | |
| 当期利益又は当期欠損の額 | | 795,800 | 795,800 | 配当 | |
| | | | | その他 | |
| 加算 | 損金経理をした法人税 | | | | |
| 加算 | 損金経理をした住民税 | | | | |
| 加算 | 損金経理をした納税充当金 | | | | |
| 加算 | 損金経理をした附帯税及び過怠税 | | | その他 | |
| 加算 | 小計 | | | | |
| 減算 | 納税充当金から支出した事業税等 | | | | |
| 減算 | 受取配当等の益金不算入額 | 500,000 | | ※ | 500,000 |
| 減算 | 小計 | 500,000 | | 外※ | 500,000 |
| 仮計 | | 295,800 | 795,800 | 外※ | △ 500,000 |
| 法人税額から控除される所得税額 | | 204,200 | | その他 | 204,200 |
| 所得金額又は欠損金額 | | 500,000 | 795,800 | 外※ | △ 500,000<br>204,200 |

## ④　所得税と別表五(二)

源泉徴収された所得税は、別表五(二)のその他（租税公課）の損金不算入の欄に、その会計処理に応じて記載します。

税額控除を受ける所得税を、法人税等（法人税、住民税及び事業税）で費用処理した場合は、「損金経理による納付⑤」の欄に記載します。

**別表五(二)　租税公課の納付状況等に関する明細書**

| 税目及び事業年度 | | | 期首現在未納税額 | 当期発生税額 | 当期中の納付税額 充当金取崩しによる納付 | 当期中の納付税額 仮払経理による納付 | 当期中の納付税額 損金経理による納付 | 期末現在未納税額①＋②－③－④－⑤ |
|---|---|---|---|---|---|---|---|---|
| | | | ① | ② | ③ | ④ | ⑤ | ⑥ |
| 法人税 | 前期分 | | | | | | | |
| | 当期分中間 | | | | | | | |
| | 当期分確定 | | | | | | | |
| | 計 | | | | | | | |
| | | | ① | ② | ③ | ④ | ⑤ | ⑥ |
| その他 | 損金算入 | 利子税 | | | | | | |
| | | 延滞金 | | | | | | |
| | | 固定資産税 | | | | | | |
| | | 印紙税 | | | | | | |
| | 損金不算入 | 加算税 | | | | | | |
| | | 延滞税 | | | | | | |
| | | 延滞金 | | | | | | |
| | | 過怠税 | | | | | | |
| | | 源泉所得税 | | 204,200 | | | 204,200 | |

別表四で加算「社外流出③」

## Let's Try!　その他株式等からの受取配当等に対する課税

当期中に、非上場の関係会社（持株比率25%/その他株式等）より、配当金1,000,000から税率20.42％の所得税が源泉徴収された手取り額795,800が普通預金に振り込まれました。

会計処理と税務調整、受取配当等の益金不算入額を求めてみましょう。

① **会計処理**･･･源泉所得税は「法人税、住民税及び事業税」で仕訳

| 普通預金<br>法人税、住民税及び事業税 | 受取配当金 |
|---|---|

② **税務調整**･･･源泉所得税は損金不算入、受取配当金の50％は益金不算入

| 損益計算書（決算整理前） | | |
|---|---|---|
| 受取配当金 | ① | （注）受取配当金のほかには取引はないものとする |
| 法人税、住民税及び事業税 | ② | |
| 当期純利益 | ③ | |

| 法人税申告書　別表四 | | |
|---|---|---|
| 当期純利益 | ④ | 会計上の利益がスタート |
| 受取配当等の益金不算入 | ⑤ | 50%が益金不算入 |
| 所得税の損金不算入 | ⑥ | 損金不算入として税額控除 |
| 所得金額 | ⑦ | |

| 法人税申告書　別表一 | | |
|---|---|---|
| 所得金額 | ⑧ | |
| 法人税額 | ⑨ | 法人税率は25%と仮定 |
| 所得税額控除 | ⑩ | 所得税は全額を控除対象 |
| 法人税額 | ⑪ | 控除しきれない所得税は還付 |

（注）上記のほか住民税と事業税の課税があります（次項6参照）

## <Let's Try ！の解答>　その他株式等からの受取配当等に対する課税

当期中に、非上場の関係会社（持株比率25％／その他株式等）より、配当金1,000,000から税率20.42％の所得税が源泉徴収された手取り額795,800が普通預金に振り込まれました。

会計処理と税務調整、受取配当等の益金不算入額を求めてみましょう。

**①会計処理**･･･源泉所得税は「法人税、住民税及び事業税」で仕訳

| 借方 | 金額 | 貸方 | 金額 |
|---|---|---|---|
| 普通預金 | 795,800 | 受取配当金 | 1,000,000 |
| 法人税、住民税及び事業税 | 204,200 | | |

**②税務調整**･･･源泉所得税は損金不算入、受取配当金の50％は益金不算入

| 損益計算書（決算整理前） | | | |
|---|---|---|---|
| 受取配当金 | ① | 1,000,000 | （注）受取配当金のほかには取引はないものとする |
| 法人税、住民税及び事業税 | ② | 204,200 | |
| 当期純利益 | ③ | 795,800 | |

| 法人税申告書　別表四 | | | |
|---|---|---|---|
| 当期純利益 | ④ | 795,800 | 会計上の利益がスタート |
| 受取配当等の益金不算入 | ⑤ | △ 500,000 | 50％が益金不算入 |
| 所得税の損金不算入 | ⑥ | ＋ 204,200 | 損金不算入として税額控除 |
| 所得金額 | ⑦ | 500,000 | |

| 法人税申告書　別表一 | | | |
|---|---|---|---|
| 所得金額 | ⑧ | 500,000 | |
| 法人税額 | ⑨ | 125,000 | 法人税率は25％と仮定 |
| 所得税額控除 | ⑩ | 204,200 | 所得税は全額を控除対象 |
| 法人税額 | ⑪ | △ 79,200 | 控除しきれない所得税は還付 |

# 6 控除しきれない「所得税」の還付を受ける

利息や配当金から源泉徴収された所得税が当期の法人税額から控除しきれない場合は、翌期に還付されます。

還付を受ける源泉所得税は、⑴当期に未収還付法人税等に計上する、⑵当期は損金経理して翌期の還付時に雑収入で受け入れる、いずれかで処理します。重要性が乏しいと認められる場合を除き、⑴が望ましい会計処理といえます（企業会計基準第27号「法人税、住民税及び事業税等に関する会計基準」）。

## （1）当期に未収計上する

### ①〈当期〉会計処理

非上場の関係会社（持株比率25％／その他株式等）から配当金795,800（源泉徴収後の手取り額）が当座預金口座に振り込まれました。納付すべき法人税額125,000を超える源泉徴収所得税額79,200は還付を受けます。

〈受取配当金の会計処理〉

| 借方 | 金額 | 貸方 | 金額 |
|---|---|---|---|
| 当座預金 | 795,800 | 受取配当金 | 1,000,000 |
| 法人税、住民税及び事業税 | 204,200 | | |

〈法人税等に関する決算整理仕訳〉

| 借方 | 金額 | 貸方 | 金額 |
|---|---|---|---|
| 未収還付法人税等 | 79,200 | 未払法人税等 | 32,520 |
| | | 法人税、住民税及び事業税 | 46,680 |

（注）差引：法人税、住民税及び事業税（204,200−46,680）
＝157,520（125,000＋32,520）

## ◆　当期の法人税等の計算と決算書　◆

（注）各税目の税率は第6章と同じ仮定の税率

| | | | | |
|---|---|---|---|---|
| 法人税（地方法人税を含む） | | 500,000 × 25%＝ | 125,000 | |
| 所得税額控除 | | | △　204,200 | |
| 未収還付法人税等 | | | △　79,200 | （還付） |
| 住民税（都民税） | 法人税割 | 125,000 × 6%＝ | 7,500 | |
| | 均等割 | | 20 | ／年 |
| 事業税 | | 500,000 × 5%＝ | 25,000 | |
| | | 住民税と事業税の年税額 | 32,520 | |

### 損益計算書（決算整理後）

| | |
|---|---|
| 受取配当金 | 1,000,000 |
| 法人税、住民税及び事業税 | 157,520 |
| 当期純利益 | 842,480 |

### 貸借対照表（決算整理後）

| 資産の部 | | 負債の部 | |
|---|---|---|---|
| 流動資産 | | ： | ： |
| 当座預金 | 795,800 | 未払法人税等 | 32,520 |
| 未収還付法人税等 | 79,200 | | |
| 固定資産 | | 純資産の部 | |
| ： | ： | ： | ： |
| | | 繰越利益剰余金 | 842,480 |
| | | ： | ： |
| 資産合計 | 875,000 | 負債純資産合計 | 875,000 |

### ② 〈当期〉所得税の未収計上と別表四

別表四では、未収還付法人税等に計上した還付源泉所得税を「仮払税金認定損」として減算「留保②」するとともに、源泉所得税は損金不算入の税金なので、全額を加算「社外流出③」します。

源泉所得税（204,200）が手取り額（795,800）に加算されることにより、源泉税込みの配当金（1,000,000）が所得に含まれることとなります。

その他株式等からの配当金（1,000,000）は、その50%が益金不算入として減算「社外流出③」されるため、課税所得は500,000円となります。

〈参考〉

| 株式等の区分 | 内　　容 | 益金不算入額 |
|---|---|---|
| 完全子法人株式等 | 配当等の計算期間を通じて継続的に完全支配関係がある子会社株式等 | 配当等の全額 |
| 関連法人株式等 | 配当等の基準日以前６か月以上引き続き、他の内国法人の発行済株式の総数または総額の３分の１超の株式または出資を有している株式等 | （配当等の額－支払利子等の額）の全額 |
| 非支配目的株式等 | 配当等の基準日における保有割合が５％以下である株式等 | 配当等の額×20% |
| その他株式等 | 上記のいずれにも該当しない株式等（保有割合５％超、３分の１以下） | 配当等の額×50% |

## 別表四 所得の金額の計算に関する明細書

| 区分 | | 総額 | 処分 | | |
|---|---|---|---|---|---|
| | | | 留保 | 社外流出 | |
| | | ① | ② | ③ | |
| 当期利益又は当期欠損の額 | | 842,480 | 842,480 | 配当 | |
| | | | | その他 | |
| 加算 | 損金経理をした法人税 | | | | |
| | 損金経理をした住民税 | | | | |
| | 損金経理をした納税充当金 | 32,520 | 32,520 | | |
| | 損金経理をした附帯税及び過怠税 | | | その他 | |
| | 小計 | 32,520 | 32,520 | | |
| 減算 | 納税充当金から支出した事業税等 | | | | |
| | 受取配当等の益金不算入額 | 500,000 | | 外※ | 500,000 |
| | 仮払税金認定損 | 79,200 | 79,200 | | |
| | 小計 | 579,200 | 79,200 | 外※ | 500,000 |
| 仮計 | | 295,800 | 795,800 | 外※ | △ 500,000<br>0 |
| 法人税額から控除される所得税額 | | 204,200 | | その他 | 204,200 |
| 所得金額又は欠損金額 | | 500,000 | 795,800 | 外※ | △ 500,000<br>204,200 |

### ③ 〈当期〉所得税の未収計上と別表五(一)

還付される所得税について、会計では未収還付法人税等を計上しますが、税務では確定申告書の提出日である翌期に権利が確定するため、未収税金を認識しません。

会計で資産計上した未収還付法人税等を、税務では「仮払税金」と呼称し、資産とは認識せず、別表五(一)で純資産からマイナスします。

別表五(一)　利益積立金額の計算に関する明細書

<table>
<tr><th colspan="7">Ⅰ　利益積立金額の計算に関する明細書</th></tr>
<tr><td colspan="2" rowspan="3">区　　分</td><td rowspan="2">期首現在<br>利益積立金額</td><td colspan="3">当期の増減</td><td rowspan="2">差引翌期首現在<br>利益積立金額</td></tr>
<tr><td>減</td><td colspan="2">増</td></tr>
<tr><td>①</td><td>②</td><td colspan="2">③</td><td>④</td></tr>
<tr><td colspan="2">利益準備金</td><td></td><td></td><td colspan="2"></td><td></td></tr>
<tr><td colspan="2"></td><td></td><td></td><td colspan="2"></td><td></td></tr>
<tr><td colspan="2">仮払税金</td><td></td><td></td><td colspan="2">△　79,200</td><td>△　79,200</td></tr>
<tr><td colspan="2">繰越損益金（損は赤）</td><td></td><td></td><td colspan="2">842,480</td><td>842,480</td></tr>
<tr><td colspan="2">納税充当金</td><td></td><td></td><td colspan="2">32,520</td><td>32,520</td></tr>
<tr><td rowspan="6">未納法人税等</td><td rowspan="2">未納法人税<br>(附帯税を除く)</td><td rowspan="2">△</td><td rowspan="2">△</td><td>中間</td><td>△</td><td rowspan="2">△</td></tr>
<tr><td>確定</td><td>△</td></tr>
<tr><td rowspan="2">未納道府県民税<br>(均等割額を含む)</td><td rowspan="2">△</td><td rowspan="2">△</td><td>中間</td><td>△</td><td rowspan="2">△　7,520</td></tr>
<tr><td>確定</td><td>△　7,520</td></tr>
<tr><td rowspan="2">未納市町村民税<br>(均等割額を含む)</td><td rowspan="2">△</td><td rowspan="2">△</td><td>中間</td><td>△</td><td rowspan="2"></td></tr>
<tr><td>確定</td><td>△</td></tr>
<tr><td colspan="2">差引合計額</td><td></td><td></td><td colspan="2">△　788,280</td><td>△　788,280</td></tr>
</table>

→ 税務では資産として認めず、純資産のマイナス（△）項目にて表示

| | |
|---|---|
| 税務の期末利益積立金額 | 788,280 |
| 仮払税金 | 79,200 |
| 未払事業税 | △　25,000 |
| 会計の期末利益剰余金 | 842,480 |

## ④ 〈当期〉所得税の未収計上と別表五(二)

翌期に還付を受ける源泉税につき、当期決算で未収還付法人税等を計上した場合は、別表五(二)の「仮払経理による納付④」の欄に記載します。

別表五(二) 租税公課の納付状況等に関する明細書

| 税目及び事業年度 | | | 期首現在未納税額 | 当期発生税額 | 当期中の納付税額 | | | 期末現在未納税額①＋②－③－④－⑤ |
|---|---|---|---|---|---|---|---|---|
| | | | | | 充当金取崩しによる納付 | 仮払経理による納付 | 損金経理による納付 | |
| | | | ① | ② | ③ | ④ | ⑤ | ⑥ |
| 法人税 | 前期分 | | | | | | | |
| | 当期分中間 | | | | | | | |
| | 当期分確定 | | | | | | | |
| | 計 | | | | | | | |
| | | | | | | | | |
| | | | ① | ② | ③ | ④ | ⑤ | ⑥ |
| その他 | 損金算入 | 利子税 | | | | | | |
| | | 延滞金 | | | | | | |
| | | 固定資産税 | | | | | | |
| | | 印紙税 | | | | | | |
| | 損金不算入 | 加算税 | | | | | | |
| | | 延滞税 | | | | | | |
| | | 延滞金 | | | | | | |
| | | 過怠税 | | | | | | |
| | | 源泉所得税 | | 204,200 | | 79,200 | 125,000 | |

→ 別表四で減算「留保②」

## ⑤ 〈翌期〉所得税の還付と会計処理

翌期になり、未収還付法人税等に計上していた所得税が当座預金口座に振り込まれました。

| 当座預金 | 79,200 | ／ | 未収還付法人税等 | 79,200 |
|---|---|---|---|---|

### ⑥ 〈翌期〉所得税の還付と別表四

還付された所得税額はいったん「仮払税金消却不算入額」で加算「留保②」するとともに、「所得税額等及び欠損金の繰戻しによる還付金額等」で減算「※社外流出③」します。「社外流出」で「※」印を付けて減算する項目は「課税外収入」と呼ばれ、所得税額の還付のように収入を受け取っているが課税されないものです。

結果として、還付を受ける翌期の所得計算に影響はありません。

別表四　所得の金額の計算に関する明細書

| 区分 | | 総額 | 処分 | | |
|---|---|---|---|---|---|
| | | | 留保 | 社外流出 | |
| | | ① | ② | ③ | |
| 当期利益又は当期欠損の額 | | | | 配当 | |
| | | | | その他 | |
| 加算 | 損金経理をした法人税 | | | | |
| | 損金経理をした住民税 | | | | |
| | 損金経理をした納税充当金 | | | | |
| | 仮払税金消却不算入額 | 79,200 | 79,200 | | |
| | 小計 | 79,200 | 79,200 | | |
| 減算 | 納税充当金から支出した事業税等 | 25,000 | 25,000 | | |
| | 所得税額等及び欠損金の繰戻しによる還付金額等 | 79,200 | | ※ | 79,200 |
| | 小計 | 104,200 | 25,000 | 外※ | 79,200 |
| 仮計 | | 0 | 54,200 | 外※ | △ 79,200<br>0 |
| 法人税額から控除される所得税額 | | | | その他 | |
| 所得金額又は欠損金額 | | △ 25,000 | 54,200 | 外※ | △ 79,200<br>0 |

### ⑦　〈翌期〉所得税の還付と別表五(一)

当期から引き継いだ「△仮払税金」を、翌期に所得税の還付を受けたときに、別表五(一)「減②」で消去します。これにより、会計と税務の純資産の差異は解消します。

別表五(一)　利益積立金額の計算に関する明細書

| I　利益積立金額の計算に関する明細書 | | | | | | |
|---|---|---|---|---|---|---|
| 区　分 | | 期首現在利益積立金額 | 当期の増減 | | | 差引翌期首現在利益積立金額 |
| | | | 減 | 増 | | |
| | | ① | ② | ③ | | ④ |
| 利益準備金 | | | | | | |
| | | | | | | |
| 仮払税金 | | △　79,200 | △　79,200 | | | 0 |
| 繰越損益金（損は赤） | | 842,480 | 842,480 | | | |
| 納税充当金 | | 32,520 | 32,520 | | | |
| 未納法人税等 | 未納法人税（附帯税を除く） | △ | △ | 中間 | △ | △ |
| | | | | 確定 | △ | |
| | 未納道府県民税（均等割額を含む） | △　7,520 | △　7,520 | 中間 | △ | △ |
| | | | | 確定 | △ | |
| | 未納市町村民税（均等割額を含む） | △ | △ | 中間 | △ | |
| | | | | 確定 | △ | |
| 差引合計額 | | △　788,280 | △　788,280 | | | 0 |

税務と会計の純資産の差異が解消

## （2）翌期の還付時に「雑収入」で受け入れる

### ①〈翌期〉所得税の還付と会計処理

還付される所得税について、当期は会計処理および税務調整を行わず、翌期に還付を受けたときに雑収入に計上します。

| 当座預金 | 79,200 | ／ | 雑収入 | 79,200 |
|---|---|---|---|---|

### ②〈翌期〉所得税の還付と別表四

会計で雑収入に計上した所得税の還付額は、税務では益金不算入なので、別表四の「所得税額等及び欠損金の繰戻しによる還付金額等」にて減算「※社外流出③」します。

これにより雑収入に計上した金額は課税所得からマイナスされます。

「社外流出」で「※」印を付ける減算項目は「課税外収入」と呼ばれ、所得税額の還付のように収入を受け取っているが課税されないものです。

翌期の別表五(一)と別表五(二)には記載はありません。

## 別表四　所得の金額の計算に関する明細書

| 区分 | | 総額 | 処分 | | |
|---|---|---|---|---|---|
| | | | 留保 | 社外流出 | |
| | | ① | ② | ③ | |
| 当期利益又は当期欠損の額 | | 79,200 | 79,200 | 配当 | |
| | | | | その他 | |
| 加算 | 損金経理をした法人税 | | | | |
| | 損金経理をした住民税 | | | | |
| | 損金経理をした納税充当金 | | | | |
| | 損金経理をした附帯税及び過怠税 | | | その他 | |
| | 小計 | | | | |
| 減算 | 納税充当金から支出した事業税等 | | | | |
| | 受取配当等の益金不算入額 | | | ※ | |
| | 所得税額等及び欠損金の繰戻しによる還付金額等 | 79,200 | | ※ | 79,200 |
| | 小計 | 79,200 | 0 | 外※ | 79,200 |
| 仮計 | | 0 | 79,200 | 外※ | △　79,200<br>0 |
| 法人税額から控除される所得税額 | | | | その他 | |
| 所得金額又は欠損金額 | | 0 | 79,200 | 外※ | △　79,200<br>0 |

# 総合事例　決算の確定と別表四、五（一）、五（二）、Tax Proofまで
～中小法人であるワンダマル（株）の事例～

## （1）税務調整

| | | |
|---|---|---:|
| ① | 貸倒引当金繰入超過額 | 500,000 |
| ② | 未払寄附金の否認額（寄附金の損金不算入額は０） | 300,000 |
| ③ | 受取配当等の益金不算入額 | 1,000,000 |
| ④ | 減価償却超過額 | 400,000 |
| ⑤ | 附帯税等（罰金）の損金不算入額 | 100,000 |
| ⑥ | 未払法人税等を取り崩して支払った前期確定分の事業税 | 200,000 |
| ⑦ | 中間分の法人税（法人税、住民税及び事業税で損金経理） | 561,800 |
| ⑧ | 中間分の住民税（法人税、住民税及び事業税で損金経理） | 94,400 |
| ⑨ | 税額控除を受ける所得税額 | 510,500 |
| ⑩ | 当期確定分の未払法人税等の計上 | 1,200,000 |

## （2）貸借対照表（決算整理後）

貸借対照表
(△２年３月31日現在)

| | | | |
|---|---:|---|---:|
| 流動資産 | 129,000,000 | 流動負債 | 90,045,000 |
| 現金預金 | 65,000,000 | 買掛金 | 42,500,000 |
| 受取手形 | 15,000,000 | 未払寄附金 | 300,000 |
| 売掛金 | 25,000,000 | 短期借入金 | 41,545,000 |
| 棚卸資産 | 25,500,000 | 未払消費税等 | 4,500,000 |
| 貸倒引当金 | △1,500,000 | 未払法人税等 | 1,200,000 |
| 固定資産 | 129,500,000 | 固定負債 | 70,000,000 |
| 有形固定資産 | 54,500,000 | 長期借入金 | 70,000,000 |
| 器具及び備品 | 3,000,000 | 負債合計 | 160,045,000 |
| 減価償却累計額 | △1,200,000 | 株主資本 | 98,455,000 |
| 土　地 | 52,700,000 | 資本金 | 10,000,000 |
| 投資その他の資産 | 75,000,000 | 利益剰余金 | 88,455,000 |
| | | 利益準備金 | 2,500,000 |
| | | 任意積立金 | 2,500,000 |
| | | 繰越利益剰余金 | 83,455,000 |
| | | 純資産合計 | 98,455,000 |
| 資産合計 | 258,500,000 | 負債純資産合計 | 258,500,000 |

（注記）割引手形　12,300,000

## （3）損益計算書（決算整理後）

損益計算書
（△１年４月１日～△２年３月31日）

| | |
|---|---|
| 売上高 | 240,100,000 |
| 売上原価 | 168,100,000 |
| 売上総利益 | 72,000,000 |
| 販売費及び一般管理費 | 64,271,000 |
| 営業利益 | 7,729,000 |
| 営業外収益 | |
| 受取利息 | 2,000,000 |
| 受取配当金 | 1,500,000 |
| 営業外費用 | |
| 支払利息 | 1,000,000 |
| 経常利益 | 10,229,000 |
| 特別利益 | 0 |
| 特別損失 | 0 |
| 税引前当期純利益 | 10,229,000 |
| 法人税、住民税及び事業税 | 2,695,700 |
| 当期純利益 | 7,533,300 |

販売管理費のうち
|  |  |
|---|---|
| 交際費 | 2,000,000 |
| 寄附金 | 300,000 |
| 減価償却費 | 1,200,000 |
| 租税公課 | 550,000 |
| （うち罰金 | 100,000） |

（参考１）　当期末の繰越利益剰余金（83,455,000円）の明細

| | |
|---|---|
| 前期からの繰越利益剰余金 | 76,921,700 |
| 剰余金の配当 | △　1,000,000 |
| 当期純利益 | 7,533,300 |
| 当期末の繰越利益剰余金 | 83,455,000 |

（参考２）　法人税、住民税及び事業税の内訳

| | |
|---|---|
| 中間分の法人税 | 561,800 |
| 中間分の住民税 | 94,400 |
| 中間分の事業税 | 329,000 |
| 源泉所得税 | 510,500 |
| 当期確定分の未払法人税等の計上 | 1,200,000 |
| | 2,695,700 |

（参考３）　当期確定分の未払法人税等の内訳

| | |
|---|---|
| 法人税 | 763,000 |
| 住民税（都民税） | 92,000 |
| 事業税 | 345,000 |
| | 1,200,000 |

（注）法人税には地方法人税を含み、事業税には特別法人事業税を含みます。

## （4）別表四

| 別表四 所得の金額の計算に関する明細書 | | 事業年度 | △1.4.1 △2.3.31 | 法人名 | ワンダマル株式会社 | |
|---|---|---|---|---|---|---|

| 区分 | | 総額 | 処分 | | |
|---|---|---|---|---|---|
| | | | 留保 | 社外流出 | |
| | | ① | ② | ③ | |
| 当期利益又は当期欠損の額 | | 7,533,300 | 6,533,300 | 配当 | 1,000,000 |
| | | | | その他 | |
| 加算 | 損金経理をした法人税 | 561,800 | 561,800 | | |
| | 損金経理をした住民税 | 94,400 | 94,400 | | |
| | 損金経理をした納税充当金 | 1,200,000 | 1,200,000 | | |
| | 損金経理をした附帯税及び過怠税 | 100,000 | | その他 | 100,000 |
| | 減価償却の償却超過額 | 400,000 | 400,000 | | |
| | 貸倒引当金繰入超過額 | 500,000 | 500,000 | | |
| | 未払寄附金否認額 | 300,000 | 300,000 | | |
| | 小計 | 3,156,200 | 3,056,200 | | 100,000 |
| 減算 | 納税充当金から支出した事業税等 | 200,000 | 200,000 | | |
| | 受取配当等の益金不算入額 | 1,000,000 | | ※ | 1,000,000 |
| | 小計 | 1,200,000 | 200,000 | 外※ | 1,000,000 |
| 仮計 | | 9,489,500 | 9,389,500 | 外※ | △1,000,000<br>1,100,000 |
| 法人税額から控除される所得税額 | | 510,500 | | その他 | 510,500 |
| 所得金額又は欠損金額 | | 10,000,000 | 9,389,500 | 外※ | △1,000,000<br>1,610,500 |

◆「P/L アプローチ」で課税所得を検証しておこう！

| | | |
|---|---|---|
| 税引前当期純利益 | | 10,229,000 |
| 前期確定分の事業税支払額 | △ | 200,000 |
| 当期中間分の事業税支払額 | △ | 329,000 |
| 法人税等以外の加算調整（注１） | ＋ | 1,300,000 |
| 法人税等以外の減算調整（注２） | △ | 1,000,000 |
| 課税所得 | | 10,000,000 |

（注１）附帯税等（罰金）の損金不算入額、減価償却の償却超過額、貸倒引当金繰入超過額、未払寄附金否認額

（注２）受取配当等の益金不算入

## (5) 別表五(一)

□内の合計額 9,389,500 ----> 別表四の留保所得

| 別表五(一)利益積立金額及び資本金等の額の計算に関する明細書 | 事業年度 | △1.4.1<br>△2.3.31 | 法人名 | ワンダマル株式会社 |
|---|---|---|---|---|

Ⅰ　利益積立金額の計算に関する明細書

| 区分 | | 期首現在利益積立金額<br>① | 当期の増減 減<br>② | 当期の増減 増<br>③ | | 差引翌期首現在利益積立金額<br>④ |
|---|---|---|---|---|---|---|
| 利益準備金 | | 2,500,000 | | | | 2,500,000 |
| 任意積立金 | | 2,500,000 | | | | 2,500,000 |
| 貸倒引当金 | | | | | 500,000 | 500,000 |
| 未払寄附金否認額 | | | | | 300,000 | 300,000 |
| 減価償却超過額 | | | | | 400,000 | 400,000 |
| 繰越損益金（損は赤） | | 76,921,700 | 76,921,700 | | 83,455,000 | 83,455,000 |
| 納税充当金 | | 1,100,000 | 1,100,000 | | 1,200,000 | 1,200,000 |
| 未納法人税等 | 未納法人税（附帯税を除く） | △　750,000 | △　1,311,800 | 中間 | △ 561,800 | △　763,000 |
| | | | | 確定 | △ 763,000 | |
| | 未納道府県民税（均等割額を含む） | △　150,000 | △　244,400 | 中間 | △　94,400 | △　92,000 |
| | | | | 確定 | △　92,000 | |
| | 未納市町村民税（均等割額を含む） | △ | △ | 中間 | △ | △ |
| | | | | 確定 | △ | |
| 差引合計額 | | 82,121,700 | 76,465,500 | | 84,343,800 | 90,000,000 |

Ⅱ　資本金等の額の計算に関する明細書

| 区分 | 期首現在資本金等の額 | 当期の増減 減 | 当期の増減 増 | 差引翌期首現在資本金等の額 |
|---|---|---|---|---|
| 資本金又は出資金 | 10,000,000 | | | 10,000,000 |
| 資本準備金 | | | | |
| 差引合計額 | 10,000,000 | | | 10,000,000 |

| | | |
|---|---|---|
| 税務上の当期末純資産額 | | 100,000,000 |
| 　貸倒引当金 | △ | 500,000 |
| 　未払寄附金 | △ | 300,000 |
| 　減価償却超過額 | △ | 400,000 |
| 　未払事業税 | △ | 345,000 |
| 貸借対照表の当期末純資産額 | | 98,455,000 |

## (6) 別表五(二)

### 別表五(二)　租税公課の納付状況等に関する明細書

| 別表五(二)<br>租税公課の納付状況等に関する明細書 | 事業<br>年度 | △1.4.1<br>△2.3.31 | 法人名 | ワンダマル株式会社 |
|---|---|---|---|---|

| 税目及び事業年度 | | 期首現在未納税額 | 当期発生税額 | 当期中の納付税額 充当金取崩しによる納付 | 仮払経理による納付 | 損金経理による納付 | 期末現在未納税額①＋②－③－④－⑤ |
|---|---|---|---|---|---|---|---|
| | | ① | ② | ③ | ④ | ⑤ | ⑥ |
| 法人税 | 前期分 | 750,000 | | 750,000 | | | |
| | 当期分中間 | | 561,800 | | | 561,800 | |
| | 当期分確定 | | 763,000 | | | | 763,000 |
| | 計 | 750,000 | 1,324,800 | 750,000 | | 561,800 | 763,000 |
| 住民税 | 前期分 | 150,000 | | 150,000 | | | |
| | 当期分中間 | | 94,400 | | | 94,400 | |
| | 当期分確定 | | 92,000 | | | | 92,000 |
| | 計 | 150,000 | 186,400 | 150,000 | | 94,400 | 92,000 |
| 事業税 | 前期分 | | 200,000 | 200,000 | | | |
| | 当期中間分 | | 329,000 | | | 329,000 | |
| | 計 | | 529,000 | 200,000 | | 329,000 | |
| その他 | 固定資産税等 | | 450,000 | | | 450,000 | |
| | 源泉所得税等 | | 510,500 | | | 510,500 | |
| | 罰金 | | 100,000 | | | 100,000 | |

納税充当金の計算

| | | | | | | |
|---|---|---|---|---|---|---|
| 期首納税充当金 | | 1,100,000 | 取崩額 | その他 | 損金算入のもの | |
| 繰入額 | 損金経理をした納税充当金 | 1,200,000 | | | 損金不算入のもの | |
| | | | | | | |
| | 計 | 1,200,000 | | | 仮払税金消却 | |
| 取崩 | 法人税と住民税 | 900,000 | | 計 | | 1,100,000 |
| | 事業税 | 200,000 | 期末納税充当金 | | | 1,200,000 |

## （7）ワンダマル（株）の適用税率

| 税　目 | 税率と計算方法 |
|---|---|
| 法人税 | 法人税…年800万円までの所得金額　15％<br>年800万円を超える所得金額　23.2％ |
| | 地方法人税…基準法人税額×　10.3％ |
| 住民税 | 法人税割…法人税額×　７％<br>均等割…70,000円／年 |
| 事業税 | 年400万円以下の所得金額　3.5％<br>年400万円超800万円以下の所得金額　5.3％<br>年800万円超の所得金額　７％ |
| | 特別法人事業税…標準税率による事業税額×37％ |

## （8）ワンダマル（株）の実効税率

$$実効税率 = \frac{法人税率 + 地方法人税率 + 住民税率 + 事業税率}{1 + 事業税率}$$

$$= \frac{23.2\% \times (1 + 10.3\% + 7\%) + 7\% \times (1 + 37\%)}{1 + (7\% \times (1 + 37\%))}$$

$$= \frac{36.8036\%（表面税率）}{1.0959} = 33.58\%$$

## （9）税金勘定の動き

| | | 未払法人税等（B/S） | （ ）は貸方<br>法人税等（P/L） |
|---|---|---|---|
| 期首 | | (1,100,000) | |
| 前期確定分支払 | 法人税 | 750,000 | |
| | 住民税 | 150,000 | |
| | 事業税 | 200,000 | |
| 中間納付 | 法人税 | | 561,800 |
| | 住民税 | | 94,400 |
| | 事業税 | | 329,000 |
| | 源泉税 | | 510,500 |
| 期末引当計上 | | (1,200,000) | 1,200,000 |
| 合　計 | | (1,200,000) | 2,695,700 |

## （10）利益と法人税等の対応を検証（タックス・プルーフ）

～『第５章「法人税等」の税率と税額計算』も参照ください～

タックス・プルーフ（Tax Proof）とは、税引前当期純利益と法人税等が適切に対応しているか検証する作業であり、申告書作成における税務調整に誤りがないか確認する大切な作業です。

会計と税務に差異がなく、会計の利益と税務の所得が一致するならば、税引前当期純利益に実効税率を乗じた金額が法人税等として費用計上されるはずです。

しかし、会計の費用及び損失と税務の損金は異なり、会計の収益と税務の益金も異なるため、利益と所得は一致しません。

利益と所得が一致しない理由には、事業税や貸倒引当金のように会計と税務で損金算入時期が異なる一時差異と、交際費等の損金不算入や受取配当等の益金不算入のように永久差異の２つがあります。

また実効税率の計算では、中小企業者に対する年所得800万円までの法人税の軽減税率15％の適用、年所得800万円までの事業税の段階税率の適用、法人住民税均等割の負担額は考慮されていません。

損益計算書に計上されている法人税等に、これらの差異に対する税額を調整すれば、税引前当期純利益に実効税率を乗じた金額になるはずです。

ワンダマル(株)の損益計算書では、税引前当期純利益（10,229,000）に対する法人税等（2,695,700）の負担率は26.35％となっています。この法人税等に会計と税務の差異に対する税額を調整した法人税等（3,435,028）は、税引前当期純利益に対して実効税率33.58％での負担率となり、税引前当期純利益と法人税等の実効税率での対応を検証できます。

なお税効果会計を適用していれば、一時差異にかかる法人税等は調整され、税引前当期純利益から永久差異を除いた金額に実効税率を乗じた法人税等が計上されます。そのため、税効果会計適用後のタックス・プルーフでは、一時差異にかかる法人税等の調整は現れません。

### ◆　ワンダマル（株）のタックス・プルーフ　◆

～表面税率は36.8036％、実効税率は33.58％～

| | 調整額 | | 金額 | | 税率 |
|---|---|---|---|---|---|
| 税引前当期純利益 | | | 10,229,000 | | 100.00％ |
| 法人税、住民税及び事業税 | | | 2,695,700 | | 26.35％ |
| 会計と税務の一時差異 | | | | | |
| 貸倒引当金の繰入超過額 | 純増加額 500,000 | △ | 167,900 | | |
| 減価償却費の償却超過額 | 純増加額 400,000 | △ | 134,320 | | |
| 未払寄附金否認額 | 純増加額 300,000 | △ | 100,740 | | |
| 未払事業税 | 純増加額 145,000 | △ | 48,691 | | |
| 永久差異 | | | | | |
| 受取配当等の益金不算入 | 1,000,000 | ＋ | 335,800 | | |
| 罰金の損金不算入 | 100,000 | △ | 33,580 | | |
| その他の差異 | | | | | |
| 住民税均等割 | | △ | 70,000 | | |
| 法人税の税率差異 | | ＋ | 656,000 | （注１） | |
| 同上に対する地方法人税分 | | ＋ | 67,568 | （注２） | |
| 同上に対する住民税分 | | ＋ | 45,920 | （注３） | |
| 事業税（特別法人事業税を含む）の税率差異 | | ＋ | 284,960 | （注４） | |
| 同上の実効税率の影響 | | △ | 95,689 | | |
| 法人税、住民税及び事業税 | | | 3,435,028 | | 33.58％ |

（注１）年所得800万円まで軽減税率15％の適用による実際の税額（1,664,000）と税率23.2％での法人税額（2,320,000）との差額

（注２）656,000×10.3％

（注３）656,000×７％

(注４) 事業税の軽減税率が適用された実際の税額（492,000）と税率
７％で計算する事業税額（700,000）の差額208,000×（１＋37％）

タックス・プルーフ（Tax Proof）の結果

税引前当期純利益（10,229,000）に実効税率33.58％を乗じた理論上の法人税等（3,434,898）と、上記の検証作業で計算した法人税等（3,435,028）との差額は130で、納税額の百円未満切り捨てなどによる許容できる誤差の範囲内でありＯＫ！

〈著者紹介〉

**高下　淳子**（こうげ　じゅんこ）

税理士、米国税理士、CFP®。
外資系コンサルティング会社（監査法人）等に勤務ののち独立開業。税務会計顧問業、経営コンサルティング業のほか、全国各地の金融機関等での講演・セミナー講師、企業内研修の企画実施などで活躍中。経営幹部・後継経営者・新入社員・営業社員・個人事業者などを対象とした、わかりやすい実践的講義には定評がある。コンサルティングは、業績管理・事業承継・営業開発・企業体質改善等をメインテーマとしている。

〈主な著書〉
『やさしい法人税申告入門』『経理のしごとがわかる本』『とにかくみんなで考えよう！日本の借金わが家の税金わたしの年金』（以上、中央経済社）、『簿記のしくみが一番やさしくわかる本』『法人税と経理処理のしくみがわかる本』『決算書を読みこなして経営分析ができる本』『社長が読む儲かる決算書』（以上、日本実業出版社）、『決算書が読める魔法のステップ』（ソーテック社）、『資金繰りの一切が図と表で３時間でマスターできる本』（明日香出版社）『個人事業者の帳簿・節税事典』『消費税のしくみと対策』『「会社の税金」節税事典』（以上、ぱる出版）、『～社長のための経営講座～資金繰り改善の極意』『～社長のための経営講座～わかりやすい節税対策』（以上、日経BP社）など。

〈連絡先〉
高下事務所
ホームページ：https://www.koge-office.com

**「別表四と五」完全攻略本（第2版）**

2020年８月10日　第１版第１刷発行
2022年７月20日　第１版第12刷発行
2023年３月20日　第２版第１刷発行
2024年12月10日　第２版第５刷発行

著　者　高　下　淳　子
発行者　山　本　　継
発行所　㈱中央経済社
発売元　㈱中央経済グループパブリッシング

〒101-0051　東京都千代田区神田神保町1-35
電話　03（3293）3371（編集代表）
03（3293）3381（営業代表）
https://www.chuokeizai.co.jp
印刷／文唱堂印刷㈱
製本／誠　製　本㈱





ISBN978-4-502-45981-8 C3034